U0522520

新时代
传统体育艺术
创新发展研究

王 静◎著

图书在版编目(CIP)数据

新时代传统体育艺术创新发展研究/王静著.—上海:华东师范大学出版社,2024
ISBN 978-7-5760-4650-2

Ⅰ.①新… Ⅱ.①王… Ⅲ.①民族形式体育-艺术-研究-中国 Ⅳ.①G852.9

中国国家版本馆 CIP 数据核字(2024)第 070717 号

本研究作为浙江省社科规划课题"传统体育艺术的文化演变与发展研究"(17NDJC078YB)成果进行公开发表。

新时代传统体育艺术创新发展研究

著　　者	王　静
责任编辑	彭呈军
特约审读	韩　蓉
责任校对	王丽平
装帧设计	郝　钰

出版发行	华东师范大学出版社
社　　址	上海市中山北路 3663 号　邮编 200062
网　　址	www.ecnupress.com.cn
电　　话	021-60821666　行政传真 021-62572105
客服电话	021-62865537　门市(邮购)电话 021-62869887
地　　址	上海市中山北路 3663 号华东师范大学校内先锋路口
网　　店	http://hdsdcbs.tmall.com
印 刷 者	上海商务联西印刷有限公司
开　　本	787 毫米×1092 毫米　1/16
印　　张	13.75
字　　数	249 千字
版　　次	2024 年 8 月第 1 版
印　　次	2024 年 8 月第 1 次
书　　号	ISBN 978-7-5760-4650-2
定　　价	58.00 元

出版人　王　焰

(如发现本版图书有印订质量问题,请寄回本社客服中心调换或电话 021-62865537 联系)

目录

上编　理论部分
文化脉络：梳理新时代我国传统体育艺术文化理路

第一章　理论研究：构建新时代我国传统体育艺术理论基础 / 3

第一节　研究依据：新时代我国传统体育艺术研究框架 / 3

　　一、选题背景 / 3

　　二、研究目的 / 4

　　三、研究意义 / 4

　　四、国内外相关研究梳理 / 6

　　五、研究对象与研究方法 / 17

　　六、研究内容 / 19

　　七、研究思路 / 22

　　八、研究创新点、重难点 / 22

第二节　核心概念：新时代我国传统体育艺术内涵释义 / 24

　　一、传统 / 24

　　二、体育艺术 / 24

　　三、传统体育艺术 / 25

　　四、创新 / 25

　　五、传统体育艺术文化创新发展 / 26

第三节　基础理论：新时代我国传统体育艺术理论释义 / 26

　　一、文化价值理论 / 26

二、文化资本理论 / 27
三、创意经济理论 / 27
四、文化消费理论 / 28

第二章 文化演进:探寻新时代我国传统体育艺术历史脉络 / 30

第一节 发生:我国传统体育艺术的文化溯源 / 30
一、原始社会时期传统体育艺术起源学说 / 30
二、原始社会时期传统体育艺术文化起源 / 31
三、原始社会时期传统体育艺术文化特点 / 33

第二节 分形:我国古代体育艺术的文化转折 / 34
一、奴隶社会时期传统体育艺术文化现象 / 34
二、奴隶社会时期传统体育艺术文化特点 / 35

第三节 演变:我国传统体育艺术的文化发展 / 36
一、封建社会时期传统体育艺术文化脉络 / 36
二、封建社会时期传统体育艺术文化形式 / 39
三、封建社会时期传统体育艺术文化特点 / 49

第四节 冲突:我国传统体育艺术的文化入侵 / 50
一、近现代体育艺术文化脉络 / 50
二、近现代体育艺术文化形式 / 54
三、近现代体育艺术文化特点 / 62

第三章 文化本质:剖析新时代我国现代体育艺术文化现象 / 63

第一节 文化镜像:透视新时代我国现代体育艺术文化现象 / 63
一、作为身体赞美的体育艺术现象 / 63
二、作为宏观叙事的体育艺术现象 / 65
三、作为现代事件的体育艺术现象 / 66
四、作为内在审美的体育艺术现象 / 67

第二节 文化内涵:厘清新时代我国现代体育艺术文化概念 / 71
一、人类文化层面上的体育艺术本质 / 72
二、身体文化层面上的体育艺术本质 / 73
三、运动文化层面上的体育艺术本质 / 78

四、体育艺术之概念 / 84

第三节 文化成因:探析新时代我国现代体育艺术文化成因 / 88
一、文化背景:体育审美价值理性的回归 / 89
二、文化形成:体育与艺术双向交融 / 89
三、文化属性:生命完满与确证的文化 / 91
四、文化归因:个人及社会对体育艺术审美的需求 / 92

第四章 文化价值:探讨新时代我国传统体育艺术时代意义 / 97
第一节 换位:我国传统体育艺术文化的现代解释性 / 97
一、现代语境下的解释性 / 97
二、古代语境下的解释性 / 97
三、文化视角下的解释性 / 98
四、审美视角下的解释性 / 98

第二节 判断:我国传统体育艺术文化的现代价值探析 / 98
一、从传统意义角度分析我国古代体育艺术文化价值 / 98
二、从现代意义角度分析我国古代体育艺术文化价值 / 99

下编 实践部分
文化出路:探寻新时代我国传统体育艺术文化创新

第五章 资源开发:新时代我国传统体育艺术文化资源整合 / 105
第一节 演化:体育艺术文化资源的多样化 / 105
一、体育活动演化中的文化资源开发 / 106
二、艺术活动演化中的文化资源开发 / 108

第二节 进化:体育艺术文化资源的现代化 / 112
一、基于项目进化的资源开发 / 112
二、基于媒介进化的资源开发 / 114
三、基于受众进化的资源开发 / 115

第三节 世俗化:体育艺术文化资源的大众化 / 116
一、从高雅到流行:受众需求的资源转换 / 116
二、从历史到现代:中国元素的资源重组 / 117

三、从异域到本土:优秀文化的资源重塑 / 121

第六章　作品创意:新时代我国传统体育艺术文化创意设计 / 123

第一节　内在创意:新时代我国传统体育艺术作品创新的
内驱力 / 123

一、基于"元素"的审美创意设计 / 123

二、基于"内涵"的审美创意表达 / 129

三、基于"结构"的审美创意叙述 / 131

第二节　外在创意:新时代我国传统体育艺术作品创新的
外化力 / 136

一、基于"基因"的体育艺术作品谱系 / 136

二、基于"功能"的体育艺术作品表达 / 140

三、基于"时空"的体育艺术作品耦合 / 146

第三节　创意方法:新时代我国传统体育艺术作品创新的
创生力 / 149

一、组合创意 / 149

二、移植创意 / 151

三、模仿创意 / 152

四、修辞创意 / 155

第七章　媒介转换:新时代我国传统体育艺术文化媒介再创 / 156

第一节　基于媒介的文化再创 / 156

一、媒介为体育艺术文化创意提供技术支持 / 156

二、媒介为体育艺术文化传播提供渠道支持 / 156

三、媒介为体育艺术文化二度包装提供平台 / 157

第二节　基于媒介的资产开发 / 157

一、媒介为体育艺术文化营销提供广告渠道 / 157

二、媒介为体育艺术文化资产运营提供平台 / 158

三、媒介为体育艺术文化产业链生产提供支持 / 158

第八章 体验创新：新时代我国传统体育艺术文化体验设计 / 159

第一节 新时代我国传统体育艺术文化审美体验实质 / 159
一、审美的实质 / 159
二、体验的实质 / 159
三、作品体验的实质 / 160

第二节 新时代我国传统体育艺术文化审美体验过程 / 160

第三节 新时代我国传统体育艺术文化审美体验机制 / 161
一、体育艺术作品参与体验的机制 / 161
二、体育艺术作品观赏体验的机制 / 162

第四节 新时代我国传统体育艺术文化审美体验设计 / 164
一、基于"感知"的审美体验设计 / 164
二、基于"情感"的审美体验设计 / 168
三、基于"精神"的审美体验设计 / 168

第九章 个案分析：透视新时代我国传统体育艺术创新发展 / 169

第一节 余杭滚灯非遗项目文化渊源和核心价值 / 169
一、余杭滚灯的历史渊源 / 169
二、余杭滚灯的文化发展 / 170
三、余杭滚灯的核心价值 / 172

第二节 余杭滚灯非遗项目发展现状和传承困境 / 174
一、新时期余杭滚灯非遗项目传承现状研究 / 174
二、新时期余杭滚灯非遗项目传承困境及成因 / 194

第三节 余杭滚灯非遗项目创新发展和推进策略 / 196
一、明确政府部门职责，健全余杭滚灯创新发展机制 / 196
二、丰富余杭滚灯文化形式，促进余杭滚灯技艺活态创新 / 197
三、标记余杭滚灯文化符号，构建余杭滚灯产业品牌 / 198
四、焕发余杭滚灯生命力，推动余杭滚灯旅游小镇建设 / 200
五、教育传承路径创新，营造余杭滚灯的文化氛围 / 200

参考文献 / 202
后记 / 209

上编　理论部分

文化脉络：梳理新时代我国传统体育艺术文化理路

第一章 理论研究:构建新时代我国传统体育艺术理论基础

第一节 研究依据:新时代我国传统体育艺术研究框架

一、选题背景

新时代中国继实现第一个百年奋斗目标后,进入第二个开启全面建设社会主义现代化国家的新发展阶段。新发展阶段既要立足于实现中华民族伟大复兴战略,也要面对世界百年未有之大变局的新挑战。文化作为一种"软实力",被认为是国家综合国力的重要标志,如何实现中华民族优秀传统文化的现代化创新发展是实现文化自信、文化复兴、文化强国的重要内容。为了实现文化大繁荣、大发展,国务院、国家体育总局等部门出台了多项文件,为我国体育艺术文化发展提供了政策支持。2017年1月,中共中央办公厅、国务院办公厅印发了《关于实施中华优秀传统文化传承发展工程的意见》,提出总目标为"到2025年,中华优秀传统文化传承发展体系基本形成,研究阐发、教育普及、保护传承、创新发展、传播交流等方面协同推进并取得重要成果"。2019年8月,国务院办公厅印发《体育强国建设纲要》,提出"加强优秀民族体育、民间体育、民俗体育的保护、推广和创新,推进传统体育项目文化的挖掘和整理","开展传统体育类非物质文化遗产展示展演活动,推动传统体育类非物质文化遗产进校园"。2020年10月,习近平总书记在党的二十大报告中指出:"坚守中华文化立场,提炼展示中华文明的精神标识和文化精髓,加快构建中国话语和中国叙事体系,讲好中国故事、传播好中国声音,展现可信、可爱、可敬的中国形象。加强国际传播能力建设,全面提升国际传播效能,形成同我国综合国力和国际地位相匹配的国际话语权。深化文明交流互鉴,推动中华文化更好走向世界。"在国家发展的宏观背景下,传统体育艺术文化研究具有重要的价值和意义:第一,传统体育艺术是凝聚民心、汇聚民力的重要文化资源,是国家文化软实力的重要体现;第二,传统体育艺术是以身体审美体育活动为载体的活态文化,有助于身体活态非物质文化的传承;第三,传统体育艺术文化资源发掘,有助于提升体育艺术健身公共文化产品服务内涵、内容与形式;第四,体育艺术"健身""身体美""可参与性"的文化属性,有助于体育艺术文化产业的形成和发展。因此,新时代我国传统体育艺术如何创新发展成为本研究的问题所在。

二、研究目的

本研究主要目的有三个方面：一是理论上的阐释。梳理传统体育艺术文化历史发展脉络，探讨新时代我国传统体育艺术的时代意义和文化价值；梳理体育艺术文化现象，透过现象探寻传统体育文化的本质。二是实践上的应用。从动作语言起源、文化传承基因、文化创意开发角度挖掘传统体育艺术文化资源，从作品内在元素设计、作品内在结构设计、作品外在功能衍生创意、作品创意方法创新等角度实现传统体育艺术文化资源现代化转换，从媒介技术支持、渠道支持、平台支持、资产运营等角度实现传统体育艺术文化的媒介转换和产业转换。三是运用杭州余杭滚灯这一传统体育艺术非遗项目个案分析来印证理论与实践的科学性。

三、研究意义

(一) 学术价值

1. 丰富传统体育艺术的文化发展样态

本研究将"传统体育艺术"作为重要的文化资源，运用文化创意理论、文化价值理论、文化消费理论等相关理论对传统体育艺术文化资源进行挖掘，促进以"身体审美体育活动"为载体的活态文化的生成，拓展和丰富我国传统体育艺术文化存在的样态和形式，促进传统体育艺术文化的创新发展。

2. 拓展传统体育艺术研究学科的视域

体育艺术研究属于体育和艺术交叉学科范畴，随着理论与实践的不断丰富，其研究的边界将不断扩展。因此，解决传统体育艺术的现代化发展问题，必须站在多学科、交叉学科的视角上，围绕"传统体育艺术"的起源、演变、发展、创新这一主线，以"创新发展"为体育艺术研究的切入点，开拓"传统体育艺术"研究新领域，拓展体育艺术研究的学科视域，对体育艺术学科理论的构建发挥积极的推动作用。

3. 探索身体活态非物质文化传承路径

体育艺术化现象是体育发展"人文化"的回归，是体育科学化发展的必然，是健康生活方式的标志，是日常生活审美化的产物。传统体育艺术是以身体审美、体育活动为载体的活态文化，具备"健身性""审美性""趣味性""可参与性"，是人们改造自然人体而获取健康和审美的文化。因此，挖掘传统体育艺术文化资源，能够促进传统体育艺术项目的挖掘与推广，丰富现代体育艺术的活动形式，有助于优秀传统体育艺术文化传承和活态生存,能为身体活态非物质文化的传承提供思路。

4. 提升中华民族传统文化自信和认同

优秀传统文化传承是中华民族文化得以绵延的动力所在,亦是社会发展的重要议题,在党的十九大报告中习近平总书记提出:"文化兴国运兴,文化强民族强。没有高度的文化自信,没有文化的繁荣兴盛,就没有中华民族的伟大复兴。"尤其是自社会主义文化强国的目标提出以来,对这一议题的讨论愈发强烈。传统体育艺术文化中不乏优秀资源和项目,而文化的发展是一个推陈出新的演进过程,因此,因时而变、推陈出新、创造性转化和促进传统体育艺术现代化发展,是永葆中华优秀传统文化活力,发扬中华民族传统文化自身魅力,提升中华民族传统文化自信的重要举措,有利于增强中华民族传统的文化自信,有利于"讲好中国故事",增强世界对中华民族文化的理解和认同。

(二) 应用价值

1. 满足现代体育艺术的多元消费需求

体育艺术消费是一种和谐、健康、文明的消费。一方面,群体消费引领了健康的生活方式和健康的社会风气,促进了生活的和谐;另一方面,群体交往增进了人们的情感,淡薄了功利意识,推动了社会和谐。如何挖掘传统体育艺术文化资源,丰富体育艺术健身项目,推进体育艺术产品创新,设计和开发出合乎消费需求的、合乎精神文明的体育艺术产品,以满足人们积极、健康、多样化身体体验和心理审美需求成为研究意义所在。

2. 促进全民健身参与美好体育生活实现

传统体育艺术传承与发展是凝聚民心、汇聚民力的重要文化资源,挖掘体育艺术文化资源,丰富体育艺术健身项目,推进体育艺术产品创新,满足体育艺术时尚健身需求,有助于提升体育艺术健身公共文化产品服务内涵,促进全民健身,有助于"美好体育生活"的实现。

3. 促进传统体育艺术文化产业化发展

从传统体育艺术文化资源挖掘到体育艺术文化产业发展探索,运用体育艺术"健康性""身体美""可参与性"等符号形象,运用文化创意机制,结合体育旅游、体育传媒、体育会展、舞台艺术、电影艺术等,发展体育艺术竞赛产业、体育艺术表演产业、体育艺术健身产业,促进体育艺术产业的形成。

4. 拓展传统体育艺术现代化发展路径

通过传统体育艺术文化精品创意与赛事构建、传统体育艺术健身项目挖掘与推广、传统体育艺术健身赛事体系构建与媒体推动、传统体育艺术健身赛事与城市旅游推进、传统体育艺术产品社区服务拓展传统文化发展路径。

四、国内外相关研究梳理

(一) 国内相关研究梳理

1. 体育艺术方面的研究

1995年我国有学者提出了"体育艺术"一词,以表达健美操具备体育艺术形式。2001年始,以"体育艺术"为名的新专业纷纷成立,引起了体育理论与实践者们的广泛关注和讨论,讨论的热点问题多集中在体育与艺术关系、体育艺术化现象、体育艺术基本理论、体育艺术专业建设等相关问题上。

(1) 体育与艺术关系研究

对于体育与艺术关系的探讨,多围绕二者融合现象和相同相异进行论述,主要观点包括:

体育与艺术相互渗透融合,并促进了二者的各自发展。寇永俊、牛亚莉《论体育与艺术》一文指出,"体育与艺术都是从生产实践中脱离开来的,二者相互依赖有着'娱乐'和'教育'共性,体育和艺术相互依赖和渗透,能够促进二者各自发展"[①]。杜智殊、丁振斌《论体育艺术》一文从古代奥运会发展谈古希腊体育、文化、艺术的融合,指出体育与艺术存在难以割舍的密切关系。[②]"戏"(戏剧)历来与体育运动相通,奥运会和戏剧节都起源于古希腊[③];体育与戏剧在外在形式和内在精神上有本质的相通[④]。

体育与艺术在教育目的、传承文明、提升生命上有着共同之处,但在审美、主客体、目的上存在相异之处。寇永俊、牛亚莉《论体育与艺术》一文同时指出:"无论艺术怎样渗入体育,无论体育如何'艺术化',体育还是体育。""体育的目的是增进体质而艺术的目的是情感表达与审美,体育与艺术携手能更好更快地促进二者发展。"[⑤]

体育离不开艺术,离开艺术会导致体育的异化。胡小明《论体育与艺术的关系》一文利用大量的古代奥林匹克兴衰和艺术的关系,提出了离开艺术的体育是不完美的,体育离不开艺术,离开艺术会导致体育的异化。[⑥]吴建平、崔国文的《论体育艺术》从哲学的角度来分析体育与教育、体育与生命的关系,指出现代体育异化趋势是与体育艺术化发展相背离的。而只有体育艺术化才能纠正体育异化趋势,才能把体育当作引

---

① 寇永俊,牛亚莉.论体育与艺术[J].兰州大学学报,1998(01):153—157.
② 杜智殊,丁振斌.论体育艺术[J].通化师范学院学报,2000(02):77—80.
③ 孙惠柱.游戏与竞赛——戏剧和体育的联想[J].戏剧艺术,1997(01):38—47.
④ 汪晓云.人类学视野中的戏剧与体育[J].戏剧艺术,2016(04):13—20.
⑤ 寇永俊,牛亚莉.论体育与艺术[J].兰州大学学报(社会科学版),1998(01):153—157.
⑥ 胡小明.论体育与艺术的关系[J].体育科学,2008(10):3—8.

导人、完善人格修养、追求生命意义的方法。①

(2) 体育艺术化现象研究

对于体育艺术化方面的研究,研究者从世界文化"宗教文化——科学文化——艺术文化"逻辑性发展脉络的背景出发,论述了体育艺术现象出现的原因、价值、分类、出路。

体育艺术是体育艺术化的结果。最早提出"体育艺术化"的是刘旭东,他在《体育项目的轻型化、绿色化及艺术化》一文中指出,随经济、社会、文化的发展,体育走向轻型化、绿色化和艺术化。②张玉娟、文武在《体育艺术化形成表象及价值功能》中指出,体育从生产活动中脱出,成为休闲娱乐的重要形式,其功能多样化、艺术化③;侯典云在《体育艺术化释义》一文中指出:"体育艺术化不是将体育转变为艺术,而是拓展体育的文化内涵,实现体育的多元价值。"④作者在另一篇关于体育艺术化的论文《文化视野中的体育艺术化发展》中指出,人的需要决定了文化的价值取向,体育艺术化是人的主体地位回归的结果,体育艺术化是文化艺术化的必然。⑤

奥运会文化是体育与艺术的融合。奥运会本身就是体育、艺术、文化的融合,尤其是2008年北京奥运会的举办,以奥运、艺术、文化为主题的研究明显增多。研究主要分为两个方面:一是以奥运中体育与艺术文化为主题进行的研究,多分析体育与艺术在奥运中融合的现象;俞爱玲、周思红在《奥林匹克运动与文化艺术的关系》中指出,奥林匹克运动在展示人体美的同时也展示了多种文化艺术形式美,奥林匹克运动促进了艺术文化的发展。⑥曾建川、林德明在《从2008北京奥运会开幕式看中国传统武术的文化内涵》一文中,从开幕式的舞台造型、拳术套路、场景布局、服装音乐等角度分析了中国传统武术的思想观、处世观、和谐观以及审美观等文化内涵。⑦王成、田雨普在《奥林匹克仪式变迁及其当代价值》一文中指出,奥林匹克自身从人神共娱的宗教祭祀演变为奥运会的传统仪式,继而使艺术取代了宗教而演变为现代奥运会仪式规范。⑧二是以奥运会开幕式表演为主题的研究,多从艺术编排、艺术特点、美学角度探讨开幕式这一体育艺术文化现象。聂啸虎在《现代奥运会艺术比赛的由来和历史沿革》一文中指出,奥运会是体育和艺术、身体和灵魂的紧密结合,奥运会艺术比赛历程表明

---

① 吴建平,崔国文.论体育艺术[J].体育文化导刊,2009(09):109—111.
② 刘旭东.体育项目的轻型化、绿色化及艺术化[J].体育学刊,2003(02):24—25.
③ 张玉娟,文武.体育艺术化形成表象及价值功能[J].企业家天地,2008(10):84.
④ 侯典云.体育艺术化释义[J].体育学刊,2011,18(02):37—40.
⑤ 侯典云.文化视野中的体育艺术化发展[J].体育与科学,2011,32(02):74—76+80.
⑥ 俞爱玲,周思红.奥林匹克运动与文化艺术的关系[J].绍兴文理学院学报(哲学社会科学版),2001(06):125—127.
⑦ 曾建川,林德明.从2008北京奥运会开幕式看中国传统武术的文化内涵[J].山西师大体育学院学报,2009,24(02):72—74.
⑧ 王成,田雨普.奥林匹克仪式变迁及其当代价值[J].体育文化导刊,2008(12):42—44+55.

艺术与体育的审美效果具有合则双赢,离则两伤的特点。① 范鹏亮、姚健的《大型运动会开幕式表演场地的视觉设计发展初探》②论文,从视觉设计视角论述了开幕式表演及开幕式场地变化特点。胡雪《北京奥运会开幕式团体操表演设想》③,吴欣、黄宽柔《奥运会开幕式文体表演艺术特点与问题评述——兼论广州亚运会开幕式设计》④通过设想和总结,分析了奥运会开幕式表演艺术特点。于丽霞《北京奥运会开幕式的美学审视》⑤,侯艳清、田雨普《多哈亚运会开幕式的美学审视》,从美学角度分析了现代奥运开幕式特点。⑥

全民健身运动呈现艺术化趋势。刘春明、徐斌在《刍议全民健身运动在中国艺术化的趋势发展》中指出:"全民健身是我国体育事业的重要组成,直接关系到民族的建设和繁荣,更关系到人们的健康和生活,是国家及政府的重要性任务……在人们健身理念的转变下,全民建身运动逐步向艺术化的方向发展。"⑦

(3) 体育艺术基本理论研究

自体育院校开设体育艺术专业以来,体育艺术理论相关的研究和探索成为新的话题。

探讨体育艺术的概念。首次使用"体育艺术"一词的是侯华,他在《体育艺术的表现形式——健美操的造型艺术》一文中指出:"健美操是横跨于体育运动和文化艺术领域的一项新兴起的运动健身项目……是美与力的综合艺术。"⑧首次对"体育艺术"进行概念定义的是李敏,指出广义的体育艺术是体育领域的艺术现象和艺术化体育运动的总称,狭义的体育艺术是"艺术化体育运动"⑨;提出"艺术体育"一词的是胡飞燕、田雨普的《艺术·体育·艺术体育》一文,认为艺术体育不是艺术与体育的简单相加,而是体育与多种艺术相结合的集中表现,是艺术、美学、娱乐在体育运动中发展的必然结果。⑩ 张仲宝依据"项群划分理论"对艺术体育进行了界定:"艺术体育是以满足人们身心和谐发展为前提,以身体活动为表现形式,以技术的精确度、动作的难度和艺术的

---

① 聂啸虎.现代奥运会艺术比赛的由来和历史沿革[J].中国体育科技,2008(06):6—9.
② 范鹏亮,姚健.大型运动会开幕式表演场地的视觉设计发展初探[J].首都体育学院学报,2008(02):26—29.
③ 胡雪.北京奥运会开幕式团体操表演设想[J].体育文化导刊,2007(09):44—46.
④ 吴欣,黄宽柔.奥运会开幕式文体表演艺术特点与问题评述——兼论广州亚运会开幕式设计[J].体育与科学,2010,31(04):40—46.
⑤ 于丽霞.北京奥运会开幕式的美学审视[D].济南:山东大学,2010.
⑥ 侯艳清,田雨普.多哈亚运会开幕式的美学审视[J].体育文化导刊,2007(04):45—47.
⑦ 刘春明,徐斌.刍议全民健身运动在中国艺术化的趋势发展[C]//江西省体育科学学会.第一届"全民健身,科学运动"学术交流大会论文集,2016:52.
⑧ 侯华.体育艺术的表现形式——健美操的造型艺术[J].西北美术,1995(01):37.
⑨ 李敏.体育艺术基本理论与学科建设初探[D].北京:北京体育大学,2007.
⑩ 胡飞燕,田雨普.艺术·体育·艺术体育[J].成都体育学院学报,2006(06):12—14.

表现力为追求目标和评定标准的体育项目。"①李敏、马鸿韬在《体育艺术基本理论体系构建——"体育艺术"概念辨析》一文中指出:"依据体育与艺术结合侧重点分为体育作为艺术素材的体育艺术和艺术作为体育动作构成的体育艺术"②;王静在《体育艺术产品开发研究》中指出,体育艺术在不同文化层面上含义不同,在文化层面上体育艺术是身体审美文化,在身体文化层面上体育艺术是运动表演的身体文化,在运动文化层面上体育艺术是动作表现的运动文化。③

提出体育艺术的分类。侯典云在《对体育艺术与艺术体育及其分类的研究》一文中对体育艺术和艺术体育分别进行界定,指出"体育艺术"是指以体育为题材表现美的,以及与体育紧密相关的艺术门类的总称,以是否展现体育美为标准,以表现瞬间和永恒为维度将体育艺术分为反映体育美的艺术门类(体育雕塑、体育影视、体育摄影与绘画、体育文学)和与体育紧密相关的艺术门类(体育音乐、体育服装、体育建筑)。艺术体育有广义和狭义之分,广义的艺术体育就是指经过艺术化的体育;狭义的艺术体育是指审美意识集中、以技术动作的难度和艺术效果来评定成绩的体育项目。④

构建体育艺术学科基本理论。李敏在《体育艺术基本理论与学科建设初探》中探讨体育艺术基本理论涉及的主要内容有:体育艺术活动、体育艺术对象、体育艺术种类、体育艺术创作、体育艺术作品、体育艺术接受六大内容领域,并提出体育艺术学科专业设置与培养目标等初步设想。⑤ 李敏、马鸿韬在《体育艺术基本理论体系构建——"体育艺术"概念辨析》中从体育艺术理论和实践两个方面构建体育艺术概论。⑥王雷在《我国体育艺术学学科理论框架构建》中指出我国体育艺术学科应定位于艺术学门类下的一级学科,并下设体育艺术学理论、体育艺术表演、健身性体育艺术三个二级学科,构建我国体育艺术学学科理论框架。⑦

(4) 体育艺术专业建设研究

体育艺术实践方面的应用研究多从课程建设、人才培养、教学现状等方面,进行了研究和探索,多从实证角度去寻找解决实践中存在问题的路径,或探索科学的合理的专业建设路径。

体育艺术专业发展审视。马鸿韬等在《我国体育院校艺术类专业发展的再审视》

---

① 张仲宝.论"艺术体育"的成因及共性特征——科学、艺术与人体运动方式的融合[J].体育学刊,2009,16(03):11—14.
② 李敏,马鸿韬.体育艺术基本理论体系构建——"体育艺术"概念辨析[J].北京体育大学学报,2011,34(05):30—35.
③ 王静.体育艺术产品开发研究[D].北京:北京体育大学,2014.
④ 侯典云.对体育艺术与艺术体育及其分类的研究[J].山西师大体育学院学报,2011,26(03):1—2+13.
⑤ 李敏.体育艺术基本理论与学科建设初探[D].北京:北京体育大学,2007.
⑥ 李敏,马鸿韬.体育艺术基本理论体系构建——"体育艺术"概念辨析[J].北京体育大学学报,2011,34(05):30—35.
⑦ 王雷.我国体育艺术学学科理论框架构建[D].北京:北京体育大学,2013.

一文中指出:"我国体育院校艺术类专业建设虽然取得了很大的进步,但还存在学科建设、课程设置、教材体系等问题……增设'体育艺术学'学科构想、全面强化学科建设、专业建设、课程体系建设、教材体系建设、师资队伍培养、人才培养体系等切实可行策略与建议,为全国体育院系的专业建设提供理论和实践参考。"[1]在现实体育艺术专业发展基础上对我国体育院校艺术类专业发展进行了再审视。

体育艺术专业课程建设。从2006年开始涌现出体育艺术课程方面的研究,此方面研究基本遵循着"调查现状——分析问题——提出建议"的三段式思路展开研究。如丁小红《对我国三所体育院校表演(体育艺术方向)专业课程设置的研究》[2]、王伶俐《体育院校艺术类表演专业艺术课程设置的研究》[3]、张雷雷《高等师范院校与体育院校开设体育艺术类专业课程设置的比较研究》[4]、邱建钢《普通高校体育艺术类课程体系构建与实施——基于四川省的实证调研》[5]、徐文静《体育艺术类表演专业〈芭蕾基础训练〉课程内容体系构建研究》[6]、刘彩云《武汉市中学体育艺术类课程开展现状调查与对策分析》[7]等论文,从课程设置内容、结构、开设现状等方面进行了研究。

体育艺术专业人才培养。体育艺术专业人才培养方面的研究肯定了体育艺术的教育价值,分析了人才培养过程中存在的诸如师资、课程、实践方面的问题,构建了符合社会需求的人才培养模式。如翟廷立、李芳、罗元翔等《体育院校艺术类专业人才培养方案的研究》[8]、程瑾《浅谈目前我国体育院校舞蹈专业人才培养模式现状及改革》[9]、赵丽娜《高等体育院校体育艺术类人才培养方案研究》[10]、李彤、钱平的《体育艺术教育与大学生人文素质培养》[11]、蒋景荣《体育艺术表演专业学生"表、教、编"能力的分析与培养》[12]、马鸿韬、吴梦晗、李敏《我国体育院校表演专业"一三一"人才培养模式的研究》[13]、许铭《体育院校体育艺术人才的培养——以广州体育学院为例》[14]、袁绍辉

---

[1] 马鸿韬,李敏,吴梦晗.我国体育院校艺术类专业发展的再审视[J].北京体育大学学报,2015,38(07):91—97.
[2] 丁小红.对我国三所体育院校表演(体育艺术方向)专业课程设置的研究[D].北京:北京体育大学,2006.
[3] 王伶俐.体育院校艺术类表演专业艺术课程设置的研究[D].武汉:武汉体育学院,2008.
[4] 张雷雷.高等师范院校与体育院校开设体育艺术类专业课程设置的比较研究[D].济南:山东师范大学,2009.
[5] 邱建钢.普通高校体育艺术类课程体系构建与实施——基于四川省的实证调研[D].成都:西南交通大学,2009.
[6] 徐文静.体育艺术类表演专业《芭蕾基础训练》课程内容体系构建研究[D].武汉:武汉体育学院,2009.
[7] 刘彩云.武汉市中学体育艺术类课程开展现状调查与对策分析[D].武汉:华中师范大学,2011.
[8] 翟廷立,李芳,罗元翔等.体育院校艺术类专业人才培养方案的研究[J].武汉体育学院学报,2006(01):70—73+83.
[9] 程瑾.浅谈目前我国体育院校舞蹈专业人才培养模式现状及改革[J].现代企业教育,2008(24):245—246.
[10] 赵丽娜.高等体育院校体育艺术类人才培养方案研究[D].石家庄:河北师范大学,2009.
[11] 李彤,钱平.体育艺术教育与大学生人文素质培养[J].沈阳教育学院学报,2009,11(04):76—78.
[12] 蒋景荣.体育艺术表演专业学生"表、教、编"能力的分析与培养[D].北京:北京体育大学,2011.
[13] 马鸿韬,吴梦晗,李敏.我国体育院校表演专业"一三一"人才培养模式的研究[J].北京体育大学学报,2010,33(12):77—81.
[14] 许铭.体育院校体育艺术人才的培养——以广州体育学院为例[J].体育学刊,2011,18(04):100—102.

《高校体育与艺术相结合的人才培养模式探析》①,董焱、李琳、谢欣《高等体育院校体育艺术人才分层培养研究》②,刘颖《体育高等院校应用型体育艺术人才培养模式的创新研究》③等文章中,从人才需求现状、培养现状、培养模式、培养方向、培养方案等方面进行了探讨。

体育艺术专业教学现状。体育艺术专业教学方面的研究多从实证调查角度分析体育艺术专业课程现状和教学现状。如季华《湖北省高校体育艺术类课程教学现状研究》④、黄丹丹《福建省高校体育艺术类项目开展现状分析与发展对策研究》⑤、郭茵茵《对我国体育院校体育艺术系舞蹈专业教学内容及结构特征的研究》⑥、熊小满《对我院体育艺术表演专业健美操专修课教学能力培养的研究》⑦等论文多运用调查方法对高校体育艺术专业教学中的师资力量、教学内容、教学能力等方面进行调查并提出相关建议。

2. 传统体育艺术相关研究

"体育艺术"虽然是"现代"概念,但"体育艺术现象"在我国古代早已存在,如原始社会的"消肿舞"、仿生艺术性华佗"五禽戏"、唐代杜甫诗中"公孙大娘舞剑"、三国著名的"鸿门宴项庄剑舞"、宋代广为流传的"花样蹴鞠"等。传统体育艺术相关研究主要涉及传统体育艺术现象、传统体育艺术现代应用方面。

(1) 传统舞蹈与体育艺术现象

相关研究从文化角度对我国少数民族中仍传承的一些"舞"进行了体育的解读,如"摆手舞""铠甲舞""锅庄舞""舞凤""巴渝舞""刀郎舞""傩舞"等,多从舞蹈起源及文化传承谈起,并从文化角度对这类舞进行了体育功能、价值及出路方面的解读。如卢兵《体育文化视阈下的摆手舞刍议——对湖北省来凤县舍米湖摆手舞的再认识》⑧和李芳等在《土家民间舞在健身舞蹈中的运用与开发研究——以巴山舞、摆手舞为例》⑨中

---

① 袁绍辉.高校体育与艺术相结合的人才培养模式探析[J].内蒙古师范大学学报(教育科学版),2012,25(09):19—21.
② 董焱,李琳,谢欣.高等体育院校体育艺术人才分层培养研究[C]//中国体育科学学会.第6届全国青年体育科学学术会议论文摘要集,2011:136—137+304—305.
③ 刘颖.体育高等院校应用型体育艺术人才培养模式的创新研究[J].辽宁体育科技,2011,33(05):96—98.
④ 季华.湖北省高校体育艺术类课程教学现状研究[D].武汉:华中师范大学,2007.
⑤ 黄丹丹.福建省高校体育艺术类项目开展现状分析与发展对策研究[D].厦门:集美大学,2011.
⑥ 郭茵茵.对我国体育院校体育艺术系舞蹈专业教学内容及结构特征的研究[D].北京:北京体育大学,2010.
⑦ 熊小满.对我院体育艺术表演专业健美操专修课教学能力培养的研究[D].西安:西安体育学院,2011.
⑧ 卢兵.体育文化视阈下的摆手舞刍议——对湖北省来凤县舍米湖摆手舞的再认识[J].中南民族大学学报(人文社会科学版),2010,30(03):59—62.
⑨ 李芳,史晓惠,谢雪峰.土家民间舞在健身舞蹈中的运用与开发研究——以巴山舞、摆手舞为例[J].武汉体育学院学报,2010,44(05):86—90+95.

对"摆手舞"传承的研究;王岩、丁璐、王晓芳等在《刀郎舞体育文化特征探究》[1],刘洋、张振军在《民族体育元素在体育教学中的应用研究——以新疆刀郎舞为例》[2]中阐述了"刀郎舞"在新疆大中小学校中开展的状况;张鹏海《"嘉绒"藏区民族体育舞蹈"铠甲舞"的多元文化特征》[3],严睿《藏族锅庄舞体育价值研究》[4],杨爱华、何秀珍、李英《古代巴人体育——巴渝舞研究》[5],秦琴、杨晓艇《南丰傩舞的体育渊源及其发展》[6],陈支越《中越边境民俗体育文化探析——以广西龙州金龙板烟布傣舞凤为个案》[7],李建荣等《"彝族铃铛舞"引入学校体育的实证研究》[8],杨秀芳《试论贵州土家族傩堂舞戏的体育渊源及其开发保护》[9],胡飞燕《民族体育乐舞——土族"纳顿"舞研究》[10]等文中,探讨了不同少数民族舞蹈具备的健身等体育价值,并期望运用体育的方式进行传承。

(2) 传统武术与体育艺术现象

"武"是中华民族传统的另一块瑰宝,"武"在其起源和传承中,无不解说着体育与艺术的联姻,虽然现代意义的体育艺术与武术表演分属于不同的专业,但无论是从文化还是其特点、形式上都有着无法分割的关系。研究者们不仅从文化上解读传统体育中的武术与舞蹈的关系,也从不同的角度去寻求传统体育的现代化发展。

一是舞龙与舞狮方面的研究。刘静、余汉桥《从文化结构看民族传统体育舞龙舞狮运动的现代化发展》一文从文化三层次对现代舞龙舞狮进行分析,指出舞龙舞狮运动在现代化发展中的矛盾,并从生存空间进行了分析和解答。[11] 舒颜开、刘少英《从舞龙运动的演进历程看中华民族传统体育的现代化》一文梳理了舞龙运动的发展与演进,指出舞龙运动带来的现代化启示。[12] 曾世华《民族传统体育舞龙运动的文化渊源、现状和发展趋势》一文运用问卷调查法梳理了舞龙运动开展现状,并指出普及与提高相结

---

[1] 王岩,丁璐,王晓芳等.刀郎舞体育文化特征探究[J].体育文化导刊,2008(07):46—47.
[2] 刘洋,张振军.民族体育元素在体育教学中的应用研究——以新疆刀郎舞为例[J].武汉体育学院学报,2010,44(01):96—100.
[3] 张鹏海."嘉绒"藏区民族体育舞蹈"铠甲舞"的多元文化特征[J].前沿.2011(22):139—141.
[4] 严睿.藏族锅庄舞体育价值研究[J].体育文化导刊,2009(01):134—136.
[5] 杨爱华,何秀珍,李英.古代巴人体育——巴渝舞研究[J].北京体育大学学报,2004(08):1039—1040+1042.
[6] 秦琴,杨晓艇.南丰傩舞的体育渊源及其发展[J].南昌大学学报(人文社会科学版),2009,40(04):142—145.
[7] 陈支越.中越边境民俗体育文化探析——以广西龙州金龙板烟布傣舞凤为个案[J].沈阳体育学院学报,2012,31(02):139—140+144.
[8] 李建荣,李果,郑锋."彝族铃铛舞"引入学校体育的实证研究[J].贵州民族研究,2011.
[9] 杨秀芳.试论贵州土家族傩堂舞戏的体育渊源及其开发保护[J].体育文化导刊,2006(10):95—96.
[10] 胡飞燕.民族体育乐舞——土族"纳顿"舞研究[J].体育文化导刊,2007(08):95—97.
[11] 刘静,余汉桥.从文化结构看民族传统体育舞龙舞狮运动的现代化发展[J].北京体育大学学报,2007(07):889—891.
[12] 舒颜开,刘少英.从舞龙运动的演进历程看中华民族传统体育的现代化[J].体育文化导刊,2006(07):89—91.

合、继承和发展相结合、健身与娱乐相结合,市场化和社会化道路是其发展的趋势。①涂传飞的《社会再生产机制:对民俗体育历史作用的人类学阐释——来自一个村落舞龙活动的民族志报告》一文以涂村舞龙为个案,并置于历史背景中进行考察,从人类学视角分析其社会生产机制,并提出民俗体育的保护、传承途径。②

二是武术与舞蹈方面的研究

武术与舞蹈同源、交融,是武舞演化分化的结果。曹庆华《试论武舞、武戏、武打与武术》③、张云涯、杨中平《论武术与舞蹈的同源性、交融性、影响性》④、焦艳阳《"巫""武"与"舞"同源试证》⑤、段三真《"武""舞"缘姻略论——对武术与舞蹈的类属与共质的探讨》⑥、李北达《武术舞蹈的本体特质与审美价值》⑦、刘乃宝、范恺、杨晗《同源异构与互渗趋同:武术与舞蹈的演进逻辑》⑧等文中,都从不同的角度试证"舞"与"武"的同源性,虽然"武"与"舞"二者不同,但是"武"和"舞"二者相反相成、有无相生、难以割舍,"武"和"舞"二者相互交融、相互影响,武术与舞蹈同源异构、互渗趋同。

"体育"与"舞蹈"亲缘并相互影响。张毅、龚斌《我国古代体育运动的舞蹈特性及其演变》⑨和王妍《试论中国古代舞蹈与体育的不解之缘》⑩两篇论文,作者从古代体育艺术如"消肿舞""剑器舞""角抵戏""拔河戏""五禽戏""射艺""武艺"等较有体育性质的舞蹈以及"龙舞""武舞""七盘舞"等较有舞蹈性质的体育现象来阐述舞蹈与体育的"亲缘"特征,论述"体育"与"舞蹈"二者在相互影响下的发展。

武术与舞蹈的互为基础仍然延续在现代体育中。陈沛菊、齐凤杰《武术与舞蹈》⑪、刘涛《对武舞的历史解读——兼论武术套路对古典舞蹈的影响》⑫、马勇、骆红斌《辨析"武""舞"之本:论当今武术套路》⑬、李翠霞、赵岷、魏彪《对武舞文化变迁的历史审视》⑭等几篇论文梳理了武舞的起源及变迁,指出武舞是武术的基础,也是古典舞的

---

① 曾世华.民族传统体育舞龙运动的文化渊源、现状和发展趋势[J].北京体育大学学报,2005(10):1436—1438.
② 涂传飞.社会再生产机制:对民俗体育历史作用的人类学阐释——来自一个村落舞龙活动的民族志报告[J].天津体育学院学报,2011,26(01):19—23.
③ 曹庆华.试论武舞、武戏、武打与武术[J].新疆师范大学学报(哲学社会科学版),1998(03):73—75.
④ 张云涯,杨中平.论武术与舞蹈的同源性、交融性、影响性[J].上海体育学院学报,2000(03):25—28.
⑤ 焦艳阳."巫""武"与"舞"同源试证[J].忻州师范学院学报,2010,26(04):55—56+60.
⑥ 段三真."武""舞"缘姻略论——对武术与舞蹈的类属与共质的探讨[J].新疆艺术学院学报,2007(04):37—39.
⑦ 李北达.武术舞蹈的本体特质与审美价值[J].北京舞蹈学院学报,2005(03):80—82.
⑧ 刘乃宝,范恺,杨晗.同源异构与互渗趋同:武术与舞蹈的演进逻辑[J].体育与科学,2016,37(01):81—86.
⑨ 张毅,龚斌.我国古代体育运动的舞蹈特性及其演变[J].湖北体育科技,2001(02):16—17+19.
⑩ 王妍.试论中国古代舞蹈与体育的不解之缘[J].体育文化导刊,2005(09):72—74.
⑪ 陈沛菊,乔凤杰.武术与舞蹈[J].山东体育学院学报,2005(01):12—16.
⑫ 刘涛.对武舞的历史解读——兼论武术套路对古典舞蹈的影响[J].沈阳体育学院学报,2007,26(02):124—126.
⑬ 马勇,骆红斌.辨析"武""舞"之本:论当今武术套路[J].武汉体育学院学报,2009,43(11):76—81.
⑭ 李翠霞,赵岷,魏彪.对武舞文化变迁的历史审视[J].博击(武术科学),2006(08):23—24+34.

基础,并指出现代武舞在搏击操、杂技和一些大型团体操舞的表演中延续。张亚东《论太极拳运动中的"武"与"舞"》一文指出:"武"是太极拳运动的内涵,"舞"是太极拳运动的表现形式,没有技击含义的"舞"不是"武","武"和"舞"互为基础,相互促进。① 陈新平、谭广鑫《论武术中的巫舞原始文化》一文指出,武术套路中仍残留巫舞的成分和影子。②

民族传统体育面临艺术化出路选择。陈青在其《民族体育艺术化——武术套路应考虑的美学特征》一文中指出,对艺术的追求经历了从物质实用到精神实用的过程,武术抛却了军事实用,成为程式化套路,是人们对其神形兼备艺术的追求。民族传统体育尤其是武术应该遵循这个规律向艺术化方向发展。③ 程大力《套路武术　中国舞蹈——论竞技套路来自何方去向何方》指出,套路武术应该更大程度脱离武术而靠拢艺术,并明确以"武术舞蹈"的名称代替"武术套路"。④ 李晓通、冯强、杨文杰《太极健身舞的艺术构成及其文化启示》指出,太极健身舞是武术和舞蹈融创发展的结晶,在新的时代背景下正快速发展。⑤ 陈春娣、乔凤杰在《作为艺术的武术》中指出:"人的审美态度强化了武术的艺术功能。"⑥ 马文友、邱丕相在《论武术的艺术化发展趋势》中指出,武术发展呈现艺术化趋势。⑦ 相关文献探讨了民族体育的艺术化发展,把握了问题的关键,值得学习和借鉴。

3. 传统体育艺术创新方面的研究

传统体育艺术创新体现在两个方面:一是传统体育艺术与健身结合创新。推广和普及傩技傩舞健身体育运动有助于贵州土家族傩堂舞戏开发和保护⑧,海安健身花鼓民间传统项目创编促进了全民健身新优特色项目发展⑨,巴山舞和摆手舞在健身舞蹈中的创编与应用为其他土家民间舞种开发提供了对策⑩,新疆特色民族舞蹈刀郎舞促进体育教学的思路以及拯救民族文化流失的思考是值得提倡的⑪,维吾尔族乐舞在新

---

① 张亚东.论太极拳运动中的"武"与"舞"[J].哈尔滨体育学院学报,2005,23(01):27—28.
② 陈新平,谭广鑫.论武术中的巫舞原始文化[J].广州体育学院学报,2015,35(04):53—56.
③ 陈青.民族体育艺术化——武术套路应考虑的美学特征[J].搏击.武术科学,2007(06):1—2+5.
④ 程大力.套路武术　中国舞蹈——论竞技套路来自何方去向何方[J].体育学刊,2013,20(01):6—13.
⑤ 李晓通,冯强,杨文杰.太极健身舞的艺术构成及其文化启示[J].体育文化导刊,2018(07):38—42+106.
⑥ 陈春娣,乔凤杰.作为艺术的武术[J].体育科学,2007,27(06):77—81.
⑦ 马文友,邱丕相.论武术的艺术化发展趋势[J].上海体育学院学报,2010,34(05):51—53.
⑧ 杨秀芳.试论贵州土家族傩堂舞戏的体育渊源及其开发保护[J].体育文化导刊,2006(10):95—96.
⑨ 李芳.民间传统项目创编为全民健身新优特色项目研究——全民健身创新成果《海安健身花鼓》解析[C].全民健身科学大会论文摘要集,2009:186.
⑩ 李芳,史晓惠,谢雪峰.土家民间舞在健身舞蹈中的运用与开发研究——以巴山舞、摆手舞为例[J].武汉体育学院学报,2010,44(05):86—90+95.
⑪ 刘洋,张振军.民族体育元素在体育教学中的应用研究——以新疆刀郎舞为例[J].武汉体育学院学报,2010,44(01):96—100.

疆师范大学体育艺术课程应用中锻炼效果显著[1]。

二是传统体育艺术市场化运作创新。许晓容、曹春宇《论〈风中少林〉的运作模式与范式价值》总结了舞剧《风中少林》市场运作模式的特点,指出市场化运作模式是我国民族传统体育发展与繁荣的范式。[2] 王国志《从舞台剧〈风中少林〉看武术的艺术化之路及国际传播》指出《风中少林》是中国武术艺术化的一种全新的创作样式,彰显了中国文化的多姿多彩,弘扬了少林精神的英雄豪迈,是中国武术国际化传播的成功范式。[3]

(二) 国外相关研究梳理

早期西方哲学家柏拉图、亚里士多德、康德、席勒等对"游戏和艺术"内在关联的哲学剖析为体育艺术研究奠定了基础。但用"体育艺术"一词对应的英文"Sports Art"在"Jstor""Springer Link"等西文数据库查阅时,并未找到对应的研究成果;而检索"Sport+空格+Art"获取相关文献9篇,集中体现为探讨体育与艺术关系方面。

20世纪70—90年代,西方国家的学者们以体育竞赛表演在西方国家蓬勃发展为背景,以"竞技体育是不是艺术"[4]为主题展开了对话和讨论,提出"体育与艺术存在何种关系"问题。以维尔茨(S. K. Wertz)[5]为代表的支持派和以大卫·贝斯特(David Best)为代表的反对派进行了激烈的辩论。

支持者们认为竞技体育是艺术且具备美学的特征。运动员用创造性和艺术性技巧操控器械,提升表演,体育是艺术(S. K. Wertz, 1979);竞技体育"与创造美的艺术类似"[6](PETER J. ARNOLD, 1990);现代奥林匹克运动之父顾拜旦也认为体育是艺术的(崔乐泉、祝瑞雪,2008);竞技运动已经步入美学研究的范畴[7](Wolfgang W, 1999);体育是戏剧[8](Laurence Kitchin, 1970);体育是一种艺术[9](S. K. Wertz, 1979)。

反对者们认为竞技体育具备审美特征但不是艺术。艺术的直接目的是审美,而体

---

[1] 任奇红.维吾尔族乐舞在高校体育艺术课程中的应用[J].体育文化导刊,2011(02):70—72.
[2] 许晓容,曹春宇.论《风中少林》的运作模式与范式价值[J].体育文化导刊,2008(04):33—35.
[3] 王国志.从舞台剧《风中少林》看武术的艺术化之路及国际传播[J].成都体育学院学报,2011,37(02):51—54.
[4] 杨震.竞技体育运动是否是一门艺术?——20世纪后期西方"体育美学"的基本讨论[J].体育科学,2011,31(02):85—89.
[5] Wertz S K. A response to Best on art and sport [J]. The Journal of Aesthetic Education, 1984,18(4):105-108.
[6] Peter J. Arnold. Sport, The Aesthetic and Art:Further Thoughts [J]. British Journal of Educational Studies, 1990,38(2):169-179.
[7] Wolfgang W. Sport-viewed aesthetically and even as art? [J]. Filozofski Vestnik, 1999,20(3):40-42.
[8] LAURENCE KITCHIN. Sport as drama. Quoted by LOUISARNAUD REID. Sport, the aesthetic and art [J]. British J EduStudies, 1970,18(3):247.
[9] Wertz S K. Are Sports Art Forms? [J]. The Journal of Aesthetic Education, 1979,13(1):107-109.

育的审美不是直接目的,因此,体育不是艺术①(Louis Arnaud Reid, 1970);审美是无功利的、无目的的,竞技体育无法摆脱目的性(取胜),因此,竞技体育不是艺术②(David Best, 1976);艺术有一个想象的对象,具有内容,运动没有内容,缺乏想象对象,因此,体育不是艺术③(David Best, 1986)。

(三) 研究评述

纵览国内外研究,国外研究并没有对应的"体育艺术"概念的相关研究,但早期西方哲学家对"游戏和艺术"内在关联的剖析以及20世纪70—90年代西方学者围绕"体育与艺术关系"的辩论,为体育艺术研究奠定了哲学基础。

国内研究围绕"体育艺术"进行理论构建已有了一定的研究基础,主要观点有:(1)体育与艺术有着密不可分的关系;(2)体育艺术化的文化现象是体育文化发展的必然;(3)体育艺术是艺术化了的体育活动;(4)体育艺术学科构建需要澄清体育艺术概念、分类等基本理论研究;(5)体育艺术课程、人才、教学等专业建设需要实际的探索。另外,传统文化中虽没有对应的"体育艺术"概念,但依据"身体审美体育活动"这一体育艺术文化本质,亦有相关研究,主要涉及:传统体育艺术文化现象以及传统体育艺术的现代应用方面。以往研究对本研究有着积极的借鉴作用。然而,已有研究还存在一些不足。

研究理论上的不足。(1)对体育艺术概念、分类的认识还存在分歧,体育艺术理论研究较为薄弱,并未形成一定的理论体系。(2)尚未将"传统体育艺术"作为一个独立的研究领域。(3)缺少体育艺术相关历史研究,对于我国"传统体育艺术"的概念、特征、内涵、文化发生、文化演变等方面的研究较少。

研究方法上的不足。已有研究多为逻辑分析、比较分析、历史分析等定性分析,研究方法较为单一,而体育艺术是融审美、身体、运动为一体的文化现象,其本质决定了其研究方法的多样性和交叉性。

研究内容上的不足。(1)由于对体育艺术概念的混淆,导致对体育艺术的研究内容分散,深入探讨体育艺术本质的研究极少,研究结论具有局限性。(2)学者们大多是通过逻辑分析以及推理一般性地探讨体育艺术关系、现象,缺少对科学"问题"的凝练,内容上呈现重复现象。(3)对传统体育艺术现象已有关注,但并不能从文化现象中区分并凝练"传统体育艺术现象",研究内容上未形成体系。

---

① Louis Arnaud Reid. Sport, the aesthetic and art [J]. British Journal of Educational Studies, 1970:245-258.
② Best D. The Aesthetic in Sport [J]. British Journal of Aesthetics, 1976,14(3):26.
③ Best D. Sport is not art: Professor Wertz's Aunt Sally [J]. Journal of Aesthetic Education, 1986,20(2):95-98.

为此,本研究将在前人研究的基础上进行以下方面的工作。

研究理论方面:拟从文化视角分析体育艺术、传统体育艺术核心概念的内涵和外延,确立研究主体和范围。

研究方法方面:本研究拟采用多学科交叉研究方法阐释"传统体育艺术"这一文化现象,即运用哲学(美学、价值学、现象学)、体育学(身体动作语言、体育表演学)、艺术学(艺术创作、艺术美学、舞蹈学)、文化学(传统文化、人类文化学、人类表演学、文化创意学、文化传播学)等多学科知识理论以及定性与定量、理论与实证、宏观与微观交叉结合等多种研究方法开展交叉综合研究。

研究内容方面:(1)从历史发展角度探寻我国传统体育艺术文化历史脉络,理清体育艺术文化之"源"与"变";(2)从价值学视角分析传统体育艺术文化多元价值;(3)梳理体育艺术文化现象,阐释我国传统体育艺术文化本质;(4)整理、改造、创新传统体育艺术文化资源,以产品、产业为路径寻求体育艺术实用价值与文化价值的统一,探索我国传统体育艺术的文化创新发展路径。

五、研究对象与研究方法

(一) 研究对象

本研究围绕"新时代传统体育艺术文化创新发展"这一研究对象来表述研究的内容。主要内容包括研究我国传统体育艺术的文化源流,寻求我国传统体育文化的本质,阐释传统体育艺术文化价值,挖掘传统体育艺术文化资源,创意体育艺术文化作品,创新传统体育艺术文化媒介支持和传播体验。

(二) 研究方法

"现代意义上来理解的'方法',是指从实践上和理论上把握现实,从而达到某种目的的途径、手段和方式的总和。"[①]因此,方法并不仅限于具体的操作方法层面,还包括方法论层面、研究形式层面,三个层面共同构成了研究方法。传统体育艺术是融审美、身体、运动为一体的多元文化现象,本研究拟采用哲学、体育学、艺术学、身体学、文化学、历史学等多学科知识理论以及定性与定量、理论与实证、宏观与微观交叉结合等多种研究方法开展交叉综合研究。具体方法如下:

1. 文献资料法

查阅国内外与"传统体育艺术"相关的各类资料,获取有关哲学、文化学、艺术学、

---

① 胡经之,王岳川.文艺学美学方法论[M].北京:北京大学出版社,1994:2.

体育学等相关学科理论与方法,以了解国内外相关研究的理论、方法及前沿动态,为本课题深入的分析与研究提供支持。主要包括以下方面:(1)收集传统体育艺术历史现象、历史发展资料;(2)查阅逻辑学、价值学、文化学等理论相关文献,获得体育艺术文化内涵、文化价值、文化演变方面的研究方法、范式,凸显体育艺术研究深度与广度;(3)查阅政府、组织、市场角度下文化产品、文化服务、文化政策内容,为传统体育艺术文化发展策略的提出奠定科学基础。

2. 专家访谈法

专家访谈法是本研究中的主要方法,第一步是预备访谈,在体育领域和艺术领域各选定两位专家,认真听取专家在"传统体育艺术文化现象与文化创新发展"问题上的解答,以此为依据,制订详细的访谈提纲,经由两个专家认定,进入正式访谈。第二步是正式访谈,同样以"传统体育艺术文化现象与文化创新发展"为主题展开,咨询艺术学、民俗学、体育艺术、体育人类学等学科领域专家,围绕传统体育艺术历史起源、传统体育艺术发展脉络、传统体育艺术文化本质、传统体育艺术文化创新等问题展开访谈,听取相关专家的观点与建议,开拓研究思路,获取宝贵的第一手资料,为本文的思想研究和理论建构奠定基础(见表1-1 访谈专家基本情况)。

表1-1 访谈专家基本情况(n=10)

姓名	单位	职称或学历
姜桂萍	北京师范大学体育学院	教授
许立勇	北京大学中国艺术科技研究所	教授
孙百慧	中国传媒大学艺术研究所	讲师
葛春林	北京体育大学教育学院	教授
乔凤杰	清华大学体育系	教授
刘若霞	北京大学经济学院	博士后
黄竹杭	北京体育大学继续教育学院	教授
李敏	河南大学体育学院	副教授
熊艳	中国传媒大学体育学院	博士
张树国	杭州师范大学文学院	教授

3. 历史研究法

历史研究法的范式是通过引证大量历史资料对事物、事件进行分析的研究过程。

本课题运用历史研究法,追溯我国体育艺术文化的起源,探寻体育艺术发生的历史事件,对传统体育艺术现象进行史料引证,佐证了体育艺术拥有丰富的历史文化资源,为本课题提供支持。

4. 实地参与观察法

实地参与观察法是人类学的基本研究方法,是观察法的一种。研究者既以参与者的身份,又以观察者的身份深入一种文化内部,以观察和使用这种文化。在本研究中,研究者通过参与不同形式的传统体育艺术活动:参与传统舞蹈课程,参与社区广场舞民族风健身活动,参与传统体育项目比赛,如做秧歌、竹竿舞的裁判等,在实际参与中观察和体验传统体育艺术的发展状况、存在的问题、可传承路径,获取实际、客观的资料,为论文提供依据和参考。

5. 录像分析法

搜集传统体育艺术创新发展相关的视频和录像资料,从录像中获取传统武术、传统舞蹈、民间项目等传统体育艺术现代化融合和发展的成功案例,分析作品的创新内容、创新形式等,为论文提供论点及观点上的支持。

6. 个案研究法

个案研究法是一种带有经验性质的实证研究方法,本研究通过收集与研究与问题相关的有较强逻辑关系的例子、现象、事件,来解释和论证传统体育艺术创新发展研究中提出的观点和论点,从而完成如何创新发展传统体育艺术文化这一从实践到理论的验证过程,完成从一般到普遍的推理过程;案例分析加强了理论假设的现实意义,为理论假设的提出增加了依据。拟在问卷调查、实地调查结果分析的基础上,确立典型性个案,采取合作研究、跟踪观察、深度访谈等形式培育传统体育艺术项目推广示范点,从质性研究角度论证和完善传统体育艺术现实发展路径。具体包括:(1)确立个案研究样本,运用自身所长,通过实践、科研等途径达成服务或合作关系,确定推广组织人员、项目合作内容、服务计划;(2)确立传统体育艺术个案研究项目访谈对象、调查对象;(3)制订问卷,收集个案素材,完成调研;(4)撰写现状调查与个案分析论文。

六、研究内容

上篇:文化脉络　梳理新时代我国传统体育艺术文化理路

第一章　理论研究:构建新时代我国传统体育艺术理论基础

确立研究主体核心概念、研究范围和理论基础。在分析已有文献的基础上,运用逻辑学、现象学、文化学等相关理论,分析体育艺术、传统体育艺术概念的内涵和外延,确立研究主体核心概念、研究范围和理论基础,构建传统体育艺术基本理论。

第二章 文化演进:探寻新时代我国传统体育艺术历史脉络

探讨我国体育艺术起源的逻辑起点。通过历史资料的查询、专家访谈的跟进,分析体育艺术起源的历史、心理背景以及标志性事件,进而探讨体育艺术起源的逻辑起点。梳理我国传统体育艺术历史文化的演变。拟采用文献资料法、历史研究法、专家访谈法梳理体育艺术历史文化发展,分述不同时期、不同文化背景下传统体育艺术文化演变过程,阐释体育艺术文化的传承与流变,厘清传统体育艺术文化发展脉络和特点,为挖掘传统体育艺术文化资源奠定基础。

第三章 文化本质:剖析新时代我国现代体育艺术文化现象

透视我国传统体育艺术的现存形式。运用参与调查、专家访谈等形式分析现存的体育艺术文化形式:一是传统体育艺术文化现存形式,二是西方体育艺术舶来文化形式。透视我国传统和现代体育艺术文化存在形式,为传统体育艺术文化创新提供载体。分析我国体育艺术的文化本质。运用逻辑学相关理论,从动作文化、身体文化、运动文化不同层面厘清体育艺术的外延和内涵,确定体育艺术概念,从而界定传统体育艺术概念。探讨我国体育艺术的文化成因。运用文化学、艺术学、体育学相关研究成果探讨体育艺术文化的个人需求原因和社会需求动因,借此阐述我国传统体育艺术文化的现代传承。

第四章 文化价值:探讨新时代我国传统体育艺术时代意义

阐释我国传统体育艺术的现代解释性。换位思考现代语境下我国传统体育艺术文化的续存延续性,古代语境下现代体育艺术文化的互融性,文化视角下古代体育艺术的继承性,审美视角下的体育艺术文化的互通性。探讨我国传统体育艺术的现代价值。从价值论角度入手,通过理论观照实践,分析传统体育艺术的现代价值。中国体育艺术传统在各个历史时期都一直延续着华夏民族原初的文化精神,成为维系民族文化立场的主要方式之一。正是对传统意义价值的现代审视,为现代体育艺术创新提供动力和源泉,为现代体育艺术提供中国特色原创源泉,也为现代体育艺术提供多样的、丰富的创新素材。

下篇 文化出路:探寻新时代我国传统体育艺术文化创新

第五章 资源开发:新时代我国传统体育艺术文化资源整合

从"共时""历时""现时"三个维度去探寻传统体育艺术文化资源脉络。从"共时"来看,文化演进呈现多样化,即演化;从"历时"来看,文化演进呈现高级化,即进化;而从"现时"角度考虑,文化演进需接受,即"世俗化"。三个维度的梳理,为传统体育艺术文化资源挖掘和传统体育艺术文化现代化以及传统体育艺术文化大众化提供了方法论和视角。

第六章　作品创意:新时代我国传统体育艺术文化创意设计

运用运动学、舞蹈学、文化创意理论和实践方法,以"作品"为核心,着眼于当代,将传统文化中体育、艺术、民族元素融入当前体育艺术形式,整理、改造、创新传统体育艺术项目,创作人们喜闻乐见的体育艺术作品。作品创意是实现传统体育艺术创新的内核,此部分分为三个维度:一是单个作品"元素""内涵""结构"的内在创意;二是基于作品成品的"基因""功能"外在谱系与表达创意;三是运用创意学创意方法,促进传统体育艺术作品创新力,促进传统体育艺术的创意设计。

第七章　媒介转换:新时代我国传统体育艺术文化媒介再创

随着科技进步,媒介及媒介传播符号、形式、渠道都发生了质的飞跃,出现了诸如传统媒体、多媒体、新媒体、自媒体等的新概念。从生产到消费,现代媒介在其中扮演着重要角色,基于媒介进行传播,是传统体育艺术创作和市场化中不可缺少的环节。从两个方面完成媒介转换:一是基于媒介为作品提供技术支持、渠道支持、二度包装等,实现已有作品的二度文化再创;二是运用媒介为作品提供广告、运营、产业链等产业化路径,实现传统体育艺术文化资源的资本转换。

第八章　体验创新:新时代我国传统体育艺术文化体验设计

文化生产需要经历生产(创意)、传播(媒介)和接受(体验)的过程,这个接受过程即"审美"的体验过程。传统体育艺术的体验是通过身体、运动而进行的"参与性审美体验"。同时,一旦这种审美性达到"令人感叹折服"的时候,它亦可以演变为纯粹的欣赏而成为"表演艺术",成为"观赏性审美体验"。因此,针对受众来设计体育艺术"参与"与"观赏"的审美体验,无疑是传统体育艺术文化生产的重要环节。本章从审美体验实质分析、审美体验过程分析、审美体验机制分析来完成新时代我国传统体育艺术文化审美体验设计。

第九章　个案分析:透视新时代我国传统体育艺术创新发展

选取余杭滚灯非遗项目创新发展研究作为个案,探讨以下内容:一是余杭滚灯地域优势。新发展阶段浙江杭州属于"共同富裕"窗口,需要优秀传统文化传承示范案例。二是余杭滚灯具备代表性。余杭滚灯分为"文灯"和"武灯"两种形式,"金球缠身""金猴戏桃""旭日东升"等特定的动作形成了余杭滚灯自身的特点,具有观赏性、竞技性、集体性,是传统体育艺术形式的代表。三是余杭滚灯具备影响力。2006 年 5 月 20 日,余杭滚灯被列入第一批国家级非物质文化遗产名录;2008 年 8 月 8 日亮相北京奥运会;2010年,余杭滚灯"惊艳"上海世博会;2015年6月,余杭滚灯赴美国奥斯汀进行文化交流。余杭滚灯作为活态文化具有一定的影响力。本章节从余杭滚灯非遗项目文化价值、余杭滚灯非遗项目传承困境、余杭滚灯非遗项目创新发展几个维度,运用个案分析,完成我国传统体育艺术文化创新发展的理论构建与实践应用两个方面的印证,丰富本研究的现实意义和价值。

七、研究思路

本研究围绕"新时代传统体育艺术文化创新发展"这个主题表述研究内容。

八、研究创新点、重难点

(一) 研究创新点

1. 学术思想方面的创新

学术思想方面遵循传统文化创新发展主线,主要有:(1)以"身体""审美""体育活动"为逻辑主线,构建"传统体育艺术"基本理论;(2)以"传统体育艺术"历史文化发展为主线,梳理体育艺术文化历史,拓展体育艺术学科知识;(3)挖掘"传统体育艺术"文化资源,丰富全民健身中现代体育艺术活动内容与内涵;(4)探索"传统体育艺术"发展,传承中华民族优秀文化。

2. 学术观点方面的创新

学术观点主要体现为研究内容关键点的创新,主要有:(1)传统体育艺术是以身体审美体育活动为载体的活态文化;(2)我国传统体育艺术源于"舞""武""巫"文化;(3)我国传统体育艺术文化流变体现中国文化历史精神;(4)我国传统体育艺术具有多维度的文化价值;(5)新时代传统体育艺术文化创新发展遵循由内而外、由历史到现代、由理论到应用的规律,遵循"作品创新——媒介转化——体验创意"逻辑主线,实现传统体育艺术现代化;(6)我国传统体育艺术创作应遵循"民族化、现代化"发展方向,从传统走向现代,从民族走向世界。

3. 研究方法方面的创新

研究方法方面主要创新体现:(1)多学科交叉研究方法的创新。运用多学科理论知识以及定性与定量、理论与实证、宏观与微观交叉结合等多种研究方法,阐释"传统体育艺术"文化现象是本研究方法的创新点之一。(2)不同深度研究方法的创新。深度访谈与个案研究相结合,为传统体育艺术现实发展提供较全面的现实依据与数据支持,是本文研究方法上的又一创新。

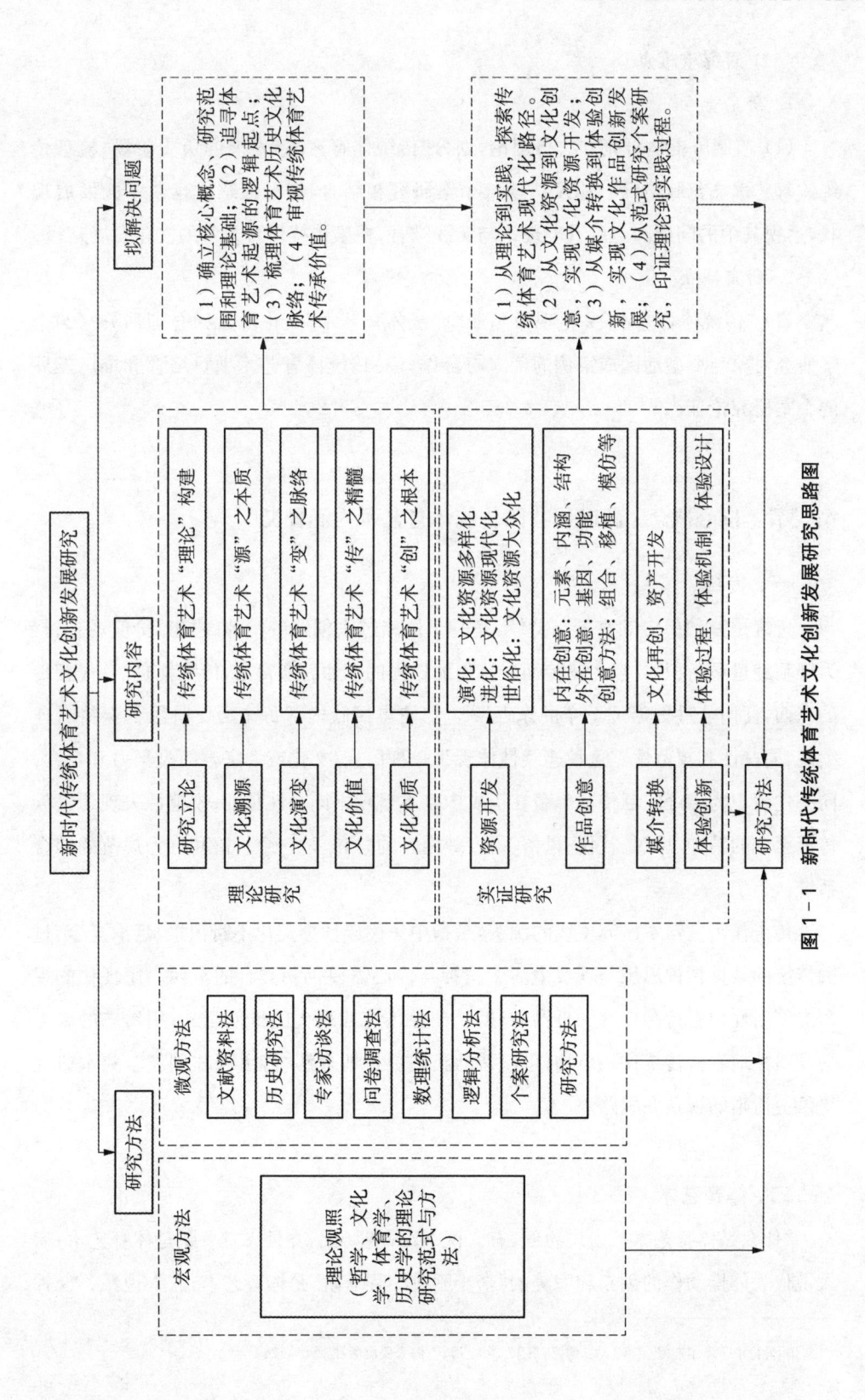

新时代传统体育艺术文化创新发展研究

研究内容

理论研究

- 研究立论 → 传统体育艺术"理论"构建
- 文化溯源 → 传统体育艺术"源"之本质
- 文化演变 → 传统体育艺术"变"之脉络
- 文化价值 → 传统体育艺术"传"之精髓
- 文化本质 → 传统体育艺术"创"之根本

实证研究

- 资源开发：演化、进化、世俗化；文化资源多样化、文化资源现代化、文化资源大众化
- 作品创意：内在创意、外在创意；创意方法：元素、内涵、功能、结构、基因、组合、移植、模仿等
- 媒介转换：文化再创、资产开发
- 体验创新：体验过程、体验机制、体验设计

拟解决问题

（1）确立核心概念、研究范围和理论基础；（2）追寻体育艺术起源的逻辑起点；（3）梳理体育艺术历史文化脉络；（4）审视传统体育艺术传承价值。

（1）从理论到实践，探索传统体育艺术现代化路径；（2）实现文化资源到文化创意；（3）从媒介转换到作品创新发展；（4）实证文化作品创新发展，印证理论到实践研究个案研究，印证理论到实践过程。

研究方法

微观方法
- 文献资料法
- 历史研究法
- 专家访谈法
- 问卷调查法
- 数理统计法
- 逻辑分析法
- 个案研究法
- 研究方法

宏观方法
- 理论观照（哲学、文化学、体育学、历史学的理论范式与方法）

图 1-1 新时代传统体育艺术文化创新发展研究思路图

(二) 研究重难点

1. 研究重点

(1) 遵照历史学研究方法与理论,划分"传统体育艺术"发展的历史阶段,梳理传统体育艺术文化脉络;(2) 深度访谈与个案研究相结合,揭示传统体育艺术的发展现状,透视其中的问题与经验;(3) 理论与实践结合,探索传统体育艺术的文化发展路径。

2. 研究难点

(1) "传统体育艺术"文化现象与非"传统体育艺术"文化现象的合理划分;(2) 个案研究对象与典型地区或案例的确立与合作;(3) 传统体育艺术项目培育和推广发展的个案研究论证。

第二节 核心概念:新时代我国传统体育艺术内涵释义

一、传统

传统是一种历史的重复与持续,是一个民族过去创造的精神、思想、价值观念、行为规范经过不断积累、经久延传而凝练出的稳固的东西。换言之,传统就是"世代相传的东西,任何从过去延传至今的东西"[①]。它使得民族内部每个历史阶段都保持着连续性、同一性和规范性。这种连续性体现为一种民族、文化或者宗教的凝聚力和延续;同一性表现为传统的延传和承袭在历史中基本呈现出同一性特征;规范性表现为民族传承至今的精神、思想、礼仪、风俗、语言等内容的总和,是一个价值和行为规范的综合系统。

传统作为贯穿本研究主线的源头,是指中华民族社会文化不断积累,延承至今,过去传统的某种精神思想与现实生活中精神与内心需要仍相契合的东西。用现代的视角去创新性地看待传统这一事物,有助于凸显传统在现代的价值意义;用历史的眼光去发展性地看待传统这一事物,可以帮助我们更好地理解"传承"和"创新",为本研究提供更清晰的视角和思路。

二、体育艺术

"什么是体育艺术?"众说纷纭,有人说 NBA 赛场上,乔丹飞身一跃是体育艺术;有人说代表体操动作的创新和完美的"李小鹏跳""程菲跳"是体育艺术;有人说精、气、神

---

① [美]爱德华·希尔斯. 论传统[M]. 傅铿,吕乐,译. 上海:上海人民出版社,2009:12.

融于一体的武术表演或者散打选手的技击表演是体育艺术;有人说集健身与审美于一体的广场舞健身运动是体育艺术;也有人说展现体育与文化的体育赛事开幕式艺术盛会才是体育艺术;当然,还有人说一座体育建筑、一尊体育雕塑、一曲体育音乐应该是体育艺术。那么,到底何为体育艺术?2007年,李敏在其硕士论文中首次对体育艺术的概念进行了界定,认为广义的体育艺术是体育艺术交叉的综合学科;狭义的体育艺术即为艺术化体育运动,也就是现在通常所表达的"体育表演艺术"。① 目前,以往文献对体育艺术概念的理解基于三个方面:(1)体育艺术首先存在于体育领域中,属于体育范畴;(2)体育艺术具有艺术性,是艺术化的体育;(3)体育与艺术均以身体为媒介,其基本形式是表演艺术。

本研究运用属加种差的定义方式界定体育艺术,体育艺术概念中,体育为属,体育本质是"身体的活动",艺术作为种差,艺术本质离不开"审美",因此,将体育艺术界定为以"身体"为媒介,以"审美"为特征,是主体的人对"体育活动"审美的文化,包括以体育活动审美为主题的艺术和以身体审美为特征的体育活动。

三、传统体育艺术

本研究中的"传统体育艺术"是基于狭义的"体育艺术"的概念,指传统文化中"身体审美"体育活动,隶属于身体文化。"新时代传统体育艺术文化创新发展"指立足于"现时"语境,从文化学角度梳理我国传统体育艺术的文化现象、文化成因、文化演进、传承现状等文化脉络,"由古照今"并"观照现实",探索我国传统体育艺术现代化传承与创新发展路径,促进中华民族优秀传统文化传承与创新。

四、创新

创新是社会发展第一动力。2023年3月6日,英国政府公布新的《科学技术框架》,表示将采取一系列新措施促进创新投资。2023年3月8日,人民日报刊载的《加快实现高水平科技自立自强——广大干部群众热议创新发展》一文中指出:"在激烈的国际竞争中,我们要开辟发展新领域新赛道、塑造发展新动能新优势,从根本上说,还是要依靠科技创新。"各国政府强调科技创新以及创新人才的培养,旨在促进社会进步与发展。2023年6月2日,习近平总书记在文化传承发展座谈会上的讲话指出:"创新,创的是新思路、新话语、新机制、新形式,要在马克思主义指导下真正做到古为今

---

① 李敏.体育艺术基本理论与学科建设初探[D].北京:北京体育大学,2007.

用、洋为中用、辩证取舍、推陈出新,实现传统与现代的有机衔接。"2023年10月,习近平对宣传思想文化工作作出的重要指示中再次提出:"坚定文化自信,秉持开放包容,坚持守正创新,……着力赓续中华文脉、推动中华优秀传统文化创造性转化和创新性发展,……充分激发全民族文化创新创造活力,不断提升国家文化软实力和中华文化影响力,为全面建设社会主义现代化国家、全面推进中华民族伟大复兴提供坚强思想保证、强大精神力量、有利文化条件。"

本研究中,创新主要是指文化方面的创新,正如习总书记指出的:"创新,创的是新思路、新话语、新机制、新形式,要在马克思主义指导下真正做到古为今用、洋为中用、辩证取舍、推陈出新,实现传统与现代的有机衔接。"

五、传统体育艺术文化创新发展

在本研究中,传统体育艺术创新发展强调优秀传统文化的现时语境与现代化的转化,是对传统的挖掘、传承与超越。传统体育艺术文化创新过程中需要以"创新"作为体育艺术文化生产要素,生产有意义的、有符号价值的作品,这种创新的实现,不仅仅是一组动作的创编、一个作品的编排,还可以是一个新型项目的创意、一个电视节目的策划。传统体育艺术的创新应凸显其现代化价值:一是体育精神价值,通过创新凸显体育的形象和体育精神,实现体育精神文化的传播;二是艺术审美价值,通过创新凸显艺术的手段和艺术审美,实现健康审美意识的培养;三是促进运动参与,通过创新凸显体育艺术项目运动参与的亲民性、趣味性和互动性,促进全民健身;四是促进青少年教育,通过创新整合文化的、民族的、生活的资源,为青少年提供优秀传统文化资源,实现体育艺术的人文性、艺术性、教育性价值。创新是传统体育艺术文化资源现代化转化的驱动力。

第三节 基础理论:新时代我国传统体育艺术理论释义

一、文化价值理论

文化是一个复合的整体,包括知识、信仰、艺术、道德、法律习俗和个人作为社会成员所必需的其他能力及习惯。因此,文化是一个民族或整个人类长期发展的产物,文化价值体现的是不同民族、不同国家、不同群体的意识取向。文化价值理论是以文化理论为依据,将文化作为生产要素或者控制要素,为社会生产价值,如规划社会目标、协调社会行为、融合社会观念、团结社会力量等达到财富价值增值的目的。文化价值是社会产物,在全球化、国际化越来越普遍的背景下,文化价值理论能帮助我们更好地理解文化之间的差异,我国传统体育艺术的研究可以根据文化价值理论从我国的等级观念、社会观念、社会利益、性别差异、时间取向等方面入手,使体育艺术文化的发展更符合我国的文化和美学需求。

二、文化资本理论

"文化资本"的概念最初由法国社会理论家皮埃尔·布迪厄提出。"文化资本"即文化作为"资本",是对马克思"资本"概念的拓展,马克思主义认为资本不仅是一般的货币与商品,而且是一种对整个生产的控制。① 布迪厄将这种对于生产的控制关系拓展到广泛的社会及文化领域,指出资本同样可以以非经济的形式存在,资本可表现为三种基本形态:经济资本、文化资本、社会资本。② 同时,布迪厄在其《区分》一书中指出,"文化资本"的获得是家庭培养和学校教育的结果。③ 父母的文化素养、艺术鉴赏能力都是孩子效仿的对象,孩子在最初的人生经历中不知不觉地继承了父母的"文化资本";学校教育通过系统知识和社会技能的传递赋予受教育者"文化资本"。因此,文化资本是一种复杂而隐蔽的内在的存在、转化和传递的资本;文化资本是一种知识、地位、社会认同和区分,文化资本是一种象征资本、权力资本、符号资本。在布迪厄的"文化资本"概念的基础上,澳大利亚学者戴维·思罗斯比将文化资本概念引进经济学领域,指出"文化资本是以有形或无形的财富的形式具体表现出来的,可能会引起物品和服务的不断流动的文化价值的积累"④。目前,"文化资本"已经被应用于许多领域,如旅游学、城市学、非物质文化等,文化作为"资本"已经在许多文化经济领域起着重要作用。

将文化资本理论运用到传统体育艺术文化创意发展中,一是运用文化资本理论将传统体育艺术文化转化为经济资本,倡导审美、健康的生活方式,满足现代美好体育生活需求;二是增进文化资本积累,通过消费促进传统体育艺术文化传承和传播,有益于社会经济和文化两个方面的建设。

三、创意经济理论

"创意"一词,较早见于汉代王充的《论衡·超奇》:"孔子得史记以作《春秋》,及其

---
① 罗钢,王中忱. 消费文化读本[M]. 北京:中国社会科学出版社,2003:42.
② 朱伟珏. "资本"的一种非经济学解读——布迪厄"文化资本"概念[J]. 社会科学,2005(06):117—123.
③ 皮埃尔·布迪厄. 区分:判断力的社会批判[M]. 刘晖译. 商务印书馆,2015,10:195.
④ David Throsby. 经济学与文化[M]. 王志标,张峥嵘,译. 北京:中国人民大学出版社,2011.

立义创意,褒贬赏诛,不复因史记者,眇思自出于胸中也。"①创意,即出点子、妙法;国外通常用"ideas"表达"创意",与此相近的还有"creative""creativity""orginality",包含创意、创造力、原创力等含义。

创意经济思想最早是德国经济学家熊彼得于1912年提出:"现代经济发展的根本动力不是资本和劳动力,而是创新,而创新的关键就是知识和信息的生产、传播、使用。"②1986年,美国经济学家保罗·罗默提出了创意概念的雏形:"新创意会衍生出无穷的新产品、新市场和财富创造的新机会,新创意是推动一国经济成长的原动力。"随后,创意产业成为发达国家经济发展的重要支柱,"创意产业""创意阶层""创意经济"等亦成为时髦的名词。1998年,英国创意产业特别工作组在《创意产业专题报告》中首次对"创意产业"进行了界定:源自个体的创见、技巧和天赋等智力活动进行知识产权的生产和开发,以创造财富和就业潜力的相关产业。随后,许多国家制定了一系列相应的促进创意产业发展的政策和法规:澳大利亚(1994年)、英国(1998年)、新加坡(1998年)、丹麦(2002年)……中国也于2004年举办了中国产业创意论坛,建立了创意产业协会,并在全国范围建设了不同类别的创意产业园区。

"创意"推动了产业的发展,"创意产业""创意经济"成为信息社会发展的重要动力,传统体育艺术现代化创新发展以传统体育艺术文化资源为依托,以新颖、时尚、个性化的智慧创意为生产力,实现以时尚、个性为需求的体育艺术"创意"生产。可见,"创意经济"理论为传统体育艺术创新发展提供了理论支持。

四、文化消费理论

工业革命推动了现代化大工业机器生产,改变了人类物质资料生产的方式,推动了规模化的、标准化的、定制化的生产,创造了人类物质经济的极大丰富,形成了大规模的以物品消费为特征的社会。正如让·鲍德里亚在《消费社会》中描述的一样:"今天,在我们的周围,存在着一种由不断增长的物、服务和物质财富所构成的惊人的消费和丰富现象……富裕的人们不再像过去那样受到人的包围,而是受到物的包围……我们生活在物的时代。"③消费成为所有生产的唯一归宿和目的,消费成了社会再生产的重要动力,我们进入了消费所主宰的"消费时代"。

然而,现代工业的"现代性"犹如一把"双刃剑",在机器生产中解放了人类身体,在

---

① 转引曹林.创意·策划·操作大型综艺活动[M].南京:东南大学出版社,2012:14.
② 转引李念之.创意产业哲学研究[D].北京:中共中央党校,2007:9.
③ [法]让·鲍德里亚.消费社会[M].刘成富,全志钢,译.南京:南京大学出版社,2000:1—2.

给人类带来了丰富的物质的同时,也造就了现代分工下劳动者的高度"异化",使人沦为了"社会机器"上的"单向度的人""片面的人",沦为孤立的、工具的人。"异化"造就了现代人静坐少动、膳食过剩的生活方式和孤立无援的心灵扭曲,身体上"文明病、亚健康"及精神上的"压抑、空虚"成为现代人普遍存在的健康问题。以健康需求为目的的体育消费成为现代文明发展的需要,由此,20世纪50—60年代,欧美一些国家发起了席卷全球的健身热潮。

"体育为了健康"这一功用性健身需求,在消费社会的大熔炉中,逐步演变为"身体美"的文化形象、文化符号而深入人心,"文化"与"审美"元素的注入,使得体育健身文化经历了质的蜕变,成为审美的"体育艺术",成为社会白领阶层追求健康生活方式的象征。正如许多学者在探索消费的意义时指出的那样:"人的消费活动就不再是简单地对物质品及人的创造物的感性占有和片面享受,而是通过消费展示出人的存在意义与价值。"[1]因此,对于"体育艺术"的消费不再是单纯的"实用意义"的健康消费,而是围绕健康而展开的形象、身份等社会的"象征意义"的文化消费。管窥一斑,"体育艺术"消费不仅是对生命质量和生活质量的需要,也成为对生活品味、格调、时尚的追求,人们对"体育艺术"的需要已经呈现出一种多元化、多层次化的趋势。

---

[1] 赵玲.消费的人本意蕴及其价值回归[J].哲学研究,2006(09):111—114.

第二章　文化演进：探寻新时代我国传统体育艺术历史脉络

早在原始社会时期，体育和艺术便以多种形式孕育着，体育与艺术相伴于游戏冲动中，混沌于巫术活动下，翻开我国体育与艺术的历史，不难发现，体育与艺术从一开始便是同根同源，隶属于同一事物，原始社会时期的体育艺术现象并不是源于今天所理解的表演、审美、健身需要，而是基于原始社会生活需要，即生产、生活、战争、宗教等而产生的，具有极强的功利性特征。体育艺术作为一种文化现象，其发生必然有着深刻的原因和动机，不论其存在于外来文化还是传统文化中，探寻我国传统体育艺术文化历史脉络，理清传统体育艺术文化起源、演变与发展，有助于厘清体育艺术的本质。

第一节　发生：我国传统体育艺术的文化溯源

一、原始社会时期传统体育艺术起源学说

体育艺术伴随远古时代的生产劳动，是从各种祭事、巫术等宗教活动中脱离并不断发展的身体活动。有关体育艺术现象的记载，可以溯源至史前时期的原始社会，有关传说、壁画、古文献等成为考察体育艺术文化的活化石。原始社会虽然在经济、文化上并不能被称为完整的社会制度，但是体育和艺术以多种形式在这一时期孕育着、萌芽着，体育和艺术在此阶段融为一体，密不可分。在有关体育与艺术起源方面的论述中，有多种假设。

（一）劳动说

"劳动说"认为体育、舞蹈起源于劳动，主要表现为模拟生产劳动动作、传授生产知识、庆祝劳动丰收等，在此基础上出现了狩猎舞、庆祝祭祀舞等。1973年青海大通县出土的舞蹈纹陶盆，陶盆内壁绘有三组舞人形象，每组五人，面部及身体稍侧……他们手牵手，朝一个方向，整齐地一起踏舞。[①] 从舞蹈纹陶盆中集体踏舞的形象来看，传统体育艺术已经脱离了原始生存需求，产生了身体运动审美萌芽。

[①] 曹林.创意·策划·操作大型综艺活动[M].南京：东南大学出版社，2012：14.

(二) 崇拜说

"崇拜说"认为体育、舞蹈是对自然或祖先等的信仰,以此为基础产生了宗教祭祀舞、巫舞、生殖崇拜舞等。《山海经·西山经》中曾记载,天山"有神鸟,其状如黄囊,赤如丹火,六足四翼,浑敦无面目,只识歌舞",这就很像一种巫术意味浓厚的面具化妆舞蹈表演的情景。① 1988 年,在新疆呼图壁县康家石门子岩画上,以求偶、择偶为载体的舞蹈炫耀了人类自身旺盛的生命力。② 崇拜说表明体育艺术不仅仅是身体运动审美需求,还是精神文化信仰诉求。

(三) 战争说

"战争说"认为体育、舞蹈是由部落间的战争操练需要而产生的,有关史料表明这也是武舞发展的最初形式。中国古代岩画可简要分为北方和南方岩画。从考古发掘来看,无论是南方还是北方都存在武舞操练的形式。1972 年甘肃省黑山《操练图》,形状既像以习舞娱乐的方式练武,也像将练武的内容作舞娱乐,"武"是一种形式,是对史前人类原始体育娱乐活动的形象反映。③ 云南沧源岩画(史家认为可能是 3000 年前绘制的)有不少一手执盾、一手执矛的人物形象,有攻和防两种舞蹈形式,不像是实战中的人物,更像手执武器的舞者。

(四) 健身说

集体育与艺术功能为一体的"消肿舞"是原始社会时期人类以增强体质、健身祛病为目的而产生的健身舞蹈。传说尧舜时期,气候不好,雨水过大,积水严重,人们生活在潮湿的环境中无法劳作,造成了"筋骨瑟缩不达"的肿胀病,为此,在人类与疾病作斗争的过程中,产生了"阴康氏之乐"这样一类的伸展筋骨、恢复康健的健身舞。阴康氏时的舞,是在人类与自然搏斗中产生的古老的健身舞。相传至今,还存在养生导引等具有医疗作用的体育艺术形式,与古老的"阴康氏之乐"一脉相承。

二、原始社会时期传统体育艺术文化起源

在查阅文献的过程中,发现许多学者对体育及艺术的起源进行了记载和探究,有关传说、壁画、古文物、古文献等都成为考察体育艺术文化的活化石。在文献及资料中,有关"巫""舞""武"等文化给体育艺术起源提供了许多线索。正是在"巫""舞""武"等因素的中和影响下,才有了体育艺术文化现象,才有了体育艺术文化的演变和传承。

---

① 曹林.创意·策划·操作大型综艺活动[M].南京:东南大学出版社,2012:14.
② 崔乐泉.中国体育通史第一卷(史前—960 年)[M].北京:人民体育出版社,2008:53.
③ 崔乐泉.中国体育通史第一卷(史前—960 年)[M].北京:人民体育出版社,2008:58.

(一) 生命之"舞"的体育艺术

"舞蹈"作为艺术的形式,在原始社会时期,早于语言而产生。最初是人类群体生活、生产、狩猎中用手势、形体动作进行人际交流以及表达感情的形式,这种相互传情达意的身体动作形式孕育了舞蹈的艺术。[①] 原始人在庆祝丰收、狩猎成功后,通常以舞蹈来表达喜悦之情,如《尚书·益稷》记载了"鸟兽跄跄""凤凰来仪""击石拓石""百兽率舞"等,表现古时人们在时轻时重、时缓时急地敲击石片的"乐"声中,跳跃模拟各种鸟兽舞蹈的情形。这种"百兽率舞"形式的舞蹈就是先民们在进行成功的狩猎,获得大量猎物之后,高兴地聚集在一起舞动的情形;原始人在与疾病作斗争的过程中,又产生了"阴康氏之乐"这样一类健身舞。《吕氏春秋·古乐》中记载,尧舜时期,"阴多滞伏而堪积,水道雍塞,不行其原,民气郁阏而滞着,筋骨瑟缩不达,故作为舞以宣导之"[②]。原始舞蹈以情而舞、以动而舞的形式成为舞蹈最本真的表达。这一观点也影响了许多人,其中闻一多也在其《说舞》中发表了精辟的见解:"生命的机能是动,而舞便是节奏的动;或更准确点,是有节奏的移易地点的动……但只有在原始舞里才看得出舞的真面,因为它是真正全体生命的总动员。"[③]可见,原始社会中的舞蹈与现代体育艺术(尤其是健身审美运动),在生命表达这一点上无疑是相通的,流露的是对身体运动快感、节奏快感、审美快感的表达,是一种节奏的、自娱的、情感的运动。由此来看,原始舞蹈才是真正的体育艺术。

(二) "巫"风浸染的体育艺术

在古代,以"舞"敬神、以"舞"事神、以"舞"通神即为"巫"。"巫"是先民们一种自发的原始宗教仪式,"巫舞"是这一仪式的重要内容。"巫舞"作为人类较早的文化现象与身体的运动、舞蹈融为一起,成为体育艺术最初的文化形式。我国著名体育人类学研究学者胡小明在其《体育人类学》中指出"巫舞"与潜在体育存在形式上的关切,体育与巫术之间有着密不可分的关系。[④] 关于巫舞的记载,《尚书·伊训》中曰:"敢有恒舞于宫,酣歌于室,时谓巫风。""巫以歌舞事神,故歌舞为巫觋之风俗也",明确点出了巫术以舞通巫的特点。[⑤]《吕氏春秋·季冬》有"命有司大傩"的记载,这种风俗沿传至后世,以驱鬼除灾、祈神祭祀为目的的"傩舞",就是在腊月进行的一种驱除疫鬼并伴有

[①] 崔乐泉. 中国体育通史第一卷(史前—960年)[M]. 北京:人民体育出版社,2008:58.
[②] 崔乐泉. 中国体育通史第一卷(史前—960年)[M]. 北京:人民体育出版社,2008:51.
[③] 闻一多. 闻一多全集·说舞[M]. 北京:生活·读书·新知三联书店,1982:6.
[④] 胡小明. 体育人类学[M]. 广州:广东人民出版社,1999:6.
[⑤] 崔乐泉. 中国体育通史第一卷(史前—960年)[M]. 北京:人民体育出版社,2008:45.

"巫舞"性质的仪式。① 巫舞从原始社会开始一直流传至今,尤其在我国少数民族的民俗活动中,还存在着多种形式的"巫、傩、祭祀"等活动或仪式,意在驱鬼驱魔、祛病祛疫、纳吉祈福、祈求健康吉祥,如春节的花会、庙会等都还存在着巫舞的影子。

(三)"武"与体育艺术之"源"

"武舞"以"舞"习"武",以"舞"代"武",并在历史文化的长河中逐渐发展成为"武打""武戏""武术"等形式。艺术与体育在"武舞"形式中交织,并勾勒出我国博大精深的"武术"文化。

从考古及历史来看,武舞源于军事需要而产生,以舞习武、以舞通武、以舞教化。1972年甘肃省黑山地区发现的舞蹈岩画《操练图》,形似以舞习武,也似以武通舞,是原始时代西北狩猎游牧部族战争舞蹈的形象反映。同时,"武舞"具有一定的实战性,《山海经·海内西经》中记载:"形(刑)天与帝至此争神,帝断其首,葬之常羊之山。乃以乳为目,以脐为口,操干戚以舞。"②这里记载的是历史上刑天舞干戚的传说,"干戚舞"是为了灵活掌握兵器而运用舞蹈练习的动作,其手持巨斧和盾牌的武舞,动作形式粗犷。《周礼·春官·大司乐》记载:"大司乐……以乐舞教国子:舞《云门》、《大卷》、《大咸》、《大磬》、《大夏》、《大濩》、《大武》。"③其中,"大武舞"是反映周武王灭殷纣的历史舞蹈,歌颂了武王的显赫战功。后来"大武舞"盛行于周朝,曾被西周以后的学校列为必学的历代"先王"的多种"大舞"之一。《礼记·内则》记载:"十三舞勺,成童舞象,二十舞大夏。"④其中"成童舞"即15岁学象舞。《毛诗正义》中也有记载:"文王时有击刺之法,武王作乐,象而为舞,号其乐曰'象舞'。"⑤象舞主要由用军事操练的击刺动作组成,也是武舞的重要形式。

可见,在原始社会时期,正是这种人类原始的需要孕育了包罗万象的、丰富的体育艺术的最初的文化形式,这种以"身体"为表达的"舞""巫""武"的原始舞蹈,是体育与艺术的原始融合,是真正的体育艺术。在这个意义上,将"舞""巫""武"作为我国传统体育艺术文化起源,是有科学基础的。

三、原始社会时期传统体育艺术文化特点

(一) 原始需求

原始社会时期传统体育艺术文化是与人类的生活和生存紧密结合在一起的,是生

---

① 宋兆麟.巫与巫术[M].成都:四川民族出版社,1989:9.
② (汉)刘向,(汉)刘歆编.山海经[M].沈阳:万卷出版公司,2009:183.
③ (清)李光坡著,陈忠义点校,泉州文库整理出版委员会.周礼述注[M].北京:商务印书馆,2019:222.
④ (清)李光坡著,陈忠义点校,泉州文库整理出版委员会.周礼述注[M].北京:商务印书馆,2019:228.
⑤ 祝秀权.诗经正义(上)[M].北京:生活·读书·新知三联书店,2020:17.

活的本身,原始社会时期体育艺术的产生并不是今天所理解的表演、审美、健身需要,而是产生于各种原始的对于生产、生活、战争、宗教的原始需求,具有极强的功利性特征。

(二) 情感释放

在原始社会中,"百兽率舞"是先民们成功狩猎获得大量猎物之后,高兴地聚集在一起舞蹈。不论是反映生产劳动的舞蹈还是宗教祭祀娱乐的舞蹈,甚至是反映战争的舞蹈,都是对高兴、恐惧、崇拜、胜利等情感的释放。

(三) 集体形式

在天然经济社会中,由于劳动能力的低下及人群随环境的改变而四处奔波,必须群行群止,所以原始的体育活动如各种含有宗教意义的狩猎舞、战争舞、活动仪式等,多是集体行动,在传统体育艺术文化起源中不难发现这一点。

第二节 分形:我国古代体育艺术的文化转折

一、奴隶社会时期传统体育艺术文化现象

到了夏商周奴隶社会时期,社会生产力得到了发展,经济、政治、文化上的进步促进了体育艺术的发展,出现了武舞、乐舞等多种文化形式。在乐舞方面,乐舞多出现在庆典、宴会等场合,并衍生出了专门的表演机构;在武舞方面,表现为仪式、军事训练、观赏、教育等政治上的需求,武舞得到了长足的发展。

(一) 乐舞表演

原始舞蹈这一融合体育与艺术的形式,在进入奴隶社会后开始分离,阶级的产生导致体育、艺术成为供上层阶级享受的"专利",并出现了专门化的表演与机构。乐舞的发展极大地推动了体育艺术的发展。

在夏朝时期,在朝会、誓师、庆典、宴会,特别是祭神问卜等场合,差不多都要以舞蹈相伴。从功能上分,可分为祭祀、庆典、欢娱宴乐;从形式上分,主要有大舞和小舞;从内容上分,可分为文舞、武舞、歌舞等。《竹书纪年》载:"后发即位,元年,诸夷宾于王门,诸夷入舞。"[①]可见,夏朝乐舞已经十分发达,每逢四夷来朝,结合少数民族的乐舞由此传承发展出来。到了商朝,具有表演性质的舞蹈得到了发展,有了专门的奴隶表演艺人;到了西周,乐舞逐渐系统化、完善化,并成为国家礼制。

---

① 转自崔乐泉.中国体育通史第一卷(史前—960年)[M].北京:人民体育出版社,2008:56.

(二) 武舞实战

奴隶社会时期,武舞有了长足的发展,武舞不仅具备军事功用,而且还具备政治功用。《华阳国志·巴志》载:"周武王伐纣,实得巴蜀之师,著乎《尚书》。巴师勇锐,歌舞以凌殷人,(殷人)倒戈。"①在战场上以歌舞击败了敌人,说明商周的武舞具有一定的军事训练实战性。《周礼·春官·大司乐》记载:"大司乐……以乐舞教国子,舞《云门》、《大卷》、《大咸》、《大韶》、《大夏》、《大濩》、《大武》。"②这里的云门大卷等就是所谓的"六代舞",传说为周以前六代之乐舞。据说前四种为文舞,后两种为武舞。其中,大武舞是歌颂周武王的显赫战功,具有歌功颂德的政治功用。

(三) 宗教祭祀

祭祀表演是体育艺术传承与演变的重要载体,是巫舞的进一步演变。殷商时代,"天子"代表神所选之人,巫是神权统治的代表,甲骨文的诸多记载表明,巫舞即"头戴面具,身披兽皮,载歌载舞"的祭祀活动,多用于娱神、驱鬼、治病、求雨等,此阶段,宗教祭祀使得巫舞得到了发展,祭祀活动呈现多样化特征。自商周以来,祭祀活动便已流传,直到今天,部分祭祀活动仍然保留完好。

(四) 六艺教育

夏商周时期已经出现了类似"校""序"这种初具规模的教育机构。周代官学中设立"六艺"课程,六艺即"礼、乐、射、御、书、数",其中,习舞是乐的内容,最具体育艺术的特征。《礼记·文王世子》记载:"春秋学干戈(武舞),秋冬学羽籥(文舞)。"③西周时乐舞教育大体分为两类:大舞和小舞。小舞为周代著名的祭祀舞蹈,分六种;大舞为黄帝至西周六代之舞,包括《云门》《大卷》《大咸》《大韶》等。统治者对礼仪之"教化"功能的认识,使得习"舞"成为学校的重要课程,出现了体育艺术方面的教育。

可见,夏商周时期传统体育艺术是原始社会时期的进一步演化,并集中体现为武舞在政治、观赏、军事、教育方向的演化,为传统体育艺术文化演进提供了发展依据。

二、奴隶社会时期传统体育艺术文化特点

(一) 政治需求

奴隶社会时期,统治阶级的出现,对体育艺术的需求开始上升到了统治者的需要等方面,从原始的生产、生活、宗教需要上升到歌功颂德、军事训练、巩固统治方面的政

---

① (晋)常璩.华阳国志[M].济南:齐鲁书社,2010:2.
② (清)李光坡著,陈忠义点校,泉州文库整理出版委员会.周礼述注[M].北京:商务印书馆,2019:222.
③ 李昉编纂,夏剑钦、劳伯林校点.太平御览(第3卷)[M].石家庄:河北教育出版社,1994:1155.

治需求。

(二) 表演雏形

此时期的体育艺术形式同原始社会相比,出现了专门的表演机构以及教习机构,突破了自娱自乐的性质,体育艺术成为了专门化的表演,出现了体育艺术表演的雏形。

(三) 规范发展

学校及教习机构的出现,使得体育艺术的发展不仅仅存在于社会生活方面,还得以在教育专门机构里正式传授。传统体育艺术的学校传承,使得体育艺术得以规范化发展。

第三节 演变:我国传统体育艺术的文化发展

一、封建社会时期传统体育艺术文化脉络

进入封建社会后,体育艺术发展呈现多元化趋势,随着不同历史时期社会的经济、政治、文化的发展而传承与演变,并贯穿于社会生活的许多方面,有国家层面的祭祀、礼仪、乐舞,也有民众生活层面的民俗、百戏活动,体育艺术文化形式多样。

(一) 春秋战国时期

春秋战国时期是我国奴隶社会向封建社会过渡的时期,政治上出现诸侯割据局面,社会动荡不安。在文化方面,出现了空前繁盛的"百家争鸣",儒家、法家、兵家、道家等不同文化思想体系逐步形成,奠定了我国历史发展中"轴心时期"。

思想上有见解。这一时期,在体育艺术方面产生了一些独特的见解,儒家代表人物荀子指出:"听其《雅》《颂》之声,而志意得广焉;执其干戚,习其俯仰屈伸,而容貌得庄焉;行其缀兆,要其节奏,而行列得正焉,进退得齐焉。"[①]他认为人的动作如果能伴随音乐,那么肢体的俯仰屈伸、动作进退迟速,不但能整齐划一、协调一致,而且能陶冶人的性格,对形体具有健美的作用。

形式上有发展。因社会动荡造就与战争相关的体育活动,如剑术、拳斗、角力、拓关、投石、超距、奔跑、游水、操舟等项目得到了广泛开展。另外,与体育艺术相关的民间体育表演形式开始兴起,如蹴鞠、棋类、投壶竞渡、秋千、飞鸢、跳丸、弄剑等。其中,跳丸、弄剑作为表演性质的体育项目在许多史料中都有记载,并为汉代及以后杂耍等技巧艺术的发展打下了基础。

---

① 王威威校注.荀子译注[M].上海:三联书店有限公司,2018:228.

春秋战国时期的体育艺术,虽然在体育艺术方面并没有得到突出发展,但是这个时期的重要思想以及具有娱乐性质的技巧的出现,为后期的体育思潮和体育、文化、艺术发展奠定了基础。

(二) 秦汉三国时期

我国的封建社会始于秦始皇统一六国后,秦朝时期实行禁武,体育艺术在此时期也未得到长足的发展,而到了汉代,"尚武思想"使得武勇文化得到发展,汉文化以其包容、革新的特点极大地促进了体育、艺术的发展,这一时期也是体育艺术各种现象形成的主要时期。在随后的朝代中,体育艺术也只是在继承汉代的基础上进一步发展。因此,以秦汉三国时期为封建社会时期,体育艺术文化发展即可窥探出封建时期体育艺术发展概况。秦汉三国时期,体育艺术现象表现为以下四个方面:一是武术的艺术演化,武术演化中出现了剑舞表演、观武表演、武戏等艺术化形式;二是民间体育艺术表演的丰富,如马术表演、蹴鞠表演、龙舟歌舞表演、舞龙表演等形式;三是百戏中体育竞技、技巧表演的出现,如角抵戏、倒立与柔术、寻橦、履索、冲狭燕濯、弄丸跳剑、练力表演等;四是华佗五禽戏养生导引的发展。

(三) 两晋南北朝时期

两晋南北朝动荡、分裂的战乱历史使我国古代体育发展进入了低谷,体育、艺术、文化等发展也遭到了遏制。在体育艺术方面,武艺、舞蹈、技巧和体育活动已经逐渐具备了各自的特点,这一时期的舞蹈中仍然包含着体育的内容,技巧中仍然孕育着体育的形式,体育艺术形式仍与武、舞、民俗活动等密不可分。

武舞方面,舞剑成为风尚,锋利快捷的剑兵器退出了战场,但因其具备教化舞用功能,而被文人武士所喜爱,并形成了喜尚佩剑的社会风气,舞剑用剑之风不绝。民间武术汲取了军中武艺精华,使得武术开始得以发展,并形成"口诀"进行授艺传徒,使得武术技艺得到整理、研究,在理论上得以发展,为武术传承奠定了基础。舞蹈方面,南北朝时期,南北风格有很大的不同,南方更多继承了华夏旧有的舞蹈,北方则带有明显的胡汉融合的色彩。南方的舞蹈统称为"杂舞",主要有四种:一是公莫舞,这一舞蹈相传表演的是《鸿门宴》中项伯以衣袖遮护刘邦的故事,《宋书·乐志一》中明确说:"《公莫舞》,今之巾舞也"[1],说明它是在汉代巾舞的基础上发展而来的;二是杯盘舞,即手托杯盘而不断反复的舞蹈,相对于南方,北方的舞蹈受胡舞影响较大,其中比较有名的是"大面"和"城舞"。另外,敦煌莫高窟第257窟中,有一幅北魏时期关于游泳活动的壁

---

[1] 曾枣庄,刘琳主编.全宋文(第91册)[M].上海:上海辞书出版社;合肥:安徽教育出版社,2006:52.

画,游泳图绘于窟内顶部平棋图案的中心。在一碧绿的池水中,四位击水者出没起伏于莲花之间,他们击水、浮水的动作舒展有力,展示了一群善泳者的优美姿态,好似今天的花样游泳。

(四) 隋唐五代时期

隋唐采取了一系列政治、经济改革措施,取得了"府藏皆满,人多殷富"的经济成就,造就了空前繁荣的封建帝国。唐代是乐舞发展的极盛时期。唐代乐舞中具备"体育"要素的要属"健舞"。唐代将舞蹈分为"健舞""软舞"两大类。其中,健舞敏捷刚健,较有体育艺术的特点。唐代是剑舞盛行的时期,较为著名的是裴旻的"剑舞"和公孙大娘的"舞剑"。裴旻的剑舞与李白的诗歌、张旭的草书并称"三绝",裴旻的"剑舞"是武舞的演变,而公孙大娘的"舞剑"属于"剑器舞"之列,是乐舞的延伸。另外,唐代还出现了"字舞",到宋代出现了"队舞",类似现代的队列舞蹈和团体操表演,都是极具体育艺术特点的文化形式。

(五) 宋辽金时期

宋代军事武艺规范化发展,军队中武艺表演活动十分盛行,表现出了不同特点的武艺观赏内容,反映出宋代武艺活动多样化和技艺化的发展趋向。习武不仅仅是为了战争的需要,它的多样化功能得到显现,军事武艺表演的武术价值愈加突出。

北宋军中用武之士表演的集体剑舞,是为接待外国来使们专门编排的一种大型武艺表演活动,最能体现这一时期武艺的高超绝伦。这种剑舞往往有数百人掷剑挥刃,接剑而舞,身怀绝技,各显其能。据《续资治通鉴长编》卷二十载:太平兴国四年"先是,上(宋太宗)选诸军勇士数百人,教以剑舞,皆能掷剑于空中,跃其身左右承之……数百人袒裼鼓噪,挥刃而入,跳掷承接,曲尽其妙,契丹使者不敢正视"[①]。宋朝也是导引养生发展的重要时期。八段锦功法源于北宋,"锦"意为五颜六色,美而华贵。八段锦功法是一套独立完整的健身功法,动作完美,编排精致,被认为是"祛病健身,效果极好"。八段锦经流传至今,形成了现代体系的八段锦,现代八段锦为八段,每段一个动作,故名为"八段锦",练习时无需器械,不受场地局限,简单易学,节省时间,作用极其显著,适合于男女老少,可使瘦者健壮,肥者减肥。

(六) 元明清时期

时至元明清,统治阶级加强中央集权统治,在一定程度上促进了社会的稳定,出现了"康乾盛世"局面,体育艺术方面亦得到了较大发展。

---

① 李焘原著,徐光烈译注.续资治通鉴长编译选[M].成都:巴蜀书社,1998:306—307.

武术发展高涨,出现了十八般兵器,各种拳种剑法形成了不同的宗派。戚继光《纪效新书》:"凡比较武艺,务要俱照示学习实敌本事,真可对搏打者,不许仍学习花枪等法,徒支虚架,以图人前美观"①,不难看出武术与武艺不同,更具表演性和艺术性。另外,清末明初,在内家拳的基础上结合养生哲学创建了太极拳,太极拳将形与神融于身心一体中,不仅具备艺术性,且具有健身性,是体育艺术发展的代表。

冰嬉开展广泛,出现了酷似今天的花样滑冰项目。清王室保持了滑冰训练的军队习俗,每年在北海举行大规模滑冰检阅,称为冰嬉。除了速度滑冰和花样滑冰,还有冰上蹴鞠等项目,具有竞技性和观赏性。

队舞更为复杂。队舞类似现在的大型团体操,在音乐的伴奏下,变换各种文字,象征吉祥。唐代诗人王建《宫词》:"罗衫叶叶绣重重,金凤银鹅各一丛。美遍舞时分两向,太平万岁字当中。"②清代队舞继承了唐代队舞的形式并有所发展,出现了持灯操练、吟唱结合、先排单字后排组字等更为复杂的形式。

二、封建社会时期传统体育艺术文化形式

(一) 射礼

"射"是六艺之一,射礼源于西周时期,"射礼"分为大射、宾射、燕射、乡射四种。其中,"大射"是天子、诸侯祭祀之前为选拔参与祭祀的人选而举行的射礼,"宾射"是诸侯朝见天子或诸侯互相朝拜之时举行的射礼,"燕射"是平时宴饮之日举行的射礼,"乡射"是地方官员荐贤举士而举办的射礼。

射礼是重要的社会活动之一,是遵循既定程序而周密计划的具有规模的射箭比赛,其基本程序有备礼、迎宾、开礼、配耦、纳射器、倚旌、诱射、一番射、二番射、三番射、旅酬、送宾等环节。在射礼中,有体育活动的"射箭",同时也有艺术活动"配乐""舞蹈"。《礼记·射义》中记载:一曰和,二曰容,三曰主皮,四曰和容,五曰兴舞。其中,"和容"指礼射第二轮必须配音乐,要求射者以音乐为节,与音乐合拍,进退周还。"兴舞"是指在射箭完毕后,要在舞师带领下跳弓矢舞。整个射礼在音乐舞蹈的气氛中结束。③"和容"和"兴舞"的出现,将音乐和体育动作很好地结合在一起,并以一种表演的方式呈现给观礼者,在这种程度上,突破了原始舞蹈自娱的性质,成为一种"规定性"的礼仪展示。可谓是体育艺术融合的典范。

---

① 戚继光著,曹文明、吕颖慧校释.纪效新书[M].北京:北京中华书局,2001:91.
② 黄钧,龙华,张铁燕等校,全唐诗 3[M].长沙:岳麓书社,1998:842.
③ 崔乐泉.中国体育通史第一卷(史前—960 年)[M].北京:人民体育出版社,2008:89—90.

射礼是中华礼仪文化的重要形式之一。《礼记·射义》中言:"古者诸侯之射也,必先行燕礼;卿、大夫、士之射也,必先行乡饮酒之礼。故燕礼者,所以明君臣之义也;乡饮酒之礼者,所以明长幼之序也。"①射礼中寓德于射、寓礼于射、寓教于射,极为重视谦和、礼让、庄重等方面的人格塑造和精神文明培养,是我国传统文化中集体育与艺术、体育与礼仪、健康与道德培养为一体的珍贵文化成果。

(二) 剑舞

剑舞文化源于剑术,始于春秋,盛于唐朝。考古发现剑的历史最早可以追溯至商朝。舞剑是在武舞的基础上发展而来,从军事操练到军事布阵,从军事技击到武舞表演,从实用功能到观赏功能的转换,使得剑舞成为传统体育艺术中极具魅力的项目。其中,著名的剑舞有项庄舞剑、裴旻剑舞、公孙大娘舞剑器等。

秦汉三国时期,历史上著名的《鸿门宴》中所描述的"项庄舞剑,意在沛公",即用表演形式的"舞剑"来达到功能性的"技击"目的。"军中无以为乐,舞剑以为乐",兵器武艺有了发展,出现了以攻防击刺为表演的剑舞。在楚汉相争的鸿门宴上,项羽优柔寡断不忍杀死刘邦,范增便唆使项羽的堂弟项庄,提剑到宴会上表演舞剑,"军中无以为乐,舞剑以为乐"。项羽的叔父项伯受张良之托保护刘邦,项伯拔剑参加剑舞,项伯"常以身翼蔽沛公,(项)庄不得击"。可见,剑舞包括一人剑舞与两人共舞,剑与剑的表演中还暗藏着对抗和防守。②

魏晋南北朝时期,亦有文字记载壮美勇武的舞剑:"翰,少有高气,年十五,便请征伐,昭成壮之,使领骑二千……子仪,长七尺五寸,容貌甚伟,美髯,有算略,少能舞剑,骑射绝人。"③这里描述拓跋翰壮美的舞剑、勇武的气质,反映了南北朝时期文化的厚重和多姿多彩。

唐文宗时,诏以(李)白诗歌、裴某剑舞、张旭草书为"三绝"。《新唐书·文艺列传》记载:裴剑舞一曲,张书一壁,吴画一壁,都邑人士"一日之中,获睹三绝"④。唐代诗人苏涣在《赠零陵僧》诗篇云:"兴来走笔如旋风,醉后耳热心更凶。忽如裴旻舞双剑,七星错落缠蛟龙。……西河舞剑气凌云,孤蓬自振唯有君。"⑤

唐玄宗时,诗圣杜甫观公孙大娘弟子舞剑器时,回忆童年亲在河南郾城目睹著名舞蹈家公孙大娘剑器舞的盛况,有感而发写下《观公孙大娘弟子舞剑器行并序》曰:"昔

---

① 陈成国点校.周礼·仪礼·礼记[M].长沙:岳麓书社,2006:464.
② 刘秉果,赵明奇.汉代体育[M].济南:齐鲁书社,2009:39.
③ (唐)李延寿撰,陈勇等标点.北史(卷15—卷30)[M].长春:吉林人民出版社,1995:276.
④ (清)董浩等.全唐文附唐文拾遗唐文续拾[M].上海:上海古籍出版社,2007:55.
⑤ 周振甫主编.唐诗宋词元曲全集.全唐诗(第5册)[M].合肥:黄山书社,1999:1902.

有佳人公孙氏,一舞剑器动四方,观者如山色沮丧,天地为之久低昂……"①,唐朝诗人司空图在《剑器》一诗中说:"楼下公孙昔擅场,空教女子爱军装。潼关一败吴儿喜,簇马骊山看御汤。"②不难看出,公孙大娘的"剑器舞"是一种艺术化的舞蹈,讲究艺术感染力;与公孙大娘的"剑器舞"相比,裴旻的剑舞是一种击技性武艺,既有实用的特点,也有技艺精巧的美感。持剑而舞的舞蹈家和剑舞家,两人表演在艺术上有异曲同工之妙。可见,剑舞在唐朝盛极一时。

宋朝军中也盛行剑舞,并作为接待外国来使的专门安排的一种大型武艺表演活动,体现了这一时期武艺的高超绝伦。这种剑舞往往有数百人掷剑挥刃,接剑而舞,身怀绝技,各显其能。

(三)健舞

健舞是乐舞演化的形式之一。夏商周时期,原始舞蹈因其庆典、祭祀、宴会等功用的不同逐渐开始分化,出现了文武、武舞、歌舞不同形式,并出现了专门的表演艺人。到了汉代,出现了专门的乐舞机构,一是属于奉常的太乐,掌管宗庙祭祀的雅乐;一是属于少府的乐府,管理供皇帝娱乐的俗乐舞。另外,酒宴中除了供观赏的艺人表演外,汉代还有宾客间相邀起舞的习俗,这种古老的"交谊舞",古代叫"以舞相属",既是礼节,又含自娱性,汉、魏、晋各代都时兴这种舞蹈。汉代还出现了各种持舞具进行表演的舞蹈,较为著名的有《巾舞》《盘鼓舞》等,与现代的体育艺术如艺术体操、健美操持器械而舞有着形似的特点。不难看出乐舞不仅具有观赏功能,还出现了交往、自娱等功能的体育健身舞蹈。唐代乐舞发展进入极盛时期,唐代将舞蹈分为"健舞""软舞"两大类。唐代乐舞中具备"体育"要素的要属"健舞",健舞敏捷刚健,较为著名的有《剑器》《胡旋》《胡腾》等③,其中,公孙大娘的"舞剑"也属于《剑器》。

(四)武戏

武戏是武舞的艺术演化形式。武戏的出现是体育与艺术融合的又一重要文化形式,在武术表演形成方面起了重要作用。

1. 观武

山东省嘉祥县武梁祠石刻画《观比武图》,是立式连环画,共分五层,有约请、观看、返回几个内容,描述了观武的全过程,说明武艺转变为武术表演是武舞走向表演化、娱

---

① 莫砺锋,童强撰.杜甫诗选[M].北京:商务印书馆,2018:328.
② 周振甫主编.唐诗宋词元曲全集.全唐诗(第5册)[M].合肥:黄山书社,1999:4714.
③ 任海.中国古代体育[M].北京:中国国际广播出版社,2011:10.

乐化的一个重要转变。① 观武将礼仪与审美融入了武艺中,使之武术成为了一种表演。

2. 武戏

东汉文学家张衡在《西京赋》中描写了长安城广场上的"呈角抵之妙戏",其中便有"东海黄公,赤刀粤祝。冀厌白虎,卒不能救。挟邪作蛊,于是不售"。② 汉代不仅形成了武术表演体系,还在艺术方面进一步发展,向有故事情节的武打戏表演方向迈进。③

(五) 蹴鞠

"蹴鞠"是中国古代足球,又称"蹋鞠""蹴球""蹴圆""筑球""踢圆"等。刘向《别录》中记载"蹴鞠者,传言黄帝所作"④,相传蹴鞠源于黄帝。《史记》和《战国策》中的记载都表明,在当时齐国故都临淄,蹴鞠已发展成一种成熟的娱乐方式,而且在民间广为盛行,战国时期民间就已有蹴鞠活动。

汉代的蹴鞠有两种形式,一种是娱乐表演性质的花法蹴鞠,踢时不受场地的限制,表演者以自己的技巧踢出各种花样。⑤ 河南南阳方城东关出土的东汉舞乐蹴鞠画像上,一女子蹴鞠者在舞乐的伴奏下两脚各蹋一鞠,其高髻长袖,与其他乐舞表演者同台表演,更显姿态优美。河南登封启母阙画像石上,蹴鞠女形态优美,活泼可爱,其左右有踞坐者,大概是伴奏的乐队。汉代的表演蹴鞠有音乐伴奏,有踢球技巧,有观众欣赏,可以说达到了相当高的艺术表演水准。⑥ 汉代蹴鞠不仅在民间广为流行,而且还被视为"练兵之法""治国习武"之道,在军队中开展,在宫廷贵族中流行。相传刘邦称帝之后,在宫苑内修葺了名为"鞠城"的校场(相当于足球场),足球场东西两侧,各设六个"鞠室"或"鞠域"(相当于足球门),以踢入"鞠室"或"鞠域"球数定胜负。据记载,刘邦还在长安东百里之处,仿照原来沛县丰邑的规模,造起了一座新城,把原来丰邑的居民全部迁住到新城,将父亲刘太公和刘温也迁住到那里,又开始"斗鸡、蹴鞠为欢"。

到了唐代,蹴鞠出现了技巧性的踢法,"打鞠"按照场上人数分为一人场、二人场、三人场以至十人场的比赛方式,其中的一人场,身体的各部位都可以代替两脚踢球,因此球在身上上下翻舞,令人眼花缭乱。比赛时不限人数,各自独踢,没有比赛对手时,也可以单独表演。⑦

---

① 刘秉果,赵明奇.汉代体育[M].济南:齐鲁书社,2009:41.
② 陈宏天,赵福海,陈复兴主编.昭明文选译注(第1册)[M].长春:吉林文史出版社,2020:92.
③ 刘秉果,赵明奇.汉代体育[M].济南:齐鲁书社,2009:42.
④ (宋)李昉等撰.太平御览[M].北京:中华书局,1960:3349.
⑤ 任海.中国古代体育[M].北京:中国国际广播出版社,2011:10.
⑥ 刘秉果,赵明奇.汉代体育[M].济南:齐鲁书社,2009:144.
⑦ 任海.中国古代体育[M].北京:中国国际广播出版社,2011:13.

宋代开始出现了蹴鞠组织和蹴鞠艺人。宋代花法蹴鞠在技巧上比唐代又有所提高,有利用身体多种部位的10种基本技术,即"肩、背、拍、拽、捺、控、膝、拐、搭、膁",称为"10踢",并有针对10种踢法的"古十踢诀"。宋代还设有宫廷蹴鞠队,据《东京梦华录》记载,宫廷蹴鞠队分三等,一等称"毬头",二等称"次毬头",三等为一般球员。一支队伍设有"毬头"一名,"次毬头"两名,一般队员十余人。蹴鞠球门不是在地面上,而是悬挂在三丈多高的空中,置网络,网络中开大小一尺左右的洞,即球门。宋代宫廷足球除了比赛,在各种宴会上还承担表演功能。

清代开始流行冰上蹴鞠,据《帝京岁时纪胜》中"蹴鞠"条记载,冰上蹴鞠就如同今天的冰球运动。不同的是参赛队员不持球杆,用手用脚都可触球,抢到球的一方为胜。清代冰上蹴鞠是冰嬉项目之一,通常作为练兵的重要方式,东岩居士在《帝京岁时纪胜补笺》里指出:"冰上蹴鞠,皇帝亦观之,盖尚武也。武备院备侍卫护军人员皆须习此,文人无习此者。"①

综上所述,不难看出,蹴鞠运动在古代流传悠久,集竞赛、军事、表演功能为一体,不仅在宫廷而且在民间广泛流传,融合体育与艺术的形式为一炉,是我国传统体育艺术文化瑰宝。2006年5月20日,蹴鞠经国务院批准列入第一批国家级非物质文化遗产名录。

(六) 马球

马球又称"击鞠",源于汉代,盛于唐宋。曹植《名都篇》中就有"连翩击鞠壤,巧捷惟万端"②的诗句,来描写当时人打马球的情形,说明汉末就已经有了马球运动。马球所用之球如拳头大小,用轻且韧的木材制成,中间镂空,外涂颜色和雕饰,因此也被称为"彩毬""七宝毬"。马球的毬杖长数尺,端如偃月,杖身有精美纹彩,被称为"画杖""月杖"等,有点像现代的冰球球杆。马毬是骑在马上用球杖击毬的运动,所以又称为"打毬""击毬""击鞠"等,游戏者乘马分两队,手持球仗,以打入对方球门为胜。唐代历代皇帝基本都是马球运动的提倡者和参与者,天宝六年(747年),唐玄宗专门颁诏,令将马球作为军队训练的课目之一。唐代打马球风行一时,是帝王和贵族阶层强身健体的体育运动,唐章怀太子李贤墓中的《马球图》,参与击球者二十余人,皆着各色窄袖袍,足登黑靴,头戴幞巾,手执偃月形球杖,逐球相击。在故宫博物院《便桥会盟图》中,以唐太宗李世民与突厥可汗颉利于长安城西渭水便桥会盟之事实为背景,画中数名骑士策马持杖争击一球,场面颇为热烈壮观。《马球图》和《便桥会盟图》形象地反映了唐

---

① 转引自林伯原、谷世权编著.中国体育史[M].北京:北京体育学院出版社,1989:398.
② 上海辞书出版社文学鉴赏辞典编纂中心编.三曹诗文鉴赏辞典[M].上海:上海辞书出版社,2013:73.

中宗统治时期马球运动发展的盛况,可以看出唐代马球开展的盛况。宋、辽、金时期,朝廷还将马球运动作为隆重的"军礼"之一,甚至为此制定了详细的仪式与规则。2008年6月7日,马球经国务院批准列入第二批国家级非物质文化遗产名录。

(七) 百戏

百戏始于秦汉,但是却贯穿整个封建社会,百戏是融武术、杂技、角力、滑稽表演、音乐演奏、舞蹈、演唱等多种民间技艺的综合表演,百戏又称为"角抵""角抵奇戏"以及"大角抵"等,广泛流传于宫廷、贵族和平民之间,并以表演为其主要方式,《汉武故事》记载:角抵之戏,"汉兴虽罢,然犹不都绝,至上复采用之。并四夷之乐,杂以奇幻,有若鬼神"①,意为汉武帝恢复了汉初罢黜的角抵戏,而且还将其与四方的乐曲演奏结合,穿插儿童百戏表演。② 百戏中蕴藏着多种形式的体育竞技、体育技巧的表演,是体育艺术多样化发展的源头。

1. 倒立与柔术表演

1972年,河南洛阳市涧西出土东汉时期倒立俑陶,相对倒立的二俑,第三俑再倒立于二俑相交的膝部。其造型巧妙,动作优美。山东济南无影山出土的一组西汉时期前期百戏俑,这组陶制人物包括8名乐工、6名技巧艺人、7位观众,其中3名技巧艺人双手据地起顶、弯腰、双足在前做"塌腰顶"的动作。不难看出,百戏是体育艺术传承与演变的重要载体。③

2. 寻橦表演

寻橦即杆上技巧。在1954年山东沂南北寨村出土的东汉橦技画像石中,图中一人把橦杆顶在额上,橦木上部有一横木,作"十"字架型,杆顶有一小盘,横杆上部有三个小儿,上层一个用腹部伏在小盘上,下层横木左右各一小儿,正做探海倒挂空中的动作。④

3. 履索表演

履索即在绳子上行走、跳跃、舞蹈。《后汉·礼仪志》注引蔡质《汉仪》记载履索节目的情况是:"以两大丝绳系两柱间,相去数丈。两倡女对舞,行于绳上,对面相逢切肩而不倾。"⑤除了在绳上行走之外,还能在上面跳跃,甚至绳上旋转舞蹈。

4. 冲狭燕濯表演

冲狭燕濯要求艺人在周边插刀、仅可容身的环中一跃身而过。四川德阳县出土的

① 鲁迅著.鲁迅先生纪念委员会.鲁迅全集(第8卷)[M].广州:花城出版社,2021:226.
② 崔乐泉.中国体育通史第一卷(史前—960年)[M].北京:人民体育出版社,2008:180.
③ 济南市博物馆.试谈济南无影山出土的西汉乐舞、杂技、宴饮陶俑[J].文物,1972(05):19—24.
④ 崔乐泉.中国体育通史第一卷(史前—960年)[M].北京:人民体育出版社,2008:220.
⑤ 转引自崔乐泉.中国体育通史第一卷(史前—960年)[M].北京:人民体育出版社,2008:222.

一块画像砖上,其中的形式就是冲越周边不付它物的圆环,这种形式主要表现动作的轻巧、矫健和优美。①

5. 弄丸跳剑表演

弄丸跳剑即用身体的各个部位抛接耍弄剑或丸的一种技巧表演。河南南阳王寨出土的画像石上,一艺人正单手抛接 6 丸,右手还要兼顾其他,说明当时的技艺已经发展到高潮了。这时期的跳丸还出现了兼用臂、肩、臀、足背、足跟及膝抛接的方法,花样变化增多。在山东省安丘县王封村汉墓出土的画像石上,表演者用身体的不同部位进行抛接耍弄,共抛接 8 丸 3 剑。②

6. 练力表演

练力即举重,原为增强士兵体力而设,后为社会普遍开展,并从练武举重演化为娱乐举重,且创造出抛接的表演形式。江苏省铜山县汉墓出土画像石《练力图》显示了其中练力方式:斗兽、拔树、背兽、举鼎、抱兽、弄瓶、厥张。③

(八) 民俗表演

1. 舞龙表演

据汉董仲舒《春秋繁露·求雨》记载,汉代求雨因节令不同而祭礼有所不同,但都离不了舞龙。春旱求雨舞青龙……夏旱求雨舞赤龙……秋季求雨舞白龙……冬季求雨舞黑龙。④ 舞龙不但是一种集体的健身活动,也是一项集体的技艺技巧。

2. 龙舟歌舞表演

龙舟竞渡和龙舟歌舞表演是龙舟的两种形式。广西省西林县出土的铜鼓《羽人划船纹》:一人跨坐船头,三人坐在船中双手划桨,二人手执羽仗在船上起舞,一人高坐在栅台上好像是指挥者,一人在船尾用桨代舵。⑤

3. 马术表演

山东省滕州市出土的汉画像石《骑者图》中有八幅骑马者的图像,其中有三幅表现高超的骑术表演,一幅是立骑,一幅是用双手舞动彩带,另一幅则是在马背上做手倒立,并有造型,两腿是前后大分开。马术表演到唐代发展成"马舞"表演,马戏也成为专业艺人的演技。⑥

---

① 山东省博物馆会编.山东省文物考古研究所·山东汉画像石选集[M].济南:齐鲁书社,1982:224.
② 山东省博物馆会编.山东省文物考古研究所·山东汉画像石选集[M].济南:齐鲁书社,1982:224.
③ 刘秉果,赵明奇.汉代体育[M].济南:齐鲁书社,2009:50.
④ 崔乐泉.中国体育通史第一卷(史前—960 年)[M].北京:人民体育出版社,2008:233.
⑤ 刘秉果,赵明奇.汉代体育[M].济南:齐鲁书社,2009:101—102.
⑥ 刘秉果,赵明奇.汉代体育[M].济南:齐鲁书社,2009:131.

(九) 民间娱乐

1. 游水

在敦煌莫高窟第 257 窟中,有一幅北魏时期关于游泳活动的壁画,游泳图绘于窟内顶部平棋图案的中心。在一碧绿的池水中,四位击水者出没起伏于莲花之间,他们击水、浮水动作舒展有力,展示了一群善泳者的优美姿态。这种游水形式与现代花样游泳有着极为相似之处。

2. 蹴球

蹴球是唐代集观赏与娱乐为一体的球戏。唐代《封氏闻见记》中记录:球是木制的,高约一二尺,涂着绚丽的色彩,女艺人站立在球上,"宛转而行,萦回来去,无不如意"①。《内人蹋毬赋》中描写了宫女们立身于滚动的球上,球体似珠,滚动如风雷,人颜似玉,打扮得如同仙女下凡,球不离足,足不离球,扬袂迭足,耍弄金盘,挥剑舞蹈、跳跃,矫捷轻盈,飘然若仙,把上万名观众看得如醉如痴。蹴球兼具了舞蹈和技巧,具备体育艺术的形式。

3. 踏歌

踏歌又名跳歌、打歌等,是中国民间传统的舞蹈形式,兴起于汉朝。踏歌是群体围成圆圈或排列成行,互相牵手或搭肩,以脚踏地形式完成舞步变换,边歌边舞,边行边舞的歌舞形式。据《后汉书·东夷列传》记载:"昼夜酒会,群聚歌舞,舞辄数十人相随,踏地为节。"②可见,踏歌常与酒会、宴饮一起,具有观赏性和娱乐性。

踏歌也是群众自娱性的活动,风靡于唐朝。诗句和绘画里描绘了踏歌的情景。唐李白《赠汪伦》诗:"李白乘舟将欲行,忽闻岸上踏歌声。"刘禹锡的《踏歌词》:"春江月出大堤平,堤上女郎连袂行";"新词宛转递相传,振袖倾鬟风露前"。邓拓《忆多姿·赶集》词:"最是春风吹舞衣,踏歌如梦飞。"南宋马远的名画《踏歌图》中,绘有四位老人在蜿蜒的山路上踏歌。

不难看出,踏歌的这种集体以脚下舞步为节奏的歌舞形式,与现代广场舞排舞健身体育艺术形式有着很大的相似之处。

4. 捶丸

捶丸,是以球杖击球入穴的一种运动项目,前身可能是唐代马球中的步打球,当时的步打球较有对抗性,类似现代的曲棍球。《丸经·集序》中"至宋徽宗、金章宗皆爱捶

---

① 转引自中华人民共和国体育运动委员会运动技术委员会合编.中国体育史参考资料(第 2 辑)[M].北京:人民体育出版社,1957:27./刘秉果,赵明奇.汉代体育[M].济南:齐鲁书社,2009,8;131.
② (南朝宋)范晔、(晋)司马彪撰,李润英点校配图.后汉书(下)[M].长沙:岳麓书社,2009:21.

丸"的记述,推测捶丸出现的最晚时期是北宋徽宗时期。[①] 步打球由原来的同场对抗性竞赛逐渐演变为依次击球的非对抗性比赛,球门改为球穴,名称也随之改为"捶丸"。宋、金、元时期,上至皇帝下至孩童都对捶丸运动乐此不疲。陈万里《陶枕》中记录了一儿童捶丸,是当时捶丸活动盛行的有力佐证。元代《捶丸图》中左一人正面俯身做击球姿势,右一人侧蹲注视前方地上的球穴,稍远处有二侍从各持一棒,棒端为圆球体,居中者伸手向左侧击球人指点球穴位置,这是元代民间捶丸活动的真实反映。明代《明宣宗行乐图》长卷中描绘了捶丸场地面貌,旗、穴及击丸的棒,侍从的位置等,场地设在宫廷内,明宣宗亲自持球棒击球,可见捶丸在当时是一项高雅的娱乐活动。明代对捶丸的打法亦有记载:正棒头打八面,倒棒斜插花,卧棒斜插花,皮塔斜插花,揣棒斜插花,燕尾斜插花,两肩基儿,背身正棒,正棒头翻撅儿,前撅翻过后,后撅翻过前,雁点头,正棒头……由此可知明代士大夫阶层喜爱捶丸活动,并能体会出其中的巧妙。另外,捶丸还是明代富贵人家妇女的消闲娱乐活动之一。《仕女图》中三个贵族妇女,高髻盛妆,各手执杓棒准备击球,正是对捶丸运动的描绘。清代捶丸运动趋于衰落,仅是妇女孩童间简单的游戏。

(十) 养生导引

养生从人类早期"消肿舞"开始初现端倪,原始时期的医疗与体育、舞蹈结合在一起。养生从人类早期开始一直沿传至今,在传说、人物、著作中均有所记载。

夏商时期,传说大禹治水时由于经年累月处于潮湿环境中,于是发明了一种独特的健身方法,叫禹步。《帝王世纪》中记载:"尧命(禹)以为司空,继鲧治水。乃劳身涉勤……手足胼胝,故世传禹病偏枯,足不相过。"[②]夏商时期比较有名的还有彭祖养生导引之法。干宝《搜神记》中记载:"彭祖者,殷大夫也。姓钱,名铿,帝颛顼之孙,陆终氏之中子。历夏而至商末,号七百岁,常食桂芝。"[③]这一时期,在理论方面对养生导引产生重要影响的有两本著作:一是《周易》,二是《黄帝内经》。《周易》认为,养生之道,首在饮食,生命在于运动,而动必有静,养生贵在动静结合,辩证地阐释了饮食、运动与养生的关系。《黄帝内经》中《素问·宝命全形论》指出:"人以天地之气生,四时之法成"[④],即"气是生命的本质",依据春生、夏长、秋收、冬藏的四时变化特点,提出了"春夏养阳,秋冬养阴"的养生法则。

---

① 转引自《北京体育辞典》编委会主编.北京体育辞典[M].北京:京华出版社,2010:339.
② 沈海波,徐华龙,常博睿编.中华创世神话文献摘编[M].上海:上海人民出版社,2020:366.
③ (晋)干宝.搜神记[M].长春:吉林出版社,2021:182.
④ 刘毅编著.黄帝内经[M].北京:北京燕山出版社,2010:66.

春秋时期，老子以"清静无为"为核心提出了"抱一守中"的养生思想。庄子重视气功养生，他认为"吹响呼吸，吐故纳新，熊经鸟申，为寿而已矣"(《庄子·刻意》)[①]。《吕氏春秋》提出的"流水不腐，户枢不蠹"的养生主张，从理论上进一步阐明了动形养生之理，这是对中国传统养生学的重大贡献。

两汉三国时期养生文化蓬勃发展，形成了阴阳五行、太极八卦、脏腑、经络等一系列理论，表明中华养生文化在这时期逐渐形成了成熟且具有完整结构的独立体系。1973 年，湖南长沙马王堆 3 号西汉墓出土了一幅帛画《导引图》。《导引图》共绘有 44 个运动姿态各异的人物图形，图中人物术式分列四层，每层 11 个术式，各术式之间缺乏有机联系，说明尚未形成套路，处在发展的初级阶段。

华佗五禽戏是导引养生的重要代表。华佗在前人导引养生的基础上，运用仿生创编了五禽之戏。《后汉书·方术列传·华佗传》载："吾有一术，名五禽之戏：一曰虎，二曰鹿，三曰熊，四曰猿，五曰鸟。亦以除疾，兼利蹄足，以当导引。"[②]"五禽戏"模仿五种动物，分别是虎、鹿、熊、猿、鹤的动作与神态，即"虎"之刚健勇猛，"鹿"之迅速机敏，"熊"之沉着踏实，"猿"之灵活神奇，"鹤"之舒展飘逸，并结合中医学阴阳、藏象、五行、气血、经络等原理配合呼吸、意念而创编的促进气血运行、舒筋健体养生疗愈功法。华佗五禽戏是导引养生的集大成者，作为传统健身法相传至今。

两晋南北朝的养生理论和方法得到了长足发展，出现了释、道、医相互渗透的医家和养生家。葛洪提出了不伤不损养生原则，他认为："人生之为体，易伤难养。"葛洪的养生思想对传统养生学作出了巨大贡献。陶弘景一方面主张闲心寡欲以养神，另一方面又主张吐纳导引以养形。陶弘景集医、道于一体，十分重视人体中神、形、气、精的养生。颜之推所撰的《颜氏家训》的《养生》篇从立身出发，提出了不贪生、不偷生的养生思想。

宋代印刷和造纸术的使用促进了书籍的推广，养生亦得到了较大的发展。较为熟知的"八段锦"导引术源于北宋，八段锦功法是一套独立完整的健身功法，编排精致。另外，比较有影响的是陈抟二十四式坐功、小劳术导引术。宋代导引以自然简便、易行实用为特点，面向大众，开始走向简约化。

金元时期，战乱纷争疾病流行，这一时期，养生与医学紧密结合，在老年人养生方面提出了许多见解。明代养生体育不仅在医学上得到广泛应用，养生制作大量涌现，而且在术式上对静坐法情有独钟，静坐法的理论和方法有了进一步的发展。

---

① 叶玉麟编.译解庄子[M].北京:生活·读书·新知三联书店,2021:134.
② 章惠康.后汉书:文白对照[M].北京:华夏出版社,2012:1503.

清代八段锦形成了"文""武"之分和南、北之派的套路式导引健身法,导引养生得到了进一步发展。易筋经与武术相结合,出现了以少林十二术式为基础的不同术式的变式,形成了易筋经体系,与五禽戏、八段锦并列为古典导引的三大代表。清代六字诀是一种以呼吸吐纳为主要手段的传统养生法,分别以嘘、呵、呼、咽、吹、嘻六个字的发声口型,缓慢吐气,与人体肝、心、脾、肺、肾、三焦等脏腑经络相联系、相对应,从而呼出脏腑内浊气,促使相对应的脏腑经络的气血变化,达到防病治病、健身益寿的目的。

(十一) 宗教祭祀

自商周以来,祭祀活动便已流传,直到今天,部分祭祀活动仍然保留完好。原始时期"头戴面具,身披兽皮,载歌载舞"的祭祀活动,多用于娱神、驱鬼、治病、求雨等,随着祭祀活动的演化和祭祀种类的多样化,孔子《论语·乡党第十》中记载:"乡人傩,朝服而立于阼阶。"[①]此句描述乡人驱逐疫鬼的祭祀活动情景,乡里人迎神驱鬼,孔子穿上朝服站在东边的台阶上。孔子认为不同社会层次的人,参与的祭祀活动不一样,天子"祭天",普通人"祭鬼神",然而自己身为官员,不适合参加乡里人的祭祀活动,因此穿着朝服站在家中祠堂(古代的住宅东偏是祠堂)祭奠祖先。可以看出,祭祀不仅仅有天子阶层的"祭天",也有乡里人的"祭鬼神",以及中国传统文化中一直传承的"祭祖先"。

祭祀中通常包含场景、音乐、程式化仪式、修饰物、群体参与。明代王圻《续文献通考》记载:"祭祀用雅乐,太常领之"[②],可以看出,官方的祭祀活动是一种规范的仪式,何人负责,用何种乐曲,已有规定。而民间的祭祀活动则更加丰富多样,敬神娱神、驱魂避邪、消灾避难、降福保佑、还愿、求雨、占卜、丧葬、庙会、秋收等都有相应的祭祀活动,如纳西族的东巴跳、土家族的摆手舞、藏族的锅庄舞、傣族的嘎光仪式,等等,祭祀表演作为宗教活动的重要环节,不仅带有浓烈的祭祀色彩,也保留着浓郁的民俗文化,从仪式到表演,运用一系列身体动作记忆传承了宗教、体育、艺术、戏剧、军事等文化的精华。

三、封建社会时期传统体育艺术文化特点

(一) 纷呈多样

进入封建社会后,体育艺术发展呈现多元化特征,随不同历史时期社会的经济、政治、文化的发展而传承与演变,并贯穿于社会生活的许多方面。武舞演化出剑舞、观武、武戏等艺术化形式;百戏出现角抵戏、倒立与柔术、寻橦、履索、冲狭燕濯、弄丸跳

---

① 张燕婴译注.论语[M].北京:中华书局,2006:145.
② 王圻.续文献通考[M].北京:现代出版社,1986:32.

剑、练力表演等多种体育表演；另外还出现了如马术表演、蹴鞠表演、龙舟歌舞表演、舞龙表演等形式的民俗表演，以及广泛开展的体育艺术项目如踏歌、导引、祭祀等，传统体育艺术文化形式纷呈多样。

（二）根植民众

这一时期的传统体育艺术文化发展不再仅仅局限于上层社会的观赏需求，既有国家层面的祭祀、礼仪、乐舞，也有普通百姓的民俗、百戏活动。另外，蹴鞠、马球等不仅风靡于上层社会，还深深扎根于底层民众，与养生娱乐融为一体，成为社会生活的重要组成部分。根植于民众是这一时期传统体育艺术的重要特征。

（三）分而不同

我国传统体育艺术源于原始社会时期武、巫、舞三者互通同源的文化，经历封建社会不同阶段的发展，逐渐形成了三条主线分化和演化的文化形式。以武舞为主线形成了武艺、剑舞、观武等文化形式，以舞为主线形成了剑舞、字舞、队舞、踏歌等文化形式，以巫为主线形成了一些含有民族特色、宗教仪式的傩舞等文化形式。可见，我国传统体育艺术文化是以武、舞、巫为三条主线进行分化演化的，形式多样且分而不同。

（四）互融相通

我国传统体育艺术文化是融养生、娱乐、道德教育为一体的体育艺术文化，是教化、礼仪、娱乐的重要内容，体现在历史传统、风俗习惯、宗教信仰等方方面面，贯穿在社会生活之中，相通相融。

总之，我国历史中的体育艺术现象不仅反映了不同时代的社会生活，同时也折射出我国悠久的历史文化，体育艺术在本质上也扮演着多种角色：体育艺术作为宗教的"巫"，体现了肉体和精神的统一；体育艺术作为生命的"舞"，体现着身体运动和精神审美的统一；体育艺术作为军事的"武"，体现着民族文化的精髓（武术）；另外，体育艺术还作为教化、礼仪、仪式、娱乐等内容，成为我国传统文化的重要组成部分，这些历史文化的精髓，也成为现代体育艺术发展的重要文化资源，为现代体育艺术的创新提供发展方向和动力源泉。

第四节　冲突：我国传统体育艺术的文化入侵

一、近现代体育艺术文化脉络

近代，在西学东渐、救国图存的历史背景下，西学开始大量涌入，传统文化遭遇冲击。随着新式学堂的开设和学校教育的改革，西方体育项目开始在学校传播，近代体育艺术文化在学校体育发端。

（一）军国民主义时期:学校体育艺术的发端

在"西学东渐"的历史背景下,最早在教会学校、新式学堂开始开设"体操(体育)"课程或课外活动。鸦片战争后,洋务派兴办学堂,设立"中学为体、西学为用"的教育模式,在课程设置中,除了科学知识学科外,还开设"体操(体育)"课程。1902年清政府颁定仿制日本学制的《钦定学堂章程》,1904年清政府又颁布《奏定学堂章程》。在两个"章程"中,在各级学堂均设置了"体操",自此,"体操(体育)"正式纳入学校教育体系,结束了我国两千多年来学校缺失体育的状态。1911年辛亥革命爆发,1912年9月,中华民国第一个《学校系统令》公布,又称"壬子学制",同样实行军国民主义,涉及"体操"科的内容仍然以"兵式体操"为主。

"体操"科,即"体育课"的前身,其内容包括普通体操和兵式体操两大类。其中,普通体操以柔软体操、轻器械为主,而兵式体操以器械体操为主。"体操"科(主要源于德国、丹麦、瑞典体操),是在"强种强国"的军国民思想下形成的,提倡"体操宜讲实用""务使规律肃静、体势整齐、意气充实、运动灵活"[①],其目的是发达体格,培养预备军人。不难看出,以"体操"为代表的西方体育艺术,虽以"兵式体操"为主,但不乏球杆体操、棍棒体操以及柔软体操等具有艺术性要求的练习内容,学校体育艺术开始发端。

（二）自然主义时期:学校体育艺术的起源

五四新民主主义文化运动,"德先生"与"赛先生"来到中国,中国教育体制由照搬日本,转而开始模仿美国,受美国实用主义教育和自然主义体育思想的影响,加之田径、球类活动的兴起,社会舆论要求改革学制,由此,1922年民国政府发布《学校系统改革案》,又称"壬戌学制"。

"壬戌学制"的颁发,"体操"科发生重大变革。首先,在内容上,"兵操"被正式废除,"体操"改为"体育";其次,田径、球类正式进入体育课堂。"科学""民主""自由"等自然主义思想推动了学校体育向着"自然体育"方向发展,自然主义体育思想主张采用跑跳等"自然活动"方式,反对"非自然的""人工的""呆板的"体操,主张让儿童自己去学习体会,教师只是从旁引导。一直到1949年,自然主义体育思想都占据学校体育的主导地位。

在《新学制体育教材》目录中,包括"垫上运动""机巧运动""姿势概要""柔软体操"甚至"舞蹈"内容,可见,体育艺术已经是学校体育的重要内容,而且舞蹈作为体育的内

---

① 舒新城编.中国近代教育史资料[M].北京:人民教育出版社,1981:506.

容,是体育艺术的重要形式。在王怀琪编著的《三段教材》中,延续和发展了原来的"普通体操"内容,而且增加了"中国体操"内容,这是对传统武术进行"科学的体操化"改造而来的,实际上就是模仿体操的标准对武术"去技击化"改造的结果,使其退化为一种仅适用于表演的规定套路。

自然体育思想是依附于自然主义教育思想而产生的。它偏重于社会道德的发展和文化娱乐生活的目标,而不重视体育对生理的作用。在手段上,主张采用适应学生兴趣和需要的自然活动;在方法上,从儿童的"个性自由"和"个性发展"出发,让学生自由活动,在做中学会学习。

这一时期,以"体操"为代表的西方体育艺术与以"国术"为代表的传统体育艺术开始交融。但总体来看,体育仍是培育学生身心健全、公民道德、生活技能、正确姿态、娱乐习惯、卫生习惯的手段。换句话说,"增强体格"仍然是这一时期的核心功能,这点并不符合自然体育思想,这可能是由当时时代背景所致。这也是中西体育走向分歧的历史原因。

(三)"政治为纲"时期:学校体育艺术的没落

我们将 20 世纪 50 年代初至 70 年代末的时间段称为"政治为纲"时期。这一时期,主要有改造"旧体育"、发展"新体育""以俄为师""劳卫制"。由于受全面学习苏联体育模式的影响,这一时期的学校体育非常注重运动技能的培养,也是技能论占据优势的时期。体育课一度被改为"军体课",但除了射击、刺杀、投弹、过障碍之外,课程的主体依然是田径、体操、球类等原来体育课的基本内容。这一非常时期,正常的体育教学秩序很难保障,师资队伍良莠不齐,"放羊"教学也时有存在。这个时期,以政治为导向,曾出现万人做操、万人排球、万人足球等场面,体育艺术在规模上得到了广泛的推广,但在项目种类上并未得到发展,相反遭到束缚。

(四)增强体质时期:学校体育艺术的渐起

1977 年恢复高考以来,国家在教育领域也开展了一系列的改革。学校体育恢复了"体育课"的名称,也恢复了正常的教学秩序。1979 年,扬州会议下发了"会议纪要"后,制定了《中小学体育工作暂行规定》(试行草案),提出了我国学校体育的根本目的是"增强学生的体质",教材的编排要"打破以运动竞赛为中心的编排体系"[①],按人体活动能力,即走、跑、跳、投、支撑、爬越等基本动作来分类,意在淡化体育教学对竞技运动的依赖,突出锻炼身体、增强体质的功用,由此确立了体质教育思想。

---

① 王占春.新中国中小学体育教材建设与体育教学改革[M].北京:人民教育出版社,1994:64.

1979年10月,国际奥委会执委会在日本名古屋召开会议恢复中华人民共和国在国际奥委会的合法席位,新中国重返奥运大家庭。1984年重返后第一次参赛奥运会,体操王子李宁获得三块金牌。以"为国争光"竞技体育为主导,中国队开始崭露头角。这一时期,虽然强调竞技运动,但学校体育也得到了一定发展,体育艺术活动,如民族传统体育、韵律体操都得到了发展。

(五) 健康主导时期:学校体育艺术的繁荣

2000年,国家教育部颁布了《九年义务教育全日制中学体育与健康教学大纲》(试用修订版)和《全日制普通高级中学体育与健康教学大纲》。2001年,又颁布了全日制义务教育和普通高级中学的《体育(1—6年级)体育与健康(7—12年级)课程标准》,前者是后者的过渡。新课程标准就是以"三维健康观"为依据,明确提出"健康第一"的理念,体育课的名称被正式改为"体育与健康"课。

这一时期,即"新课程"改革,实行"新课标",大家较为熟知,新课标以"健康第一"为指导思想,强调身体、心理、社会适应的整体健康目标;目标体系涉及课程目标、领域目标、水平目标,具有具体化、操作化的特点;学习领域分为5个相互联系的方面:运动参与、运动技能、身体健康、心理健康、社会适应;学段划分按照水平进行划分:水平一(相当于1—2年级),水平二(相当于3—4年级),水平三(相当于5—6年级),水平四(相当于初中),水平五(相当于高中),水平六(相当于发展性水平)。这个阶段,学校体育课程内容多样化,学校体育艺术得到大力发展,健美操、啦啦操、排舞、瑜伽等进入学校体育课程。

(六) 素养培育时期:学校体育艺术的深化

2022年4月,教育部发布了《义务教育课程方案和课程标准(2022年版)》,围绕"立德树人"根本任务,对义务教育课程进行了整体设计和系统完善。《体育与健康课程标准(2022年版)》在贯彻义务教育课程方针的基础上,倡导在应用情境中评价学生习得的知识与技能,在丰富多彩、生动有趣的学练活动中实现"运动能力、健康行为、体育品德"素养的提升。《新课标》将专项技能明确为球类运动、田径类运动、体操类运动、水上或冰雪类运动、中华传统体育类运动、新兴体育类运动6类,其中体操类运动包括艺术性体操项目,如韵律操、健美操等;中华传统体育类项目包括民族民间传统体育类运动,如舞龙舞狮、跳竹竿、赛龙舟等;新兴体育类运动项目包括时尚类项目,如花样跳绳、滑板、跆拳道等。学校体育艺术开展不断深化并呈现出中西并举的趋势。

二、近现代体育艺术文化形式

(一) 西方体育形式

1. 竞技体操

现代体操起源于 18—19 世纪的欧洲,德国、瑞典、丹麦等体操流派的出现为现代体操的形成奠定了基础。竞技体操是一种徒手或借助器械进行各种身体操练的体育项目,通常惯用"体操"来称呼"竞技体操"。1881 年欧洲体操联合会成立,1896 年在欧洲体操联合会的基础上成立了国际体操联合会(FIG),主要包括男子竞技体操、女子竞技体操、艺术体操、蹦床、技巧、健美操、大众体操共 7 个大项。1896 年第一届雅典奥运会,男子竞技体操被列为正式的比赛项目;1936 年,第 11 届柏林奥运会形成了目前的男子 6 项比赛。1928 年第 9 届阿姆斯特丹奥运会,女子竞技体操被列为正式比赛;1960 年,第 17 届罗马奥运会形成了目前的女子 4 项比赛。竞技体操的艺术性、创新性、高难性是推动竞技体操发展的重要动力因素。

2. 艺术体操

艺术体操(Rhythmic Gymnastics)是一项徒手或手持轻器械,在音乐伴奏下以自然性和韵律性动作为基础的体育运动项目,也是一种艺术性较强的女子竞技性体操项目。19 世纪末 20 世纪初,一些教育家、体操家、音乐家、生理学家、舞蹈家对艺术体操的发展作出了许多贡献。瑞士教育家、声乐家台尔克罗兹,首先把音乐与体操相结合,创造了"音乐体操"(韵律体操);德国音乐教师鲁道夫·博得创造了极有女性特色和价值的波浪动作;德国音乐、体育教师欣里希·梅顿提出了在动作练习时使用轻器械;现代舞创始人伊莎多拉·邓肯与德国舞蹈家拉班均对艺术体操产生了很大影响。艺术体操以芭蕾舞基本动作为基础,吸收现代舞蹈、徒手体操和技巧、民间舞蹈等动作精华,运用"球、圈、绳、棒、带"轻器械,展示女性良好的身体姿态、优美的动作形态、节奏感、优美感、音乐素养和表现力,发展柔韧、力量、协调、灵巧等身体素质。1962 年,艺术体操被国际体操联合会确定为比赛项目,1963 年起开始举办世界艺术体操锦标赛,1984 年被列为奥运会比赛项目。

3. 健美操

现代健美操运动起源于美国,最初是美国太空总署库珀博士为太空人设计的体能训练项目,1969 年杰姬·索伦森融合了体操和现代舞,创编了健美操。20 世纪 70 年代末,好莱坞影星简·方达根据自身的锻炼实践编写了《简·方达健美操》,促进了健美操的发展,使健美操作为一项独立的体育运动项目发展起来。20 世纪 70 年代末 80 年代初,现代健美操在我国开始兴起,1984 年,中央电视台相继播放了"女子健美操"、马华"健美 5 分钟""美国健身术""动感组合"等,为健美操在我国的普及与发展起到了积极的引导作用。1985 年北京体育学院成立了健美操研究组,开设了健美操选修课,1989 年 5 月,国家体委(现国家体育总局)批准中国健美操协会在北京成立,这标志着我国此项运动进入了一个有序发展、科学指导的新阶段。健美操是一项以有氧运动为基础,以健、力、美为特征,融体操、舞蹈、音乐为一体的身体练习。它既是健身美体、陶冶情操的大众健身方式,又是竞技运动的一个项目。根据练习的主要目的和任务,可分为大众健美操和竞技健美操;其中健身健美操根据不同特点可分为:搏击健美操、拉丁健美操、健身街舞、哑铃操、橡皮筋操、健身球操、水中健美操等。竞技健美操根据比赛项目可分为:男单、女单、混双、三人和五人共 5 项竞技项目和有氧舞蹈、有氧踏板 2 项有氧项目。

4. 体育舞蹈

体育舞蹈又称为"国际标准舞",体育舞蹈发展历经原始舞蹈—民间舞—宫廷舞—社交舞—新旧国标交际舞—体育舞蹈六个阶段。1989 年,中国舞蹈家协会正式成立了"中国国际标准舞总会",20 世纪 90 年代后改名为"中国国际标准舞学会",并于 1987 年举办了"第一届全国国际标准舞锦标赛",此后,体育舞蹈协会、培训机构如雨后春笋般出现,很多大学也开设了体育舞蹈专业,体育舞蹈在国内迅速发展。按舞蹈的风格和技术结构,体育舞蹈可分为现代舞(摩登舞)和拉丁舞两大类。现代舞(摩登舞)从握抱姿势开始,沿"舞程线"逆时针方向绕场行进,完成前进、后退、横向、旋转、造型等动作,音乐有的抒情优美,有的激情昂扬,有的活泼动感,有的缠绵浪漫。舞步流畅,轻柔洒脱,舞姿优美,起伏有序,音乐节奏清晰。整个舞系展现出端庄、含蓄、稳重、典雅的风格和绅士风度。现代舞类中有庄重典雅、流畅起伏的华尔兹舞;有旋转多姿、飘逸优美的维也纳华尔兹舞;有刚劲锐利、错落有致、稳重中见奔放的探戈舞;有舞步轻柔、圆滑流畅、方位多变的狐步舞;有运步轻快、洒脱自由的快步舞。拉丁舞中所包含的舞蹈大多起源于拉丁美洲、南美洲,如伦巴起源于古巴,恰恰起源于墨西哥,桑巴起源于巴西,因此统称为拉丁舞。拉丁舞大多有摇摆动作,不仅要求要踏上音乐节拍,而且要用身体的律动去贴合音乐的节奏。拉丁舞类中有形情交融的伦巴舞、热烈欢快的恰恰舞、摇摆多姿的桑巴舞、激情奔放的牛仔舞、刚健英武的斗牛舞。

5. 啦啦操

啦啦操起源于美国,融合了徒手体操、舞蹈、艺术体操、技巧等运动元素,配以节奏感极强的音乐,以团队、时尚、活力、阳光、朝气蓬勃的精神面貌和团结一致的集体精神、奉献精神,在校园里诞生。19 世纪 70 年代,普林斯顿大学成立了第一个足球比赛啦啦操俱乐部。1980年,美国举办了第一届全国啦啦操锦标赛,1985年制定了啦啦操比赛的安全指导规则,标志着美国啦啦队运动进入了正规、有序的发展阶段。2013年,啦啦操进入国际体育单项组织联合会(GAISF),成为与田径等并列的独立项目。2021年,国际奥委会授予了国际啦啦操联合会(IOC)正式认可。2001年,中国大学生健美操艺术体操协会将啦啦操运动项目引入中国。2009年,国家体育总局体操运动管理中心正式启动啦啦操运动。2016年,成立了中国蹦床与技巧协会啦啦操分会。按竞赛规程,啦啦操分为技巧啦啦操、舞蹈啦啦操两大类,技巧啦啦操是以倒立、翻滚、托举、抛接、金字塔组合、舞蹈动作、过渡连接及口号等形式为基本内容的团队竞赛项目。技巧啦啦操分为集体技巧啦啦操、小团体技巧啦啦操和双人技巧啦啦操三类。技巧啦啦操的集体技巧成套动作必须包含30秒口号、个性舞蹈、翻腾、托举、抛接、金字塔等动作内容,同时结合各种跳步、啦啦操基本手位动作及其他舞蹈元素、道具等,充分利用多种空间转换、方向与队形变化,展现平衡稳定、翻转、保护、抛接等高超的技术及团队配合技巧。舞蹈啦啦操是在音乐的伴奏下,运用多种舞蹈元素的动作组合,结合转体、跳步、平衡与柔韧等难度动作及舞蹈的过渡连接技巧,通过空间、方向与队形的变化表现出不同的舞蹈风格与特点,强调速度、力度与运动负荷,展示运动舞蹈技能及团队风采的运动。舞蹈啦啦操包括花球啦啦操、爵士啦啦操、街舞啦啦操和高踢腿啦啦操。

6. 排舞

排舞英文名为"Line Dance",从字面上可以理解为排成一排排跳的舞蹈。排舞是一项将音乐和固定舞步结合在一起的一人或多人通过多种风格各异的舞步循环来愉悦身心的国际性体育项目。排舞起源于美国西部乡村社交舞,在一百多年的发展过程中,广泛吸收了拉丁、爵士、踢踏、街舞、现代舞等各种形式,具有广泛的健身性、娱乐性和大众性。近年来排舞风靡世界,受到不同国籍、性别及年龄的人们的参与和喜爱,已成为一种"国际健身语言"。2002年5月,新加坡曾有11 967人一起跳排舞,打破吉尼斯世界纪录;2002年12月,中国香港共有12 168人齐跳排舞而再次打破吉尼斯世界纪录;2014年11月,中国杭州共有25 703人同跳排舞,创新吉尼斯世界纪录。作为一种国际性的健身舞蹈,一种生活时尚,排舞音乐题材丰富,舞步变化多样,舞蹈风格丰富、简单易学,是一种既可个人独享,又可与团体共乐的舞蹈。排舞具有国际性、统一性、唯一性三大特点,新舞曲的编制,必须经过国际排舞协会的认证才能够在全球发行推广,排舞的每支舞曲都有固定的名称和独一无二的舞码(节拍数)。因此,每支曲目拥有同一个舞谱,全世界有同一种跳法。

7. 瑜伽

瑜伽起源于印度,是古代印度哲学弥曼差等 6 大派中的一派。"瑜伽"一词来源于梵文"Yuji",字面意思是自我(atma)和原始动因(the original cause)的结合(the unoon)或一致(onene-ss)。瑜伽体系的终极目的是帮助人实现"统一、相应、对位、结合、和谐"的境界。瑜伽的渊源古老久远,距今已有数千年历史。如今,瑜伽练习已成为一种时尚,它已经成为人们追求健康的标志。瑜伽不再只是一套练习方法,它已经成为一种生活方式。瑜伽练习有益于整个神经系统(包括自主神经系统在内)的发展,有益于交感神经和副交感神经系统的平衡。瑜伽练习不仅对神经系统和内分泌腺体系统有益,而且轻柔的按摩和伸展身体,使身体的每一个部分都得到益处,还对遍布全身的各条经络通道起作用,使人的整个身体——从肌肤到骨骼,从头顶到脚底,从神经系统到消化系统都能感受到健康和宁静。现代瑜伽多强调瑜伽姿势的练习。瑜伽姿势是指一个人在身体上、精神上保持稳定、平静、超脱和舒服。瑜伽姿势能带来平静、健康和光明。在《瑜伽圣典》中记录了瑜伽共 84 万种不同的姿势,代表了 84 万种不同的印度文化。其中有 8 400 种是最卓越的,84 种是有特别说明的。瑜伽姿势是瑜伽体系中最基本的内容,不同的瑜伽姿势有不同的健身功能。常见的瑜伽姿势包括冥想时常用的坐姿:简易坐、吉祥坐、至善坐、半莲花坐、全莲花坐、金刚坐等;增进脊柱、后背肌群练习的前屈式:站立前屈、加强侧伸展、天鹅式、婴儿式、头触膝式等;加强脊柱、伸展腹部后弯体式有:轮式、鸽子式、舞王式、蝗虫式、弓式、骆驼式等;灵活颈椎、胸椎和腰椎的扭转体式:跪姿脊柱扭转、坐姿脊柱扭转、仰卧脊柱扭转等;锻炼脊柱、美化腰部的侧弯体式:三角式、侧角式、门闩式、坐姿体侧屈式等;锻炼身体的平衡感和协调性的平衡体式包括:树式、鹰式、战士三式、舞王式、半月式等;身体倒置促进血液循环的倒立类体式:肩倒立、头倒立、三点头倒立、手倒立等。

(二)传统体育形式

1. 节日庆典类

(1)春节:舞龙舞狮

2006—2014 年国家级非物质文化遗产名录共收录 1 372 项,其中舞龙舞狮也被收录其中,它是具有深远历史价值的文化遗产。龙代表吉利,狮代表好运,因此每逢佳节,民间常用舞龙舞狮来助兴。该运动因其亲民、活泼的特点而受到民众的广泛欢迎。而现在,由于非物质文化规划不足、经济价值开发廉价等原因,舞龙舞狮发展有所停滞,需要得到更多的重视。

(2) 元宵节:河上龙灯胜会

萧山河上龙灯胜会早在唐末五代就被开创,是一种以"龙"为形象的舞蹈表演,集中体现了萧山的民间文化。2014年被收录为国家非物质文化遗产项目,并在2019年获得项目保护,是萧山元宵节必不可少、气势宏伟的盛会。近年来,该非遗项目存在存续状况不容乐观、研究成果较少等问题,对其制定科学正确的传承对策思考尤为重要。

(3) 清明节:会船

会船一般在江苏泰州茅山、东台溱东镇、溱潼、顾庄的民间开展,会船有五种类型,包括拐妇船、贡船、花船、划船、篙船,通过试水、铺船、赴会、赛船等激烈的流程来展现民族的美好向往和百姓平安,是第一批国家级非物质文化遗产扩展项目。其中,"溱潼会船"不仅秉持民族初衷,还通过招商引资、对外交流等方式促进了经济和旅游业的发展。

(4) 端午节:赛龙舟

赛龙舟是家喻户晓的一项传统活动,每到端午节,人们就会想起赛龙舟、吃粽子等习俗,可见该活动的影响力之大。起初人们以"龙"的形象来寓意美好愿望和崇拜,后在人们的生活和运动中逐渐发展成文化底蕴深厚的传统活动。赛龙舟文化在我国的贵州省镇远县、贵州省铜仁市、湖南省沅陵县、广东省东莞市尤为深厚,它不仅融合了当地的文化特色,也是和外来文化交融的结晶。现在,赛龙舟不仅是一个传统活动,更是一个运动赛事。

(5) 彝族火把节

在彝族,火把节的重要程度相当于新年。每年佳节时期,各地彝族村庄都要祛除污秽、祈求六畜兴旺、祭火、祭天地,进行祭祀祈福活动。同时还有跳火神、打秋千、舞蹈、赛马、斗牛等体育项目。火把节寄寓了彝族民众的美好愿望和祈盼,期盼国泰民安、生活富裕、人世昌隆、人寿年丰。火把节是贵州省赫章县、云南省楚雄彝族自治州、四川省凉山彝族自治州富有地方特色的传统活动,称为"朵扔吉""过大年"。现在,人们充分发挥火把节的经济、文化、社会功能,把其扩展到体育、旅游、经济领域,不断地适应时代发展。

2. 传统活动类

(1) 空竹

空竹是人们用竹子做成的类似于早期陀螺样子的运动器材,人们通过抖杆来配合空竹做出各种动作,既美观又有助于锻炼身体。北京和天津的空竹最出名,历史也最悠久,北京有专门的民间组织——"北京玩具协会空竹专业委员会",目前已有近百名会员,其中既有抖空竹的能手,也有制作空竹的高手。空竹在 2006 年被列入国家非物质文化遗产项目,现在相关部门通过大力扶持、推广和组织赛事来保护这项传统体育运动。

(2) 掼牛

掼牛是深受回族民众喜爱的一项传统体育。据《嘉兴志》记载,"嘉兴掼牛"始于元代回族南迁聚居浙江嘉兴之际,积习相沿,逐渐形成在喜庆节日时举行民俗的竞技活动。嘉兴掼牛首先由掼牛士助手对牛进行挑逗,直至在公牛怒气冲天之际,掼牛士亮相登场去搏斗,择机双手紧握牛角,运用拧、扛、压等灵活多变的技巧把大公牛掼倒在地,其场面惊险壮观但并不血腥,体现了我国传统的人牛角抵的古朴风貌以及"中国式斗牛"以技巧取胜的审美趋向。2010 年被国家确定为非物质文化遗产。掼牛也是嘉兴市的非物质文化遗产,嘉兴市至今依然对其进行传承、保护。

(3) 花毽

青州花毽开创自清朝,受到传统运动"蹴鞠"的影响而快速发展并传承至今。青州花毽是人们用花毽作为运动器材,通过踢、跳等动作来配合花毽做出各种花样形式,青州花毽花样繁多,有 108 种,其中凤凰摆尾、垂首龙、大蹁马、鸳鸯拐、转印最为精彩。2011 年,花毽被选入为国家非物质文化遗产。现在,人们还在不断继承、创新花毽运动,相关组织也通过各种比赛、转播,使花毽运动的知名度进一步提高,并推进花毽运动的产业化、市场化。

3. 民俗活动类

(1) 竹竿舞

竹竿舞是富有海南岛地方特色的传统体育竞技项目,竹竿舞的表演形式既特别又优美,有"东方健美操"之称。一直以来,黎族人民通过挖掘民族传统体育的文化内涵、完善民族传统体育的管理体制、扩大民族传统体育的对外交流,使黎族竹竿舞在广大地方得到发展与传播,形式日渐成熟完善,展现出传统文化的独特魅力。

(2) 摆手舞

摆手舞也称"舍巴日",分为"大摆手"和"小摆手",前者表演套路军法,后者表演农田耕作,是群体一起跳的欢快、随意的舞蹈。湖南省湘西土家族苗族自治州、湖北省来凤县、重庆市酉阳土家族苗族自治县和酉阳摆手舞表现出各地农耕、迁徙、打猎、生活、友情、爱情的日常生活文化和对生活的热爱。如今摆手舞开始走向衰落,应切实加强保护,解决后继无人、发展停滞等问题。

(3) 锅庄舞

锅庄舞有不同的规模和形式,不同的形式用于不同的场合,如宗教祭祀、传统节日、朋友聚会等,一般是男女组合对唱对跳,以不同的速度、动作、技巧来互动舞姿。云南省迪庆藏族自治州的迪庆藏族锅庄舞历史最为悠久,西藏自治区的昌都锅庄有"锅庄艺术之乡"之称,青海省玉树藏族自治州的锅庄舞广受人民喜爱,展示出艺术价值和对家乡的热爱。目前锅庄舞面临后继乏人的问题,亟需挽救。

(4) 灯舞(鱼灯、龙凤灯、花灯)

灯舞表演形式丰富,一般在夜晚以群舞方式演出,声势较大。演员边走边舞,队形不断变化,舞蹈过程中还燃放烟花爆竹,场面蔚为壮观。这种民间舞蹈样式多出现于汉族地区,同时也在一些少数民族地区流行。

青田鱼灯舞是浙江省最具代表性的鱼灯类传统民间舞蹈,它主要流传于浙江省青田县,是青田渔文化和民间艺术相结合的产物。籍贯青田的明代开国功臣刘基曾将当地鱼灯中鱼的种类和数量加以发展,同时以大量阵图融入其间,由此形成带有军事操习风格的青田鱼灯舞。

苏家作龙凤灯舞是一种传统的民间舞蹈,它以不同历史时期的民间故事为表现内容,主要流行于河南省博爱地区。

东至花灯舞是皖南山区民间舞蹈中的奇葩,至今已有三百多年的历史,主要在安徽省东至县张溪、洋湖、官港、木塔等乡镇的二十多个大姓家族中流传。它汇集了本地原生或异地流入的工艺美术、戏剧、音乐、武术等多种民间技艺,保持着古朴粗犷的原始风貌,其表演融扎彩灯、唱文南词、黄梅戏、敲十番锣鼓等于一体,内中积淀了诸多历史信息,具有丰富的文化内涵。

(5) 采茶舞

采茶舞起源于南宋,1980年后国家实行"百花齐放,百家争鸣"的文艺方针后,采茶舞恢复生机,在相关部门的安排下前往各地汇演。其中崇左采茶舞、玉林采茶舞、杭州采茶舞、开化采茶舞尤为出名,它们通常是男女演员一起结合唱歌和跳舞,表现采茶、茶插等故事情节和生活艺术。采茶舞是入选国务院首批国家非物质文化遗产的项目,对现今的艺术文化具有深刻影响,多发掘其中的文化底蕴和内涵,有助于在现代更好地继承和发展。

4. 民俗舞蹈类

(1) 太平鼓

太平鼓流行于北方各地,是汉族民间舞蹈形式之一。表演者均为男性,他们用竹击打鼓,有对唱和群唱等形式。内容以传说和神话为主。在旧社会被用于祭祀等迷信活动。解放后,经过革新寄寓了汉族民众的美好愿望和祈盼。太平鼓曾在北京市门头沟区、甘肃省兰州市、甘肃兰州和辽西地区广为流传,每逢佳节百姓们击打太平鼓来表达对人世昌隆的期盼。目前,太平鼓仅在少数地区有所流传,传承情况不佳。

(2) 秧歌

秧歌是广为流传的传统艺术舞蹈,现在常说的"秧歌"大多指的是"地秧歌"。秧歌起源于中国北方地区,是具有悠久历史的民间舞蹈,并在 2006 年被列入第一批国家级非物质文化遗产名录。著名的秧歌有东北秧歌、华北秧歌、河南秧歌、高平秧歌、西北秧歌、伞头秧歌、陕西秧歌、湖北秧歌。它们融合了各自地方的劳作文化、宗教文化、生活习惯等文化元素,每逢节日会有盛大的表演和节目,集中体现了该地区人民生活的习性、特点,并被一代代流传。

(3) 腰鼓

中华鼓舞多以鼓谱丰富、情绪热烈、底蕴深厚见长,遍布全国各地,影响及于全世界。《易·系辞》中有"鼓之舞之以尽神"之语,其形象地反映出中华鼓舞历史的悠久,从原始的"击石拊石,百兽率舞"到后世的流风遍及大江南北,华夏鼓舞始终一脉相承、绵延不绝。腰鼓是陕西省横山县和安塞县的传统舞蹈,它们在形式、人数、服装和动作上都极具观赏性,体现了陕西省的地域特色。然而在全球化经济发展的今天,腰鼓的发展并不理想,需要被重视和挽救。

(4) 滚灯

滚灯是一种流传广泛的民间舞蹈表现形式,各地表演形式不尽相同,按其流传地区划分,主要有浙江滚灯、奉贤滚灯、青海滚灯、松滋滚灯、海盐滚灯等种类。演出时一般会用竹木织布制成的灯做出掷推、抱耍、系绳旋转甩动之类的动作,以锣鼓伴奏,技巧性强。滚灯在浙江省海盐县、上海市奉贤区、浙江省杭州市余杭区广为流传。20 世纪 80 年代,海盐滚灯经挖掘整理被收入《中国民族民间舞蹈集成·浙江卷》,此后又多次被搬上舞台。滚灯是劳动群众自娱自乐的一种民间竞技舞蹈表演形式,主要用于春节拜年、庆典庙会等活动,是当地民俗文化的典型代表。近年来,随着时代的变迁,海盐滚灯出现传承危机,亟待抢救保护。

(5) 傩舞

傩舞从周代就开始发展,在其悠久的历史中形成了具有不同地域特色的傩舞,江西省南丰县经过一千多年的发展,到明清时期,南丰跳傩吸收了戏曲、木偶、灯彩、武术等多种表演技艺,变得更加世俗化、娱乐化。江西省婺源县在"中国江西国际傩文化艺术周中外傩艺术展演"中荣获金奖和优秀表演奖。江西省乐安县当地称其为"滚傩神",浦南古傩从唐末出现以来,已有一千多年的历史。2011年,它被国务院批准列入国家非物质文化遗产。近年来傩舞的发展不佳,需要加强对其的保护和传承。

三、近现代体育艺术文化特点

(一) 文化碰撞

在近代中国"师夷长技以制夷"思想的影响下,西方体育项目经由学校、教堂传入我国,文化上呈现以西方体育项目为主导,并与民族传统文化融合发展的趋势。如健美操、啦啦操、排舞运动中出现了富有"民族风"的中国化特色项目和作品及传统体育艺术项目,民族民间项目开始走向展演、竞赛传承路径等,体育艺术项目在风格上、动作上、音乐上、服装道具上呈现中西文化融合,在发展体育艺术项目的同时传承民族传统文化。

(二) 丰富多样

近现代体育艺术丰富多样,有西方舶来项目,如体操、艺术体操、健美操、啦啦操、瑜伽、体育舞蹈等;亦有仍在传承中的中国传统体育艺术项目,如秧歌、竹竿舞、腰鼓等民间项目和太极拳、舞龙、滚灯等,内容与形式丰富多样。

(三) 追求健康

近现代传统体育艺术发展是在从追求"强身强体"到追求"身心健康"的过程中不断创新发展的。追求身体上的健康是近现代传统体育发展的重要原因,一方面是物质文化发展积累到一定程度后精神文化需求增多的结果,另一方面是个性化、多元化文化需求的结果。

(四) 发展多元

近现代传统体育艺术发展经由文化碰撞后向多元化发展,文化部门、体育部门、教育部门以及妇联(聚焦妇女儿童)、农业部(聚焦农民)等均出资、出力,着眼于项目的竞赛、培训、推广等,呈现出多元化发展的趋向。

第三章 文化本质:剖析新时代我国现代体育艺术文化现象

第一节 文化镜像:透视新时代我国现代体育艺术文化现象

现象是事物的表象,是事物被认知的前提。体育与艺术虽然在学科划分上被界定为两类不同的知识体系,但是体育与艺术贯穿人类文化历史发展过程的始终,两者存在着千丝万缕的联系。现存的体育艺术文化形式有两类:一是西方体育艺术舶来文化形式,现代奥运会盛大的开幕式、健美操、艺术体操、跳水、冰舞等;二是传统体育艺术文化现存形式,传统武术、陕北腰鼓、健身秧歌、余杭滚灯等。梳理体育艺术文化存在形式,透视不同类型的体育艺术现象,以寻求体育艺术本质,为传统体育艺术文化创新提供依据。

一、作为身体赞美的体育艺术现象

(一) 古代奥运会中艺术赞美身体的现象

早在古希腊时期,体育艺术现象便已出现,体育与艺术在希腊人眼中是一种和谐的统一,是对智慧和生命的赞美。在古代奥运赛场上,不仅能看到运动员们精彩的比赛,还有诗人、音乐家、哲学家、雕塑家等的角逐:雕塑家来往于人群中寻找最健美的人体,哲学家以雄辩的口才阐述自己的观点,诗人在会场中大声地吟诵,音乐家在为优胜者弹奏或为运动项目伴奏……奥林匹克赛场上运动员们健壮的肌肉、健美的形体、激烈的竞争是艺术家们赞美的主题。

体育艺术雕塑:公元前约 450 年米隆以体育为主题的雕塑《掷铁饼者》,公元前 5 世纪的希腊雕塑家波利克里托斯以优胜者德利夫洛斯为模特塑造的青铜立像《持矛者》。

体育艺术文学:荷马在他的史诗《伊里亚特》和《奥德赛》中栩栩如生地描写了早期爱琴海文明圈盛行的战车赛、拳击、角力、赛跑、掷铁饼、投标枪、格斗、射箭、翻筋斗、球戏、游泳、跳水等项竞技活动的热烈情景。[①] 荷马史诗不仅是文学的瑰宝,同时也是探

---

① 胡小明.论体育与艺术的关系[J].体育科学,2008(10):3—8.

寻古代奥运会情景的宝贵历史资料。

体育艺术建筑：在古代奥运会的竞技场中，以古罗马竞技场的规模和技术较为著名，意大利的古罗马竞技场，又称古罗马斗兽场，建于公元72年至82年间，呈椭圆形，占地6英亩，有8万个座位，建筑物呈三层筒形，每层80个拱，80个拱形成了80个入口，斗兽场地下也设有许多洞口，以储存道具、牲畜以及角斗士，表演开始时再将他们吊到地面上。地下还有完善的引水疏水管道和系统，曾在公元248年庆祝罗马建成一千年时，在斗兽场表演区引水，形成一个湖，进行海战表演模拟，十分壮观。

体育作为身体审美而成为艺术赞美的对象，体育艺术不仅诉说着古希腊时期人们的生活方式和精神文明，而且成就了古希腊人健美的人体，成就了古希腊艺术，同样也成就了整个古希腊文明。体育与艺术的结合也为人类留下了璀璨的文化遗产。

（二）现代奥运会中艺术赞美身体的现象

尔后，古代奥运会走向了职业化，艺术与体育开始分离，最终使得古代奥运会走向了没落。直到1892年，现代奥林匹克运动之父顾拜旦在其著名演说《复兴奥林匹克》中第一次正式提出创办现代奥运会，体育与艺术才得以重新被认识。

在1896年第一届现代奥运会举办期间，雅典市政府同时举办了艺术展览。1906年，顾拜旦在法兰西召开了"艺术·科学·运动"会议，讨论了"运用艺术和科学来发展现代奥运会的形式和方法""怎样将艺术、科学与运动结合起来"等问题。会议提出艺术、科学、运动是构成友谊和和平的奥林匹克思想的三要素。同年，国际奥委会决定从1912年开始增加艺术项目比赛，比赛项目分为五项：建筑、雕塑、绘画、音乐和文学，又称"缪斯五项文艺比赛"。之后于1948年，第14届奥运会开始取消了文艺比赛，并恢复第一届以体育为主题的艺术展览。

现代奥林匹克的复兴，同样秉承了将健美的身体和完美的灵魂相结合的理念，同样也将艺术作为其展示体育或者身体的重要方式，艺术作为身体的赞美，成为推动现代奥林匹克发展的重要动力。一方面，体育为艺术提供了展示的平台（艺术性体育项目）和发展的空间（体育建筑、体育音乐、体育雕塑、体育绘画等）；另一方面，艺术为体育的发展和繁荣也作出了巨大的贡献（奥运会会旗与会徽、奥运会会歌与吉祥物、奥运会开闭幕式与颁奖仪式），体育与艺术的结合使得奥林匹克运动成为现代文明中超越人类种族、语言的前所未有的世界文化盛事。

可见，以体育为主题，不论是一首欢快的体育音乐、一尊形象的体育雕塑、一部脍炙人口的体育文学，还是一幢美观实用的体育建筑，都是对体育的颂扬，对身体的赞美，被许多学者誉为"体育艺术"。

二、作为宏观叙事的体育艺术现象

现代奥运会上最引人注目的体育与艺术融合的现象是开闭幕式,自1896年第一届雅典奥运会始,经历了仪式、表演、文艺的不断融合(见表3-1),尤其是现代科技的支持和促进,逐步形成了集体育、音乐、舞蹈、杂技、魔术、武术、民俗等为一体的大型综合演艺。现代奥运会开闭幕式促进了体育与艺术空前的融合与发展,盛大的开幕仪式使"体育艺术"成为一颗璀璨的文化明星,现代奥运会开幕式已经成为民族的、国家的、世界文明的一部宏观叙事诗歌。

表3-1 现代奥运会开幕式的体育艺术宏观叙事

现代奥运会	开幕式中的体育艺术现象
1896年雅典奥运会	首届现代奥运会开始设置开幕仪式,在进行各种"规定动作"后,演奏了希腊古典弦乐《奥林匹克圣火》。
1920年安特卫普奥运会	开幕式首次出现精彩的文艺表演。
1932年洛杉矶奥运会	首次开创了开幕式表演技巧先河。
1936年柏林奥运会	开幕式首次增设了火炬点燃仪式。
1984年洛杉矶奥运	开幕式由著名导演戴·沃尔帕主持,首次将奥运会会场作为歌舞表演的舞台,呈现了一场富有美国民族特色的激荡人心的艺术盛宴。
1988年汉城奥运会	将韩国民族特色的假面舞、草圈舞和龙鼓舞等民俗传统文化融入了开幕式中,展现了"天地人和"的东方文化。
1992年巴塞罗那奥运会	开幕式被视为最成功的开幕式之一,开幕式中360名鼓手敲起西班牙民俗庆丰收的阿拉贡鼓;著名女舞蹈家在场地中央表演最具西班牙特色的弗拉门戈舞;世界十大男高音歌唱家之一多明戈引吭伴唱,2 174名身着红绿色上衣和白色长裤的表演者在场内跑道上搭起了12座6层"人塔",形成了西班牙著名的叠罗汉,使得万名观众为之震撼。
1996亚特兰大奥运会	侧重一些形式多样的体操技巧的表演:单人技巧、多人抛接等高难度展示。
2000年悉尼奥运会	开幕式采用了现代科技,利用激光组图,并将多种表演元素纳入其中:体操表演、乐队演奏、舞蹈表演、杂技表演、马队表演等。
2004年雅典奥运会	雅典奥运会利用镭射等高科技手段,展现出人类"DNA",讲述了古希腊神话故事,并用人工引水工程将"爱琴海"搬进了开幕式会场。
2008年北京奥运会	北京奥运会开幕式展现了太极、丝路、文字、戏曲、礼乐等中国文化元素,采用富有东方美学和哲学精神的"画卷",将中华五千年文明古国形象展示给世人,并将现代奥运会开幕式表演推向了历史的高潮。

续 表

现代奥运会	开幕式中的体育艺术现象
2012年伦敦奥运会	伦敦奥运会开幕式以"奇妙岛屿"为主题,展示英伦三岛的历史、文化和现代社会风情,运用田园风光、工业革命、披头士、《猜火车》、007、"憨豆先生"、哈利波特等英国文化符号为全世界奉献了一场视觉盛宴。
2016年里约奥运会	2016年现代奥运会首次造访南美洲,开幕式运用现代3D灯光技术,从热带雨林中的土著人乐土到大批移民再到后来的民族大熔炉,在激情的桑巴节奏和摇滚、流行音乐、波萨诺瓦中将巴西多元的民族文化展现给全世界。
2020年东京奥运会	东京奥运会开幕式以"United by Emotion"(情同与共)为理念,意为"难以共聚一堂也要借体育让世界情同与共",《超级变变变》借用日本老牌节目"超级变变变"的画风,演绎了奥运会所有的项目图标;开幕式展示了疫情主题,一个以运动风格为背景的多人舞蹈反映了近一年半以来在全球蔓延的新冠肺炎疫情。与以往开幕式的盛大景象相比,东京奥运会开幕式弥漫着忧郁和悲伤。

现代奥运会开幕式以"健康、友谊、和平"为主题,在社会的发展和科技的进步中逐渐趋于强大:规模逐渐扩大、内容不断完善、结构不断完整、表现上趋于宏观。首先,在表演元素上,从单一的文艺表演或者体操表演演变为综合的、多领域的表演:科技表演、舞蹈表演、歌唱表演、乐器演奏、杂技表演、民俗表演、魔术表演等;其次,在表演形式上,从原始的动作、队形表演演变为运用声、光、电等高科技手段以及运用化妆、服装、舞美等艺术创造手段进行整体包装的表演;再次,在表演内容上,大量汲取民族的、国家的、世界的优秀文化,运用科技、艺术等手段展示了人类悠久的历史文化,展示了不同民族的文化特色;最后,在表演手法上,运用浩瀚宏壮的音乐、宏大的场景和宏观叙事方法:大色调大效果的人(表演者多)和物(道具、背景)以及组织手法(动作、队形、造型),勾画出有主题的气势恢宏的表演场面,叙述了不同民族、不同地区、不同国家的历史和现代文化。

无疑,现代奥运会开幕式是体育与艺术交融的文化盛会,成为弘扬民族文化、展示国家实力的宏大的体育艺术视听盛宴,成为跨民族、跨文化、跨国度的世界交流盛会,现代奥运会开幕式无疑是展示体育艺术文化的一个现代宏观叙事事件。

三、作为现代事件的体育艺术现象

现代体育竞赛表演被视为艺术,确切地说是体育艺术。因为它具备了艺术或者说表演艺术的许多特征。

首先,体育竞赛表演具备了艺术表演的基本要素:演员(运动员)、剧场(体育场馆)、观众,将体育视为同戏剧、舞蹈、影视等一样的艺术表演,都是供观众观看的、在特定场地的、分角色的表演。

其次,体育竞赛表演具备了审美的关系;演员(运动员)在舞台上(运动场上)情感的宣泄(表演),充满竞争性和不可预测性内容(比赛)的编排,忠实的观众(球迷、粉丝)在同一时间和地点产生着审美联系,一句"漂亮""好"便足以代表对这种审美的感叹,这种审美可能是对体能、技能的赞美,可能是对策略、战略的惊叹,也可能是对运动员毅力、精神的崇尚。

最后,最重要的是体育竞赛表演具有达成艺术的基本途径——技艺,运动员的高水平技艺代表的是超于常人的体能、技能、精神或毅力,这种精湛、超群的技艺达到了无法超越或复制的程度或地步而成为艺术,正如达芬奇绘画技艺从画鸡蛋到留下世界名画蒙娜丽莎这一艺术的道理一样,技艺的精湛使得体育竞赛值得欣赏或成为艺术。

在西方发达国家,体育竞赛表演承载的不仅仅是艺术表演的功能,因其以对抗的、竞争的方式承载了人类超越自我、超越生命的追求而被缔造为现代宗教;因其具备暴力审美、比赛悬念,符合现代竞争社会生存法则,成为审美欣赏而被注入商机并成为现代体育产业支柱;也因其为社会成员提供排解压力、宣泄心情的方式而成为调节社会的安全阀。现代体育竞赛以其艺术的方式为社会经济、政治、文化而服务,被视为体育艺术。现代体育竞赛表演无疑是体育艺术,且成为现代社会的重要事件。

四、作为内在审美的体育艺术现象

竞赛表演因其具备审美而被视为艺术,然而体育的方式并不局限于竞技,还有一些运动项目生来便具备内在的艺术性,如体操、艺术体操等,在这些项目中,体育与艺术的关系是一种内在的融入关系,简言之,是体育与艺术的融合现象。这些具备动作内在审美因素的运动项目除了具备同其他运动项目一样的"竞技性"本质外,艺术性也构成了其内在重要本质。另外,还有一些舞蹈被用作为身体锻炼或者训练的"体育"目的,同样以其动作审美性成为体育的重要内容,同理,在具备艺术性的同时也具备体育的诸多性质和特点,二者以动作的艺术性为基础,以体育为目的,成为体育艺术指称的对象。

(一)古代体操与体育艺术内在审美运动现象

在古希腊,艺术赞美体育使得体育与艺术得以结合,同样,体育与艺术融合的现象早在古希腊时期便已出现,在古代运动会中,除了较为著名的泛希腊运动会,如奥林匹克运动会、皮施因运动会、伊斯玛斯运动会外,还有一些城邦自己举行的大型运动会,如斯巴达每年8月在祭奠阿波罗的时候常常表演体操和唱歌,雅典城邦举行的雅典娜大会竞技项目有赛马、跑、跳、投掷、火炬和赛跑、舞蹈、音乐比赛、诗歌朗诵和划船,其后又增加赛美一项。① 古希腊时期还流行一种以训练青年男女身体而编制的名为"毕利克"的舞蹈,舞蹈中有攻击、防守、跳跃、拉弓等姿势。可见,舞蹈被用作体育的手段(舞蹈作为体育比赛项目)以及舞蹈作为体育成分(表演体操)早在古希腊时期已经具备一定的雏形。之后,古希腊人将许多锻炼身体的方法包括跳跃、摔跤、拳击、骑马、游戏甚至舞蹈统称为体操,并被西方许多国家沿用,1784年萨尔茨曼在其《教育余论及学校通告》中指出舞蹈、音乐演奏和游戏成为西方体操课的重要内容。1804年,在现代体操之父古茨穆茨所著的《青年体操》里,体操还包括走、跑、投掷、角力、攀登、举重、舞蹈等项目。

(二) 现代体操与体育艺术内在审美运动现象

随着时代变迁,"体操"一词的含义和内容也发生了变化,到了18世纪末至19世纪初,在欧洲的德国、丹麦、瑞典等国家先后出现了"现代体操"流派,虽然现代体操最初多为军事训练需要而产生的对身体的规训,但是也不乏艺术的影子。伯尔·亨利克·林格(Pehr Henrik Ling,1776—1839)是瑞典体操的创始者,简称为"林氏",在其《体操一般原理》著作中,林氏将体操分为教育体操、兵士体操、医疗体操和健美体操四类,并指出"健美体操"的目的是抒发感情以及追求身体协调发展。

(三) 韵律体育与体育艺术内在审美运动现象

在现代体操的影响下,体育与艺术结合创生出了许多优秀的体育艺术形式。1863年,被誉为"现代花滑之父"的美国人杰克逊·海因斯(Jackson Haines)将滑冰运动与舞蹈艺术融为一体,丰富了花样滑冰的形式和内容,并形成了冰上戏剧、冰上芭蕾、冰上杂技、同步滑冰、规定图形、特殊图形等众多形式;1920年,花样游泳的创始人柯蒂斯(Katherine Curtis)将跳水和体操动作融合创编出水中表演套路,在发展中被逐渐配上舞蹈、音乐,起初作为游泳比赛赛间娱乐,最后成为具有高度体育艺术性的比赛项目,被誉为"水中芭蕾";艺术体操同样也是将体操、芭蕾、杂技、武术等元素融合在一起,运用艺术的手法创造出成套的有思想、有结构、有表情、有难度、有层次的练习程式,构成了审美的运动。

可见,正如许多学者或者教练所感受的一样,跳水、体操、艺术体操、花样滑冰、花样游泳等许多动作都取自舞蹈、杂技,并越来越注重其动作的艺术性发展,以至于艺

---

① 范益思,丁忠元.古代奥林匹克运动会[M].济南:山东教育出版社,1982:7.

成为这些项目发展的主要动因:遵循艺术的规律、艺术创作的方法,增进成套动作的审美因素,以获取比赛的胜利。艺术作为这些体育项目的内在元素,不仅给予这类体育项目以生命,而且赋予这类体育项目以灵魂。

(四) 现代奥运与体育艺术内在审美运动现象

现代奥林匹克极其注重体育与艺术的融合,在比赛项目设置上,一方面强调"更快、更高、更强",强调超越人的极限,注重体能、技巧、智慧的较量;另一方面把那些具有高度观赏价值的运动项目引入奥运会之中,如 1924 年花样滑冰被列为首届冬季奥运会比赛项目;1952 年花样游泳被列为奥运会表演项目,1984 年被列为正式比赛项目;1984 年第 23 届洛杉矶奥运会,艺术体操被列为正式比赛项目等。奥运会将审美运动纳入比赛,一方面,奥运会为审美运动提供了展示的舞台,另一方面也极大地促进了审美运动自身的发展。

(五) 健身运动与体育艺术内在审美运动现象

20 世纪 50—60 年代,欧美国家为抵挡文明病的滋生而兴起的健身热潮几乎席卷整个地球,在此过程中,美国著名影星简·方达将美国宇航员体能训练和音乐结合,设计出一种名为"健美操"的锻炼方式,在用自身经历促进健美操运动系统化的同时,也极大地推广了健美操运动的开展,掀起了时尚健身的浪潮。正是"健美操"这一具备体育艺术特征的健身运动的兴起,才使得"体育艺术"这个词汇开始走入人们的生活,它融体操、舞蹈、杂技等元素为一体,以"健康"为主题,成为人们喜闻乐见的大众体育艺术文化形式,并在艺术、时尚等元素的影响下不断演化和发展着。(1)在群众体育领域出现了不同目的的健身艺术形式,如纠正姿态的姿态操、康复身体的康复操、娱乐健身的广场健身舞,并在市场的作用下将不同舞蹈或文化形式融入体育,形成了为白领阶层服务的多种健身艺术形式,如街舞健身操、拉丁健身操、搏击健身操、爵士健身操、瑜伽健身术、普拉提等。(2)在学校体育领域,开设了丰富多样的体育艺术项目,如体育舞蹈、有氧舞蹈、健美操、啦啦操、艺术体操等。创编了活泼美感的健身操:2007 年教育部、体育卫生与艺术教育司组织创编了《系列校园青春健身操》;2010 年国家体育总局与教育部共同创编了《全国中小学生系列武术健身操》;1998 年、2004 年、2009 年、2019 年国家体育总局分别推出四套《全国健美操大众锻炼标准》;2003 年和 2009 分别推出两套《健身秧歌舞》;2020 年国家体育总局社会体育指导中心推出《全国第八套健身秧歌规定套路》,使得体育艺术项目在我国不同层次、不同类型的院校广泛开展。

(六) 专业开展与体育艺术内在审美运动现象

正是健身的诉求，促进了人们对"体育艺术"的认识，最初"体育艺术"一词的提出是用来描述健美操项目具备的体育艺术特征，之后用来替代"健美操"一词所不能涵盖的诸多健身形式或者项目，如健身操、健身舞、健身功，正是这种认识上的变化，使得"体育艺术"成为具有健身、健康功能的运动项目的代言。也正是健身的诉求，促进了社会对体育艺术人才的需求，一些专家和学者也认识到"体育艺术"具备身心娱乐的功能和价值，于 2001 年始，以"体育艺术"为名的"新专业"应需而生（见表 3-2、表 3-3）。至 2010 年，全国 14 所体育院校和 7 所综合院校开设了体育艺术系或体育艺术学院，设置以体育表演为主的专业，开设健美操、体育舞蹈、艺术体操、舞蹈编导等艺术性体育项目。

表 3-2　全国 14 所体育院校艺术类专业设置现状

学校名称	专业名称	招收及主修专业	开设时间
北京体育大学	表演（体育表演艺术方向）	艺术体操、体育舞蹈、健美操、舞蹈	2004 年
天津体育学院	舞蹈学（艺术体育教育方向）	舞蹈学、舞蹈与健身艺术	2001 年
沈阳体育学院	表演（体育艺术表演）	健美操、体育舞蹈	2003 年
广州体育学院	舞蹈学（模特方向）	体育舞蹈、健美操、艺术体操、体操、模特	2004 年
武汉体育学院	表演专业方向	体育舞蹈、健美操	2004 年
成都体育学院	表演专业方向	健美操、体育舞蹈、舞蹈、声乐	2005 年
上海体育学院	舞蹈编导（体育舞蹈）	体育舞蹈、舞蹈	2005 年
西安体育学院	表演（体育艺术表演方向）	健美操、体育舞蹈、舞蹈	2006 年
南京体育学院	表演专业方向	健美操、舞蹈、武术、舞龙舞狮	2004 年
首都体育学院	表演	艺术体操、体育舞蹈、健美操、舞蹈	2010 年
哈尔滨体育学院	表演（体育艺术表演方向）	舞蹈、国标舞、健美操、艺术体操	2008 年
吉林体育学院	表演（体育艺术表演方向）	健美操、体育舞蹈、艺术体操、瑜伽、体操	2009 年
山东体育学院	表演（服装表演）	健美操、体育舞蹈、中国舞、服装表演	2004 年
河北体育学院	舞蹈学	舞蹈学、健美操	2009 年

表3-3 全国7所综合院校体育艺术类专业设置现状

学校名称	所属院系	专业名称	招收及主修专业	开设时间
山东师范大学	体育学院	舞蹈学专业	体育舞蹈、健美操、艺术体操	2006
曲阜师范大学	体育科学学院	舞蹈学专业	健美操、体育舞蹈	不详
临沂师范学院	体育学院	舞蹈学	体育舞蹈、健美操和篮球表演	2007
江西师范大学	体育学院	体育表演	体育舞蹈、健美操	不详
新疆师范大学	体育学院	表演专业	体育舞蹈、健美操方向	不详
安徽工程大学	体育学院	表演专业	体育艺术表演	2009
赣南师范学院	体育学院	体育表演专业	体育舞蹈、健美操方向	不详

简言之,艺术作为体育项目的成分、艺术作为体育作用的内容共同构成了"以体育为目的""具备动作审美"的体育艺术。这种具备内在审美的体育艺术在古希腊时期便已出现,并演化至今,当健美操以健康与审美的运动形式出现在大众眼前时,这种内在审美运动被视为"体育艺术"而被广泛推广,并促进了学校体育艺术专业的设置与人才培养。内在审美的运动是体育与艺术融合的最佳范例,也是"体育艺术"一词所指代的实践对象与范畴。

第二节 文化内涵：厘清新时代我国现代体育艺术文化概念

现象是事物的表象,是生动的、丰富的、易变的;本质则是现象背后居于不变的事物的根本属性,是深刻的、稳定的、不变的,是事物内在构成要素以及要素之间相对稳定的内在联系,现象是本质的表象,本质是现象的根源,二者对立统一又相互区别。形而上学的本质论指出透过现象把握其本质是科学的基本任务。

从对体育艺术现象的梳理中不难看出,人们对体育艺术的认识是十分广泛的,是仁者见仁、智者见智的。虽然人们对体育艺术的现象还未达到认识上的统一,但是,不难发现,体育艺术之所以成立,它必须具备审美的本质,不同类型的体育艺术现象之间的差异只不过是"审美"形式不同而已。以不同审美形式为依据,将诸多体育艺术文化现象分层(如图3-1),以进一步认识体育艺术现象的本质,本研究运用现象学方法论,撇开已有的对体育艺术的认识,从文化、身体文化、运动文化三个层次,解剖体育艺术现象,阐释体育艺术成因,还原体育艺术本质,从实践出发,确立体育艺术本质。

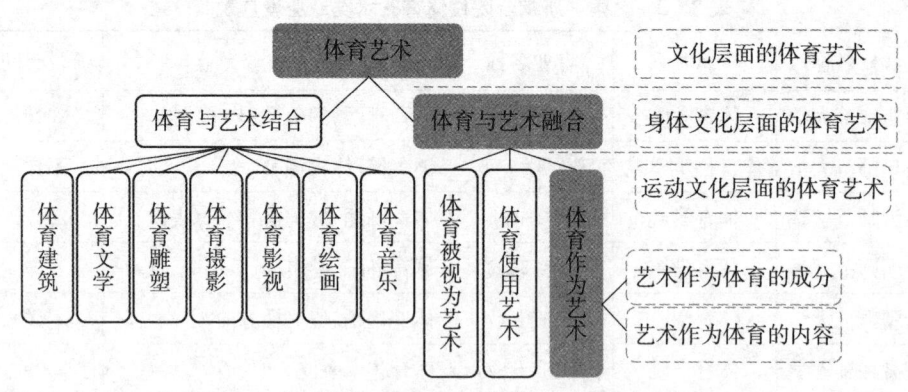

图 3-1　体育艺术文化现象的层次划分

一、人类文化层面上的体育艺术本质

体育艺术是体育与艺术在文化中的结合与融合,体育艺术是一种文化现象。那么,从文化角度上看,体育艺术属于何种文化？为什么能产生如此多样的体育艺术现象？体育与艺术的结合或融合是怎样形成的？只能从体育艺术现象背后的文化原因去探寻。

(一)人类文化层面上的体育艺术现象描述

人类文化层面上的体育艺术,即体育与艺术在人类文化层面的结合和融合。从体育与艺术互动方式上将体育艺术现象分为两个方面:一是体育与艺术结合的现象——以体育为内容或主题的艺术文化,体育支持艺术,促进了艺术的繁荣与发展;二是体育与艺术融合的现象——以艺术为内容或手段的体育文化:艺术支持体育,促进了体育的繁荣与发展。宏观上,即为体育与艺术在文化上的结合和融合。

(二)人类文化层面上的体育艺术文化属性

回答"什么是文化"。

"文化"一词与"自然"是对立的,文化即按照"人"的标准和理想改变自然和人本身,一方面改变自然的状态、天性、本能、兽性等以满足人的需要,克服人类缺陷,提升生存质量,如开垦土地、建造房屋、制造工具等,这个过程是"人化"的过程;另一方面改变人自身的身体状态、精神状态,摒弃野蛮、未开化的状态,追求成为"人"的价值,如具备了仁爱、知识、智慧、技能等属于"人"的品质等,这个过程是"化人"的过程。而在"人化"和"化人"的文化过程中,蕴含了人的理想、意义、生存样态,包含了对文化内容的传授和习得,同样也表达了人对"真""善""美"的向往。因此,"文化即人化""文化即教化""文化即美化""文化即群体价值""文化即生活方式的全部"等的文化定义,都从不同的角度阐释了何为"文化"。

回答"体育艺术属于何种文化"。

体育与艺术是"人"这一主体在"人化"——对于物的欣赏、创造（构成艺术）和"化人"——在人自身的规训和改造（构成体育）的过程中，通过创造、习得、传承等方式，不断发展和完善起来的对于身体与精神的改造活动。可见，体育与艺术的结合或融合是人的内在本质的外化，是人达到"文化""文明"的必然。因此，体育艺术作为文化是满足自然本能和社会心理需要的文化，其结合与融合一方面体现在艺术文化的方方面面：追求身体审美的艺术文化——体育雕塑、体育绘画、体育摄影等；另一方面体现在身体文化和社会生活的方方面面：改造身体的健身娱乐文化——健身舞、健身操、健身运动等；超越身体本能的竞技文化——体育竞赛、体育竞赛表演；表现身体动作艺术的审美文化——剑舞、武舞、健舞、艺术体操、花样滑冰、花样游泳等；体现社会民俗的竞艺文化——百戏、武艺等；体现民族国家的综合艺术——大型运动会开闭幕式等。体育艺术作为文化，是主体的人寻找自我、实现自我、超越自我的过程，是富有生命的人健全肉体、完满灵魂的过程，体育艺术是多维的文化，是身体审美的文化。

二、身体文化层面上的体育艺术本质

身体文化是文化的一种，英文 Physical Culture。"文化"（英文 Culture，德文 Kulter）源于拉丁文"Cultura"，原义为土地或农作物的"耕种、耕作、培育"，之后用来指对心灵的培育，演化为对人自身的培养，被用来指代教养、教育、修养、发展等含义。因此，Physical Culture 直译后的含义便是"对身体的培育"，包括对人自身身体潜力的发掘，运动技术、技能、技艺的发展。因此，从这个意义上看，Physical Culture 与"体育文化"息息相关。然而，"身体文化"概念的核心是"身体"，而对于什么是身体？体育艺术与身体存在何种的关系？体育艺术在身体文化层面的成因又是什么？也需要一一澄清，目的是探索身体文化层面上体育艺术的本质。

（一）身体文化层面的体育艺术现象描述

身体文化层面的体育艺术，即体育与艺术在身体文化层面的结合和融合，是广义体育艺术中体育与艺术融合的艺术。从体育与艺术融合的空间逻辑——"身体"以及时间逻辑——"表演"来看，体育艺术即为体育和艺术为主题、内容、手段的各种身体表演文化。因此，在身体文化层面，体育艺术是运用体育和艺术进行的身体表演文化，分三个方面：一是体育被视为艺术的现象——体育被比喻为艺术。体育在技能上达到登峰造极的程度，具有观赏性且不可复制，而被视为艺术。例证：NBA 职业联赛、世界杯足球联赛等体育竞赛表演。二是体育使用艺术——体育使用综合艺术舞台展现自己。运用一种或多种艺术手段来包装体育,以增进体育的观赏性、娱乐性,形式上即为艺术,被成为体育艺术。例证:花式篮球、NBA明星秀、功夫剧等。三是体育作为艺术——体育在其动作方式和内容上即是艺术,确切地说是舞蹈艺术。动作本身即是为了营造"美"的意象,是对艺术的一种追求,是内在动作审美的运动,被认为是真正的体育艺术。例证:艺术体操、花样游泳、花样滑冰、体育舞蹈等。

(二) 身体文化层面的体育艺术文化属性

回答"什么是身体"。

"身体"不同于肉体上的"躯体"的概念,"身体"作为"人"的载体,是成长在"教化"下的文化概念。但是,对于什么是"身体",人们的认识则经历了漫长的历史转换。

最初,柏拉图在《斐多篇》中对身体进行了谴责,认为肉体是精神的枷锁,指出:"真正的哲学家,经常是最急切地要解脱灵魂。他们探索的课题,就是把灵魂和肉体分开,让灵魂脱离肉体。"[1]"身体"在古希腊时期便被分割,形成了"灵肉二分"的身体观。

到了中世纪,灵肉二分的观点几乎统治了整个欧洲:身体是羞耻的、身体是低等的、身体是欲望的、身体是罪恶的等成为了中世纪"身体"的代言,《圣经》中蕴藏的两个暗喻很好地证明了这个观点。一是上帝造人说,上帝是用泥土创造了男人,之后用男人的肋骨创造了女人,人如同泥土,身体是低等的;另一个是伊甸园故事,偷吃禁果后发现裸露的身体,顿感羞涩,身体是羞耻的、罪恶的。直到文艺复兴,出现了一些以裸体为主题的反宗教禁欲主义的绘画、雕塑创作,身体逐步得以被认识,身体话语权开始回归,并在哲学的关注下逐步走向"灵肉合一"的身体观。尼采说:"要以身体为准绳……""一切有机生命发展的最遥远和最切近的过去靠了它又恢复了生机,变得有血有肉。"[2]自尼采开始,哲学开始了"身体转向",对他来说,美学即"从生命的观点去看艺术"[3];马塞尔认为"作为主体的身体是我侧身与世界的结合点……"[4];海德格尔认为:"身体是所有冲动、驱力和激情中的宰制结构中的显著整体,具有生命意志。"[5]德勒兹认为身体和力是一体的,它不是力的表现形式、场所、媒介或战场,而是力的本身,是力和力的冲突本身,是竞技的力的关系本身……每种力的关系都构成一个身体——

---

[1] [古希腊]柏拉图.菲多.柏拉图对话录之一[M].杨绛,译.沈阳:辽宁人民出版社,2004:18—19.
[2] [德]尼采.权力意志[M].张念动,凌素心,译.北京:中央编译出版社,2000:37.
[3] [德]弗里德里希·尼采.悲剧的诞生[M].刘岐,译.北京:作家出版社,1986:34.
[4] 司马容.体育游戏:人类生存的辩证法(续)——现代哲学家对体育本体的多维反思[J].体育与科学,1995(01):1—4.
[5] Martin Heidegger, Nietzsche. volumes three and four [M]. Harpe, San Franciso, 1991:218-219.

无论化学的、生物的、社会的还是政治的身体。① 英国社会学家吉登斯指出:"身体不仅仅是我们'拥有'的物理实体,也是一个行动系统,一种实践模式,并且在日常生活的互动中,身体的实际嵌入,是维持连贯的自我认同感的基本途径。"② 法国哲学家梅洛·庞蒂认为:"我们的身体是活生生的意义的纽结……(身体)本质上是一个表达空间……(身体空间性)是一个有意义的世界形成的条件……身体是我们能拥有世界的总的媒介。"③

"身体"在哲学中逐步回归,并成了"人存在的基础"。可见,"身体"不仅是"灵肉合一",而且被赋予了更多的"符号"特征:身体是场域、身体是权利、身体是意义、身体是认同,换句话说,"身体是社会性建构的身体"④。"身体"从被分割到被贬低,从被贬低到正视,对身体的研究形成了"身体理论",并逐渐渗到教育、经济、政治、文化等各个领域,成为其论说的重要维度和基本元素,同时,对"什么是身体"的回答,呈现了多学科、多维度的解释:生物学意义上的身体是各种器官有机构成的生命体,社会学意义上的身体是公民的社会权利和义务交织的社会关系,法律意义上的身体是指自然人的生理组织的整体。总之,身体不仅是自然的同时也是文化的,身体不仅是个体的同时也是社会的,身体不仅是现代的同样也是历史构建的。

回答"体育艺术与身体存在何种关系"。

体育艺术是建构在"身体"这个维度上的文化,"身体"构成了体育艺术文化的载体、场域,"身体"是体育与艺术构成连接或构成融合的逻辑点,换句话说,"身体"是体育艺术的发生地。那么在这个自然、社会建构的身体空间中,体育艺术通过"身体"表达了什么,展现了什么样的文化呢?首先,身体是一个自然的身体,体育与艺术在自然层面的这个身体上,表现的是一种身体的活动,这是体育的本质,体育艺术同样也离不开这个本质;其次,身体是一个社会构建的文化的身体,体育与艺术在社会文化层面上表现的是一种符号,这种符号经由身体活动而表达,确切地讲是艺术的符号在身体活动上的表达,那么这种表达即构成了一种虚拟化的"表演"。因此,可以说体育艺术通过身体表达了运动、艺术的文化,即身体运动表演文化。

回答"体育艺术在身体文化层面的成因是什么"。

身体经历了生物学、哲学、社会学、文化学、美学等的认识上的转变,体育艺术正是

---

① 汪民安.身体、空间与后现代性[M].南京:江苏人民出版社,2005:12—13.
② [英]安东尼·吉登斯.赵旭东,方文,王铭铭,译.现代性与自我认同:现代晚期的自我与社会[M].北京:生活·读书·新知三联书店,1998:61—62,111.
③ [法]梅洛·庞蒂.知觉现象学[M].姜志辉,译.北京:商务印书馆,2005:184,199—200.
④ [英]阿雷恩·鲍尔德温等.文化研究导论(修订版)[M].陶东风,等,译.北京:高等教育出版社,2004:7.

在"身体"这个场域中发生的运动表演文化,那么这种与身体有关的体育的、艺术的、表演的文化因素就构成了体育艺术的身体文化层面的原因,体现在体育艺术与"身体"互动的各种关系中。

体育艺术与身体技术的关系。1934年,法国人类学家马塞尔·莫斯,提出了"身体技术"这一概念来描述"人们在不同社会了解如何使用自己身体的种种方式"①。莫斯从身体行动角度对"身体技术"进行了阐释,指出"对于身体行动而言,没有'与生俱来'的形式,对于像走路、游泳、吐痰、挖掘、行军甚至注视或者分娩等行为而言没有泛人类的、前文化的、普遍的或遗传的形式"②。因此,按照莫斯的理论,莫斯认为:"我们打交道的是各种身体技术。身体是人首选的、最自然的工具。或者,更准确地说,不用说工具,人首要的与最自然的技术对象与技术手段就是他的身体。"③体育同样也是后天习得的身体技术,人并不是一生下来便能走、能跑、能跳、能投,身体是通过教育而后天习得的,正如卢梭1762年在《爱弥儿》中对"体育"一词的描述一样,体育是对身体的养护、培养和训练等身体教育过程。在"体育"这一身体教育过程中,身体技术构成了体育运动技术的基础:从篮球的持球、运球、投球;体操的平衡、支撑、跳跃;跳水的旋转、翻腾、入水;艺术体操的姿态、节奏、抛接等,无不是基于身体的运动技术,只不过这种运动技术是已经经过科学的、美学的、生理学等学科综合审视后创造的一种符合人体生理特点、人体动力规律、社会身体审美等综合因素的动作方法体系,它包含身体位移及时间空间上位移的方式,也包括力量及力量在时间空间上的分配,是精确的身体技术的体现。体育艺术同样基于这种精确的身体技术,换句话说,只有身体技术达到了精确的技术美,达到了社会身体审美标准,它才是体育艺术。

体育艺术与身体美学的关系。美国新实用主义美学代表理查德·舒斯特曼(Richard Shusterman)于1999年发表了长篇论文《身体美学:一个学科提议》,宣告了身体美学的诞生。自"现代美学之父"鲍姆嘉登确立"美学"以来,以"感性认知"为领域的美学缩减为狭窄的美和美的艺术,舒斯特曼希望建立"身体美学",使美学重回"高尚的生活艺术",他认为"身体是我们日常生活实践的真正载体,所以一种实用主义美学必然要回归身体自身,而美学研究只有从身体出发才能实至名归地回归到真正意义上的'感性学'"④。然而,对身体的理解的多重化,也造成了对身体美学理解的偏误。尤其是现代商业的注入,身体美学成为助长身体消费的重要因素,甚至造成了身体在消

---

① [英]阿雷恩·鲍尔德温等.文化研究导论(修订版)[M].陶东风,等,译.北京:高等教育出版社,2004:279.
② [法]马塞尔·莫斯.社会学与人类学[M].余碧平,译.上海:上海译文出版社,2004:301.
③ [法]马塞尔·莫斯.社会学与人类学[M].余碧平,译.上海:上海译文出版社,2004:301.
④ 张再林,理查德·舒斯特曼.东西美学的邂逅——中美学者对话身体美学[N].光明日报,2010-09-28(11).

费意义上的"异化"。"女性"和"身体"构成了现代社会中消费的符号,如广告中的明星形象、美容瘦身、整容整形、文身穿孔等,身体美学不再理解为"感性"的载体,而是沦为身体的修饰。如何使美学回归生活,如何使身体回归自然,体育艺术,尤其是大众健身形式的体育艺术,一方面它通过身体审美感受使艺术平民化、民主化,构建了身体美学的生活内容;另一方面,它服务于生活,与生活紧密结合,形成了生活方式,构建了身体美学的实践方式。从身体美学的内容到途径,"体育艺术"恰巧构建了舒斯特曼的身体美学方式,换句话说,体育艺术用自身的特点诠释了身体美学的方式。

体育艺术与身体消费的关系。细心地观察便能发现,以身体消费为目的的产品或者商品已经充斥着我们的生活:化妆品、减肥药、减肥茶、减肥食品、时装、增高鞋、磁疗仪等。让·鲍德里亚在《消费社会》中指出消费社会就是一个身体欲望极度膨胀的时代:"身体摆脱了国家权力的束缚,回归于个体,并逐渐成为消费和欲望的载体,也成为彰显个性、标榜自我的工具。"[1]身体作为欲望、欲望作为消费,消费反过来又构成了身体的标志,身体成了符号的载体。以体育为主题的身体消费同样也塑造着身体符号,一方面,大众传媒构造了体育视觉文化,使身体、运动、审美成为商业影像的元素,使运动的身体成为被消费的主体,身体成为重要的体育审美的载体;另一方面,身体的力量、速度、灵活在体育运动中的展示,成为消费主义追踪的主题,体育成为健康、娱乐、竞争、极限、挑战的符号代言,体育成为被热捧的对象,身体成为体育符号的载体。体育艺术正是在"身体消费"这个大环境中孕育成长的,在消费化、视觉化、符号化的作用下,身体幻化为体育审美的载体:从健身塑形到形象设计、从体育表演到媒体传播、从开幕仪式到视觉盛宴……体育艺术在现代传媒的支持下进入了视觉消费时代,身体消费成为体育艺术兴盛的动力源泉。

体育艺术与身体规训的关系。在对"身体"的探讨过程中,已经形成了一种普遍的认识:身体不仅是一个"自然的生物躯体",而且是一个经由各种社会标准、社会规范、习俗、礼仪、法律等不断的规训着的"社会建构的身体"。那么,"自然的生物躯体"转化为"社会建构的身体"的过程即是身体规训的过程。莫斯提出"身体技术"的概念,认为学习和训练是获得身体技术的重要途径,而这个学习和训练的过程,其实质即是身体的规训;法国社会学家米歇尔·福柯从谱系学出发,认为身体不单是表面的"肉体",而是由文化建构、知识、权利三者构成的体系,将身体研究推向了政治学领域,指出身体是权利驯服的肉体,"权力关系直接控制它、干预它,给它打上标记、训练它、折磨它,强

---

[1] 赵方社.身体规训:中国现代化进程中的国家权力与身体[D].天津:南开大学,2010:138.

迫它完成某些任务、表现某些仪式和发出某些符号……"①，在福柯看来，学校、医院、兵营等组织机构是对身体进行规训的具体场所。身体经由"规训"成为文明的身体——有纪律的身体、有礼仪的身体、温顺的身体、克制的身体……身体成为社会价值、行为准则、习俗礼仪规范的符号载体。

可见，身体一方面存在需要和欲望变成消费载体，另一方面也以压抑方式控制需要和欲望，成为规训产物，正是在二者的共同作用下，形成了合理的、规范的身体行为及身体实践方式——体操、广播操、健美操……体育艺术成为身体规训的重要方式，在现代社会中具备姣好的身材往往被视为有教养的身体，这便是最好的印证。有些学者以广播体操为对象，分析了其对身体规训的意义，指出"广播体操是融合了体育、艺术和政治表演三种内涵的人体行为，三者的核心是艺术，而艺术具有天然的仪式规训功能"②。因此可以说，体育艺术是身体规训的最佳印证，也是身体规训的重要途径。

总之，身体技术、身体消费、身体美学、身体规训只是从不同的角度来看待"身体"，身体的符码化，使得以身体为载体的体育艺术也具备了多重象征意义：女性的、美丽的、消费的、规训的……体育艺术以身体技术为基础、以身体美学为内容、以身体消费为推动力、以身体规训为途径，身体成为体育艺术的资源，同样，体育艺术成为身体的存在、身体的表达、身体的建构。

三、运动文化层面上的体育艺术本质

运动文化，是以"运动"为特点的文化，而身体的运动则是由人体的动作构成的，因此，以动作构成的文化，并不仅限于体育文化，还包括以动作为基础的舞蹈、戏剧、杂技等艺术，只不过体育是由单纯的身体动作构成的运动，而舞蹈、戏剧、杂技等艺术则是以身体动作为基础的艺术表现。那么，什么是动作？在运动文化层面，体育艺术属于哪种类型的动作？体育艺术与其他"运动文化"（体育竞技表演的动作以及舞蹈、戏剧、杂技等艺术动作）的动作区别在哪里？体育艺术运用动作构成了怎样的审美，或者构成了怎样的运动文化？也需要进一步阐释，以寻其本质。

（一）运动文化层面的体育艺术现象描述

微观意义上的体育艺术，即体育与艺术在运动文化层面的结合和融合，是体育作为艺术的那部分内容。基于实践发展对体育艺术一词的使用范畴，将体育作为艺术的

---

① ［法］米歇尔·福柯.规训与惩罚［M］.刘北成，杨远婴，译.北京：生活·读书·新知三联书店，1999：27，156.
② 杨红，路云亭.礼仪教育的感性化符号——作为规训表演的广播体操［J］.体育与科学，2011，32(05)：11—14+34.

现象分为两个方面：一是具备艺术成分的体育项目，艺术作为体育的成分或元素，如健美操、艺术体操、花样滑冰等，艺术是其精神灵魂，虽承载体育的目的，但形式却与艺术无异；二是用作体育目的的艺术，艺术作为体育的目的和功能，如体育舞蹈、街舞、爵士舞等，本质是艺术但承载的是体育的目的。二者共同之处便是具有内在的动作审美因素，同时也为体育服务。

（二）运动文化层面的体育艺术文化属性

回答"什么是动作"。

运动是宇宙存在的基本方式，是生命的基本特征，运动不仅存在于无生命的风、水、雷、电之中，也存在于有生命的树枝摇摆、鸟飞兽行之中。运动同样构成了人体生命的重要方式：生命活动的运动包括血流、呼吸、新陈代谢等；生产活动的运动包括捕鱼、耕作、采茶等运动。从划分中，不难看出，有生命的与无生命的运动存在不同：主动的和被动的；生理的和生活的运动存在不同：有意识和无意识的。而"动作"恰恰是构成生命意识的那部分主动的运动，换句话说，动作是生命意识运动的外化形式。

回答"体育艺术的动作是什么样的动作"。

"动作"无疑是"人"的动作，动作构成了有意识的生命活动，同样，非生产性的、有意识的身体动作并不一定都是体育的、舞蹈的，比如手势语、身势语、表情和眼神的身体语言动作，虽然也构成了交流的方式，但是却不是体育艺术的动作，那么体育艺术的动作是怎样呢？

首先，体育艺术动作是"情感表达类动作"，它不同于"语言表达类动作"。

与手势语、身势语相比，体育艺术动作是用来表情的，而不是语言类的表意动作，表情的意思在于，它通过动作表达喜、怒、哀、乐等人的情感，这样的动作属于情感表达的"表情"动作。

其次，体育艺术动作是"审美性动作"，它不同于"目的性动作"。

与竞技体育动作相比，体育艺术动作属于"审美性动作"。体育中的动作，主要是展示体能、技术、战术等，强调动作服从目的，比如拳击动作强调实战，其动作只需将对手打倒在地，而不会以动作有多么规范，动作有多么美来衡量，这便是目的性动作。与"目的性动作"相对的即是这种"审美性动作"，"审美性动作"即有审美要求的动作，动作完成并不能构成其运动的全部目的，动作有美感地完成才是关键，例如在体操、健美操、艺术体操等中都有"跳"这么一个动作，在评分规定或者在动作欣赏时，不能将"跳"简单视为跳起离开地面，虽然这是完成"跳"的条件，但是笨拙的、沉重的、无控制的跳，并不能得到认可，因此在评分中往往会将动作审美的标准作一规定，比如团身跳、科萨克跳、结环跳等,都会将动作的审美规范予以描述。

再次,体育艺术动作是"内在审美性动作",它强调"动作意蕴美"。

不可否认的是,体育竞赛表演中的动作也可视为"审美性动作",这是因为技艺的精湛构成了其审美的基础,一脚漂亮的倒钩球、一个跃身腾空的扣篮,展示的都是动作的艺术或者动作的审美。也就是说,目的性动作与审美性动作并不是完全绝对的划分,路易斯·阿诺·里德在论述体育与艺术的关系时,在"Sport, the aesthetic and art"一文中提出"光谱说",即在光谱一端,是竞争体育,即纯粹以获胜为目的的对抗性比赛,比如足球、田径等;在光谱另一端,是审美体育,在它们的目的中包含有审美因素,比如体操、跳水、滑冰等。[1] "光谱说"为分析体育艺术的特征提供了一个假设,即并不是所有的体育运动项目都具有强烈的审美性,根据审美特征或者说艺术性的高低,可将体育进行审美划分,而那些具备较强审美特征的体育项目则可等同于舞蹈艺术。学者胡小明提出:"至于竞技运动中审美意识较为集中的评分类项目,可以用'亚艺术'或'准艺术'这样含有比较性质的相对概念。"[2] 因此,有必要将审美性动作再次区分,一方面是具备动作意蕴审美那部分动作,它强调动作表现、动作意蕴,属于"内在审美性动作";另一方面是具备动作竞争审美那部分动作,它强调动作服从"竞技"目的的直接性,表达的是动作的经济性、动作的效用性审美;虽然"内在审美性"项目同样也服从"竞技"的目的,但是这种目的的实现无法脱离"动作表现"或者"动作意蕴"审美而成功,虽然二者不能完全划分开来,但是二者在动作表达和动作审美上是有着明显的差异的。

最后,"内在审美性"动作服务于体育,它有别于舞蹈艺术。

从"内在审美性"动作性质来看,舞蹈等艺术中其动作也是"审美的动作",而且还是具备动作意蕴审美的动作,二者有何共通之处呢?

一方面,具有"内在审美性"的体育和舞蹈二者在身体表达上几乎无异:动作、姿态、音乐甚至还包括表情都是在阐述身体运动艺术的美,在内容和组织上也有惊人的相似:有主题、有内容、有三段式结构、有美的创造。同样,二者都是运用身体动作达到身体结构和功能的改变,在身体使用意义上也具有互通互融的现象:体育是舞蹈、杂技、模特等身体训练的手段,而舞蹈(街舞、体育舞蹈、广场舞等)同样也承担了锻炼身体、增强体质的体育手段。

另一方面,具有"内在审美性"的体育和舞蹈在生活文化中同源:在舞蹈艺术理论

---

[1] LOUIS ARNAUD REID. Sport, the aesthetic and art [J]. British J Edu Stud, 1970,18(3):246.
[2] 胡小明.论体育与艺术的关系[J].体育科学.2008(10):3—8.

中,通常将舞蹈划分为不同的类型,按照动作审美的角度看舞蹈艺术,可以将其分为生活舞蹈和艺术舞蹈,吕艺生在其《舞蹈美学》一书中提及:"舞蹈艺术自它发展成为一门艺术,它自己已与生活舞蹈区别开来……自古以来就存在着生活舞蹈与艺术舞蹈两大类,而这两大类舞蹈始终保持着它们亲密的源与流的关系。"[1]换句话说,在舞蹈艺术中,生活舞蹈也是舞蹈,但与舞台表演不同,它更接近生活,因而在舞蹈中并不视其为"艺术",于平在其《舞蹈艺术美论纲》一文中也提出了相似的论点:日常生活之舞,显然是不包括"舞蹈艺术"的,是"舞蹈"却不是"艺术"。[2]

可见,生活舞蹈在舞蹈研究中被视为非"艺术"部分,而这部分生活舞蹈恰巧展示的是其健身娱心的功能,即我们所认可的"体育艺术"舞蹈部分的内容。从这个角度,无疑给了我们重要的启示,即体育中内在审美性较强的那部分内容与舞蹈中艺术性较弱的那部分内容都是建立在"生活舞蹈"的基础上的。如从图3-2可看出,体育与艺术的关系并不是隔离的,也是一个逐渐过渡的过程。光谱的左边指向体育,其竞技性逐渐增强;光谱的右端指向艺术,其艺术性逐渐增强;而中间部分的审美体育与生活舞蹈即构成了体育艺术交融地带,构成了体育艺术的主体,这个主体同舞蹈艺术一样,依据其艺术性或者审美性的高低,呈现出不同的强度。

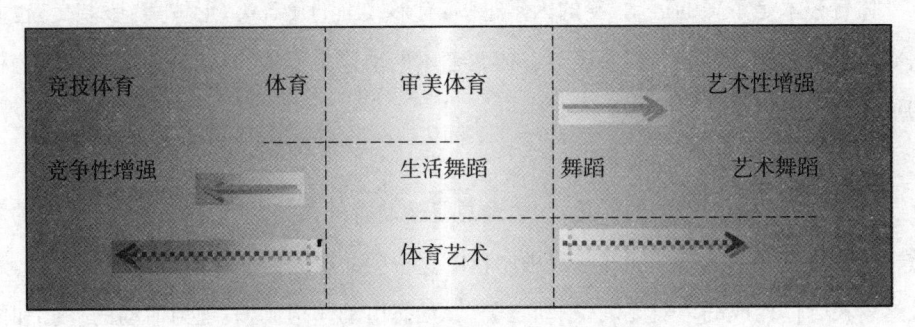

图3-2 体育与艺术关系光谱图(狭义体育艺术)

在动作表现上,体育艺术(内在审美的那部分)与舞蹈等其他艺术无疑,但毫无疑问的是"舞蹈不是体育艺术",而健身舞、广场舞又不能不说它不是体育艺术,二者有何差异呢?

构成这种区分的重要因素是其目的:体育不论承载着多少政治、经济、文化的功能,其根本任务是强身健体;舞蹈虽具有健体作用,但是舞蹈动作的根本目的却是表达情感。学者胡小明提出:"至于竞技运动中审美意识较为集中的评分类项目,可以用

---

[1] 吕艺生.舞蹈美学[M].北京:中央民族大学出版社,2011:31.
[2] 于平.舞蹈艺术美论纲[J].北京舞蹈学院学报,1993(01):12—20.

'亚艺术'或'准艺术'这样含有比较性质的相对概念。"① 于平也指出:"艺术体操、花样滑冰基本上是体育运动与舞蹈的混血儿,是体育运动的'舞蹈化'。考察'亚舞蹈'与'舞蹈'的关系……从共时性来看,是'表情'服从于'竞技',还是'竞技'服务于'表情',是'亚舞蹈'与'舞蹈'的分水岭。"② 因此,从动作角度来看,无论其在动作形式上还是结构上是否表现了运动的审美,当"动作"服务于"表情"时,它是艺术;当"动作"服务于"竞技"时,它是体育。换句话说,当动作用于刻画人物的爱、恨、悲、离的情感,用于展现社会道德、社会事件、社会生活时,它是艺术,当动作用于展示身体的技术、技巧、技能等时,它是体育。总的来说,体育艺术是具备动作审美意象的为体育服务的那部分内容,与竞技体育动作不同之处在于动作审美方式上,与艺术动作不同之处在于其动作服务的目的上,从这个意义上讲,只要具备了动作意象美的同时为了体育的目的的,它就是体育艺术。

因此,从动作特点上来说,无论是含艺术成分的体育项目还是为体育服务的艺术项目,只要是具备了"审美性动作"的运动,不论是体育项目还是舞蹈项目,只要是以艺术审美的方式去完成的动作,为"体育"这个大方向服务,即是体育艺术的动作。

回答"体育艺术运用动作构成了怎样的审美"。

体育艺术是审美的运动,美的因素很多:有形式上的形态美、形体美、服装美,也有内涵上的健康美、素质美、气质美等。体育艺术的动作是审美的动作,那么"动作"怎样构成了审美呢?

第一,动作构成了"动态美"。

动作是人的生命意志的外化,而生命总是运动着的,因此,"动"就构成了动作的本质特征。体育艺术的"动"同样是经由"身体"这一生命媒介而创作的动作的集合体,那么这一集合体构成的审美无疑是"动态美"。动态由动作构成,表现为活动的"动"和静止的"态",动作的"动"构成了流动,静止的"态"构成了起止点,正如吕艺生在《舞蹈美学》中形容的那样:"如果我们认为姿态是暂停的驿站,那么动作就是路途;如果我们认为动作是线,那么静止的姿态就是点,点线相连才构成面。如果我们把舞蹈动作中的'短句'看成是停车的小站,那么段落或者全舞蹈的结束就是形程的大站或终点。"③ 可见,体育艺术的动作构成了流动的但又有张有弛的"动态美",我国著名舞蹈学家吴晓邦即是从身体、动态的角度对舞蹈进行定义的:"舞蹈是人体造型上的'动的艺术',它

---

① 胡小明.论体育与艺术的关系[J].体育科学,2008(10):3—8.
② 于平.舞蹈艺术美论纲[J].北京舞蹈学院学报,1993(01):12—20.
③ 吕艺生.舞蹈美学[M].北京:中央民族大学出版社,2011:64.

是借着人体'动的形象',通过自然和社会生活的'动的规律',去分析各种自然或社会的'动的现象',而表现出的各种'形态化'了的运动,这种运动不论是表现了个人或者多数人的思想和情感,都称为舞蹈。"①体育艺术同舞蹈动作一样,是"动的艺术"。动态,构成了动的意象,动的意象构成了动作的审美。

第二,动作构成了"表现美"(或者说情感美)。

动作是人的生命意志的外化,人的生命意志是思维的体现,在体育艺术中这种"思维"经由"动作"表达,便承载着生命的感受与心灵的表达。这种表达主要体现为"内在的韵律(如脉搏的跳动、呼吸的节律)"向"外在的节奏(动作速度的快与慢、动作强度的大与小)"表达的过程。这种表达共同构建了抑扬顿挫、轻重缓急、刚柔粗细的身体节奏,这种节奏的变化如快慢、强弱、大小都与内心情感相互对应,由"形"过渡到"神",传递和表达着情感。因此,动作不仅是动态的、动的意象,动作还是人内在体验的外在表达,动作同样也构成了人的表情,正如苏珊·朗格所强调的"各种能够表现情感的符号的逻辑,也必是生命过程的逻辑"②。同时,在论述舞蹈虚像的作用是什么时,她回答道:"它的作用就是表达创造者对于那些直接的感情和情绪活动所具有的概念,换言之,它的作用就是直接展示情感活动的结构模式。"③按照她的逻辑,体育艺术同舞蹈一样,动作的表达是生命的表达,是生命情感的自然流露,动作即是这种生命情感的形式符号。

第三,动作构成了"创造美"。

动作在流动中构成了动态美,在内在情感外化中构成了表现美,然而动作的美远远不止这些,还有形式上的构图美、意象上的韵律美,这些都是创造的美。法国舞蹈家卡琳娜·伐纳在《舞蹈创编法》的开篇扉页中写道:"我之所以成为舞蹈家是为了用身体的动作去创造,而不仅仅是为了跳舞。"④创造赋予动作以灵魂:一是构图美,动作的创造过程中构成了身体的点,身体的点通过移动构成了移动的线,多个移动的线便构成了运动的面或运动的图形,动作在空间上的表达构成了"点、线、面"的构图美;二是意象美,动作在创造过程中运用内在韵律和外在节奏表达出强、弱、紧、送的动态,构建不同的情感,同时也在时间上叙述着听觉的、视觉的、动觉的幻想,动作构成了身体在时间中流动的意象美。正如法国雕塑家罗丹说:"人体是心灵的镜子,最大的美就在于此。自然中任何东西都比不上人体更有性格。人体,由于它的力,或由于它的美,可以

---

① 吴晓邦.新舞蹈艺术概论[M].北京:读书·生活·新知三联书店,1952:4.
② [美]苏珊·朗格.情感与形式[M].刘大基,等,译.北京:中国社会科学出版社,1986:146.
③ [美]苏珊·朗格.艺术问题[M].滕守尧,朱疆源,译.北京:中国社会科学出版社,1983:7.
④ [法]卡琳娜·伐纳.舞蹈创编法[M].郑慧慧,译.上海:上海音乐出版社,2001:扉页.

唤起种种不同的意象。"①

总之,体育艺术在动作上的特征或审美构成了区别于竞争体育或者说目的性体育的特点,但同时,在动作上又难与舞蹈艺术相剥离,唯一构成二者学科上分离的是其动作服务的目的,当动作服务于竞技,以展现技术技巧的审美时,它便构成了体育;当动作服务于表现,以表达内心的情感、思想和主题时,它便构成了舞蹈或者艺术。因此,在动作审美上,体育艺术(狭义的)无异于艺术,可以说就是艺术。

四、体育艺术之概念

体育艺术概念是对体育艺术现象背后的本质的概括,因此在定义体育艺术概念前,需要厘清体育艺术现象,需要掌握概念定义的方法,同样,更需要用理性思维去认识体育艺术的本质。

(一)界定的方法:基于"描述性定义"的方法

许多字典、词典中对字、词的解释多属于描述性定义。美国教育哲学家谢佛勒(Israel Scheffler)在其《教育的语言》中提出了定义的三种方式,一是规定性定义,二是描述性定义,三是纲领性定义。② 规定性定义是指作者人为地对某一概念进行规定,并在这个规定意义上进行使用;描述性定义指描述对象是什么样的,主要是对事物惯用的描述或对事物意指范围的说明,忠实反映事物在定义前的各种用法;纲领性定义指描述对象应该怎么样,它表达的是一种规范、一种价值观。由此,本研究对体育艺术的界定拟采取"描述性定义",一方面是因为事物是不断发展的,概念也是不断发展的,那么概念的内涵和外延也是处于不断变化发展之中的,正如人们对"体育"概念的界定一样,体育的内涵和外延处于不断发展变化中:从"身体的教育"到"通过身体的教育",从"游戏"到"竞技",至今也很难有一个万能的定义能将"体育"一词涵盖清楚;另一方面,体育艺术本身就是体育生活化、体育审美化的一个过程或者说现象,用描述性定义可以遵从体育艺术一词惯用、意指、以往的用法,能够使人们更好地理解体育艺术,进而形象地认识体育艺术。

(二)界定的名称:基于"习惯"的体育艺术使用

目前对体育艺术的称呼有许多种:"运动艺术""艺术体育""身体文化"等,尤其是用法较为混乱的"体育艺术"和"艺术体育"。本研究使用"体育艺术"并摒弃"艺术体

---

① [法]葛塞尔.罗丹艺术论[M].傅雷,译.北京:中国社会科学出版社,1999:9.
② 顾明远.对教育定义的思考[J].北京大学教育评论,2003(01):5—9.

育"一词,一方面是体育艺术的外延不断扩大(包括一些舞蹈),"艺术体育"一词不能涵盖;另一方面是由于体育艺术专业的开展,使用"体育艺术"一词已经成为习惯,"体育艺术"一词已经被普遍认可,黑格尔在使用"美学"这一概念时指出:"名称本身对我们并无关宏旨,而且这个名称既已为一般语言所采用,就无妨保留。我们的这门科学的正当名称却是'艺术哲学',或者更确切一点,'美的艺术的哲学'。"[①]好比黑格尔使用"美学"一词指称"艺术哲学"一样,本研究使用"体育艺术"一词而不是其他,是基于学科和使用的考虑出发,凸显定义的实用性。

(三)界定的逻辑:基于"身体"的体育艺术本质探讨

基于"身体"这一逻辑点进行定义的原因,一是因为"身体"构成了体育与艺术结合或融合的点,在身体这个"场域"中,体育与艺术的结合不仅构建了直接的身体活动,即体育艺术的实践形式,而且还构建了间接的审美文化,即体育艺术的文化形式,"身体"构成了体育艺术的存在。二是"身体"不仅构成了体育艺术的存在,还构建了体育艺术存在的方式,不论是宏观上、中观上还是微观上的体育艺术,都离不开"身体"的维度。宏观上体育艺术是身体审美的那部分文化,中观上体育艺术是运动表演的那部分身体文化,微观上体育艺术是动作表现的那部分运动文化。不论是哪个层次,体育艺术都以"身体"为载体,以"人"的生存与发展为其存在方式,并借以各种不同的文化形式进行展示。

因此,从"身体"角度对体育艺术进行本质归属探讨,无疑是无法规避的。另外,从"身体"角度对体育艺术本质进行梳理,有利于体育艺术实践的发展,现有许多院校开设体育艺术专业,其指向是培养具有实践能力的"应用型人才",体育与艺术结合的逻辑点在"身体",更利于运用艺术的手段,尤其是以"身体"为媒介的舞蹈艺术、戏剧艺术,创造出更多的作品来服务体育。

(四)界定的维度:审美的、身体的、运动的艺术

1."审美"的纬度

在体育艺术现象的剖析中不难发现,对于"什么是体育艺术",难以有一个统一的答案,但通过对不同体育艺术现象进行分层、分类可以看出,这些现象的背后,"审美"是构成统一的第一个共识点。

首先,"审美",将体育艺术的各种文化现象连接在了一起,并呈现了"身体审美"的多元方式:有身体赞美的体育雕塑,有技术精湛的体育竞赛,有意蕴审美的体育表演

[①] [德]黑格尔.美学(第一卷)[M].朱光潜,译.上海:商务印书馆,1991:3—4.

等。其次,"审美"还构成了体育艺术的演化力。"审美"向体育渗透,使得体育成为"审美"的产物,一方面使得竞技体育沦为"表演",成为"观赏"的产物;另一方面促进了"审美体育项目"的创生:艺术体操、花样滑冰等,成为"艺术"的玩物。再次,"审美"还改变了体育艺术呈现的方式。尤其是科技的发展、技术的进步为审美提供支持;生活方式的转变,休闲为审美运动开展提供保障;健康意识的增长,体育为载体的大量的审美运动在普通民众间广泛发展起来,构成了生活的、时尚的、消费的体育艺术的繁荣景观。以舞台表演、民俗表演、游戏表演等各种方式呈现的体育艺术以及健身娱乐文化,拓展了体育艺术的外延,也拓宽了体育艺术发展的空间。

2. "身体"的纬度

在体育艺术现象及本质论述中不难看出,"身体"是构成体育与艺术发生或者连接的第二个共识点。体育与艺术在"身体"这个主题下,向外形成了形而上的体育艺术文化和形而下的体育艺术实践,向内构成了主体的"人"生命(自然的人)和发展(社会的人)的手段(如图3-3)。因此,也可以说,"身体"是体育艺术的出发点,是体育艺术发生的载体,更重要的是,在这个载体上,主体的人建构了一种符号的身体审美,即"表演"。

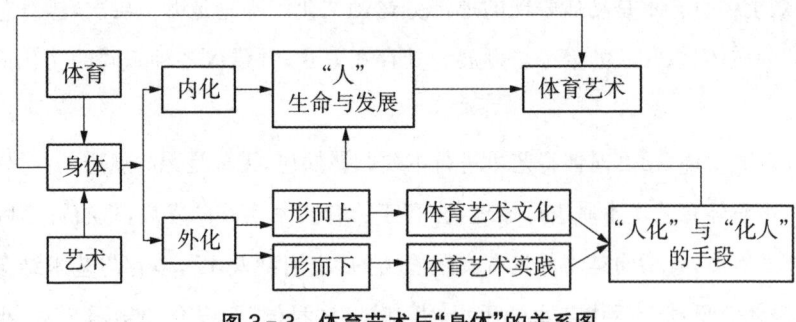

图 3-3 体育艺术与"身体"的关系图

首先,体育艺术审美的发生是在"身体"这个维度上的,不论是哪一种体育艺术文化现象,都离不开"身体"话语,如身体赞美的艺术文化、身体改造的健身文化、身体超越的竞技文化等,体育艺术在"身体"维度上形成了形而上的体育艺术文化和形而下的体育艺术实践,"身体"构成了体育艺术的载体。

其次,体育艺术主体是建构在"身体"这个维度上的,不论是何种体育艺术,它都是主体的"人"的"身体",是通过体育艺术这样一种文化("人化"和"化人")手段达到主体的"人"的生命(自然的身体)和发展(社会的身体)的目的,体育艺术成了主体的人的生命确证和身体建构的手段,"身体"构成了体育艺术的存在空间和存在方式。

再次,体育艺术在身体的维度上构建了"表演"。体育艺术是建构在"身体"这个维度上的文化,"身体"构成了体育艺术文化的载体、场域,那么,在身体维度上,它构建了什么?一方面,体育与艺术在自然的这个身体上建构了一种身体活动,这种活动主要是"体育"在身体上的表达;另一方面,体育与艺术在社会的这个身体上建构的则是一种文化符号,这种符号主要是"艺术"在身体上的表达,二者的融合,使得这种艺术文化符号融入身体活动而形成"表演"。

而且重要的是,体育艺术在身体这个载体上的构建并不是偶然的,一方面,它具有深厚的历史渊源,在其文化起源时便与身体不可分离;另一方面,它也经历了哲学上对"身体"的认识过程,尤其是19世纪以来,文艺复兴后身体在意识上的解放来带来的一场美学的革命,使得"身体"消解为各种现象:身体消费、身体美学、身体技术、身体规训等,体育艺术在"身体"的这个场域中,最终形成了多种形式或者多种审美的理解,体育艺术成为了"身体"的产物。

3. "运动"的纬度

体育艺术是"运动"的,并不是有意将体育雕塑等艺术文化排除在外,而是"运动"表达了体育艺术在实践层面的又一共识点。

运动是审美的源泉,体育艺术的审美中"运动美"是其主题,虽然在运动中,观赏者体会到的并不止于运动美,但是没有运动美就构不成体育艺术的美。另外,不同的运动构成美的方式不同,尤其是动作方式,这也是为什么会产生不同运动项目的重要原因,在以跑跳投为主题的田径项目运动中,人们欣赏到的运动美在动作上表现的是经济实用美;在篮排足等球类运动中,人们欣赏的是动作运用的策略美;而在体操、健美操、艺术体操等操类项目中,人们欣赏的则是动作表现出来的意蕴美。正是动作表达的不同,构成了不同的运动项目审美,同样也就构成了不同理解的体育艺术,在体育艺术现象和体育艺术本质的归因中,已经阐释了现有情况下对"体育艺术"一词的使用,是用来表达具有动作意蕴审美的身体运动,也就是前文中所提及的狭义的体育艺术,即体育作为艺术,也就是说,在动作意蕴审美这点上,体育就是艺术,这种艺术即是表达运动美的体育艺术。

(五)体育艺术定义的描述

三个共识点"审美""身体""运动",将体育艺术现象联接在了一起。见表3-4:体育艺术层次内涵及描述。在第一个层次,体育与艺术共属文化,而"身体""审美"则构成了区别于其他文化的差,按照"属+种差"的方法,体育艺术即身体审美的文化;在第二个层次,体育与艺术的属为"身体",而"运动"构成了区别于其他身体文化的差别,因此,体育艺术在身体层面作为运动的文化则排除了以体育雕塑为代表的艺术文化,体育艺术即运动表演的身体文化(表演暗含了审美);第三个层次,体育艺术共属运动文化,那么"动作表现"则构成了第一个差别,"目的"构成了第二个差别,也就是说,以动作表现为基础的表现体育目的的运动文化即是体育艺术。

表3-4 体育艺术层次内涵及描述

层次	层次内涵	体育艺术内涵	体育艺术定义描述
第一层次	文化	身体审美	体育艺术是身体审美文化
第二层次	身体文化	运动表演	体育艺术是运动表演的身体文化
第三层次	运动文化	动作表现	体育艺术是动作表现的运动文化

因此,可以说体育艺术是"审美""身体""运动"三者相互关系的结果,而三者经由不同文化层面表达,形成了体育艺术结构内涵,见图3-4。从结构图中,不难看出这样一个顺序:文化——身体审美文化——运动表演文化——动作表现文化,层层递进,构成了"体育艺术"内涵。

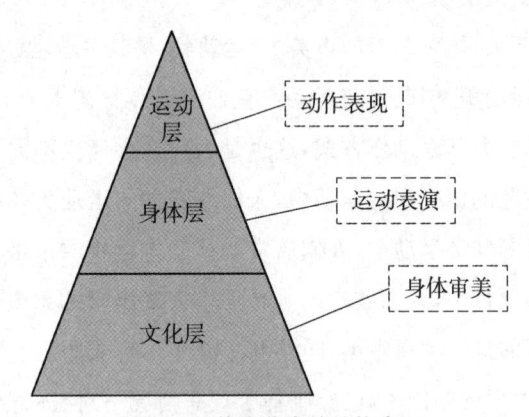

图3-4 体育艺术的结构内涵

第三节 文化成因:探析新时代我国现代体育艺术文化成因

体育与艺术的融合形成了以"审美"为特征的体育艺术文化现象。"审美"元素的注入,使得体育演变为"身体美"的文化形象而深入人心,从而呈现出一派欣欣向荣的"公园""广场"体育艺术现象、身体狂欢的体育竞赛表演现象、高校应需而生的"体育艺术"[①]专业和"体育艺术化"[②]现象,体育艺术成为体育文化的一大现代景观。体育艺

[①] 马鸿韬,李敏,吴梦晗.我国体育院校艺术类专业发展的再审视[J].北京体育大学学报,2015,38(07):91—97.
[②] 侯典云.文化视野中的体育艺术化发展[J].体育与科学,2011,32(02):74—76+80.

以"身体"为媒介,以"审美"为特征,通过参与、观赏、艺术创作等方式表达对体育运动的热爱与赞美。简言之,体育艺术是对体育活动审美的结果。那么,现代性语境中"体育艺术"文化现象是如何形成的呢?正确地认识这一文化现象必然要求将"体育艺术"还原到其产生的文化语境中去考察,本节拟从文化背景、文化形成、文化属性、文化归因中去寻找体育艺术现象背后的真实原因和意义,为厘清体育艺术文化现象、探讨体育艺术文化本质提供参考。

一、文化背景:体育审美价值理性的回归

近代,在"强国强种""西体中用"的历史背景下,西方体育项目逐渐传入,改变了我国传统体育的自然形态。随着科学和技术的渗入,西方体育逐步发展为以"科学"为特征的、具备统一规则的现代体育文化。电视转播、网络传播、商业化驱动进一步推动体育的现代化,体育自身的工具理性得以发挥,使得以竞技为主要形式的体育沦为政治与经济的诉求:兴奋剂问题、球场暴力、黑哨与假哨等现象层出不穷。体育工具性发挥到极致,也进一步将体育推向畸态的发展。

然而,随着对体育认识的深入,体育的工具理性受到批判,呼吁体育价值理性回归,以体育艺术化为代表的体育文化的第二次飞跃悄然到来[①]。体育的审美价值、精神价值重新得以阐述,尤其是社会经济的发展,物质生活水平的提高,闲暇时间增多及生活方式的改变,促进了体育与艺术的融合与蜕变。体育与艺术以一种融合的大趋势出现在现代人类生活中,奥运会、全运会、大运会等大型运动会开闭幕式的体育艺术盛会的举办;健康与审美重新以一种广泛、集体的形式而蓬勃开展,以各种体育艺术活动形式为载体的体育舞蹈、健美操、艺术体操以及社区健身操、健身舞等广泛开展;艺术与体育审美以生活化方式展示,以体育为主题的公园、雕塑、街景遍布城市和乡镇。

体育艺术经历了科学洗礼,获得了现代体育运动的外在形态。随着文化的现代化进程,体育艺术文化形式逐渐丰富起来,其文化性开始回归。从某个角度来说,体育艺术是体育科学的人文回归,体育艺术化是体育科学发展的必然,体育艺术发展与繁荣是文化主体性回归的体现,体育艺术是现代语境下体育审美价值理性的回归。

二、文化形成:体育与艺术双向交融

审美向体育领域渗透,体育与艺术交融,使体育艺术在现代体育文化中的审美价

---

① 侯典云.体育艺术化释义[J].体育学刊,2011,18(02):37—40.

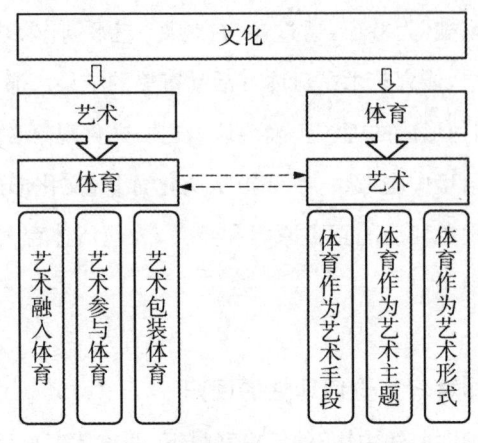

图 3-5　体育与艺术的双向交融

值理性得以回归。然而,体育与艺术的渗透早在其起源阶段便已开始,"体育与艺术有着共同的渊源"[1],阶级出现后二者开始分化。现代科学的确立,体育与艺术被划分为不同的学科知识体系,导致体育脱离了审美,于是"竞技性成为体育的与生具备的本质"[2],进而体育的直接性、功利性演变为身体规训、竞技、竞艺的重要手段。相反,艺术运用多种介质,如语言的、声音的、色彩的甚至是动作的,达到表达意象的、表现审美的方式方法,成为非功利的、无目的的纯精神文化,因脱离功利而成为审美的重要内容。过度的体育功利化致使体育工具理性朝向畸形发展,甚至滑落为"竞赛离艺术象征越近,则偏离体育越远"[3]。这种体育与艺术的剥离一方面使体育与艺术相对独立,另一方面使体育与艺术各自发展。

但是,体育与艺术在历史文化的发展过程中并不是完全割裂和一分为二的,而是相互影响、相互促进的,尤其是现代科技使体育与艺术走向生活,双向交融。一方面是艺术向体育的融合,艺术外延不断增大:(1)艺术融入体育。艺术审美成分进入体育之中,淡化了体育的功利性,使体育成为内在审美的运动,如艺术体操。(2)艺术参与体育。艺术从纯艺术的神圣领域走向生活,并担负体育的目的,艺术成为体育的内容,如广场舞。(3)艺术包装体育。一方面舞台艺术、影视艺术等进入体育,增进了体育的视听审美,体育成为艺术的内容,如功夫剧;另一方面是体育向艺术融合,体育的外延不断增大:(1)体育的身体训练成为艺术的手段,如舞蹈中的身体练习;(2)体育的素材内容成为艺术的主题,如体育雕塑;(3)体育的剧本欣赏成为艺术的形式,如竞赛表演。

---

[1] 谭广鑫.信息论视域下艺术对体育的映照——兼论奥林匹克的艺术元素[J].北京体育大学学报,2015,38(12):15—21.
[2] 王静.论"完整的人"的培养——基于竞技性缺失的体育课堂反思[J].北京体育大学学报,2013,36(04):105—108.
[3] [美]阿伦·古特曼.从仪式到纪录:现代体育的本质[M].花勇民,钟小鑫,蔡芳乐,译.北京:北京体育大学出版社,2012:27.

二者的双向运动促进了体育艺术的融合,体育与艺术相互联系、相互促进,构成了体育艺术发展。体育与艺术的广泛融合,并不是艺术向着现实生活领域单向游移、运动,而是体育也越界,向着纯艺术领域逐渐逼近、汇合、交融。

三、文化属性:生命完满与确证的文化

体育与艺术交融,形成了以"审美"为特征的文化,是人类文化发展的结果。那么,什么是"文化"?"文化"一词是与"自然"相对立的,文化即按照"人"的标准和理想改变自然和人本身,一方面改变自然的状态、天性、本能、兽性等以满足人的需要,克服人类缺陷,提升生存质量,如开垦土地、建造房屋、制造工具等,这个过程是"人化"[1]的过程;另一方面改变人自身的身体状态、精神状态,摒弃野蛮、未开化的状态,追求成为"人"的价值,如具备了仁爱、知识、智慧、技能等属于"人"的品质等,这个过程是"化人"的过程。而在"人化"和"化人"的文化过程中,蕴含了人的理想、意义、生存样态,包含了对文化内容的传授和习得,同样也表达了人对"真""善""美"的向往。因此,"文化即人化"[2]"文化即教化"[3]"文化即美化"[4]"文化即群体价值"[5]"文化即生活方式的全部"[6]等的文化定义,都从不同的角度阐释了何为"文化"。

体育与艺术是"人"这一主体在"人化"即对于物的欣赏、创造(构成艺术)和"化人"即在对于人自身的规训和改造(构成体育)的过程中,通过创造、习得、传承等方式,不断发展和完善起来的对于身体与精神的改造活动。可见,体育与艺术的结合或融合是人的内在本质的外化,是人达到"文化""文明"的必然。

因此,体育与艺术都是人类借助"自然"的身体加以"理性"创造而产生。体育与艺术的融合是"人"改造自然、完善自我的"人化"和"化人"的过程,是"人"的自然本能和社会心理的需要,这种需要促使了"体育艺术"融合的文化:追求身体审美的艺术文化,如体育雕塑、体育绘画、体育摄影等,是主体的"人"以运动的身体为素材,寻找自我的文化;改造身体的健身娱乐文化,如健身舞、健身操、健身运动等,是主体的"人"在身体审美运动参与中实现自我的文化;超越身体本能的竞技文化,如体育竞赛、体育竞赛表演,是主体的"人"在身体竞技、竞艺表演中超越自我的文化;表现身体动作艺术的审美

---

[1] 马克思.1844年经济学哲学手稿[M].北京:人民出版社,1985:144.
[2] 孙美堂.文化价值论[M].昆明:云南人民出版社,2005:9.
[3] 陆扬,王毅.文化研究导论[M].上海:复旦大学出版社,2006:4.
[4] 陆扬,王毅.文化研究导论[M].上海:复旦大学出版社,2006:5.
[5] [美]威廉·A·哈维兰.文化人类学(第十版)[M].瞿铁鹏,等,译.上海:上海社会科学院出版社,2007:35.
[6] [英]阿雷恩·鲍尔德温.文化研究导论(修订版)[M].陶东风,等,译.北京:高等教育出版社,2004:4.

文化,如剑舞、武舞、健舞、艺术体操、花样滑冰、花样游泳等,是主体的"人"以"动作"审美为媒介的身体运动审美文化;体现社会民俗的竞艺文化,如百戏、武艺等,是主体的"人"在社会审美运动参与中的文化;体现民族国家面貌的综合艺术,如大型运动会开闭幕式等,是主体的"人"民族精神审美展示的文化。

体育艺术作为文化,是主体的人寻找自我、实现自我、超越自我的过程,是富有生命的人健全肉体、完满灵魂的过程,体育艺术是多维的文化,是自身身体审美的文化,是社会心理审美的文化,是民族生活审美的文化,简言之,是人的生命完满与确证的文化。

四、文化归因:个人及社会对体育艺术审美的需求

体育艺术的成因可分为内因和外因两个方面。所谓内因是事物的内部矛盾,是事物存在的基础;外因是事物的外部矛盾,是事物发展的条件,二者共同推动事物的运动、发展与变化。体育艺术形成的外因是条件,是"现代性"这个语境下体育、艺术、审美共同作用的结果。体育艺术的内因是动力,是"需求""创造"两个因素互动下的结果。外因通过内因起作用,内因通过外因表达。如图 3-6。

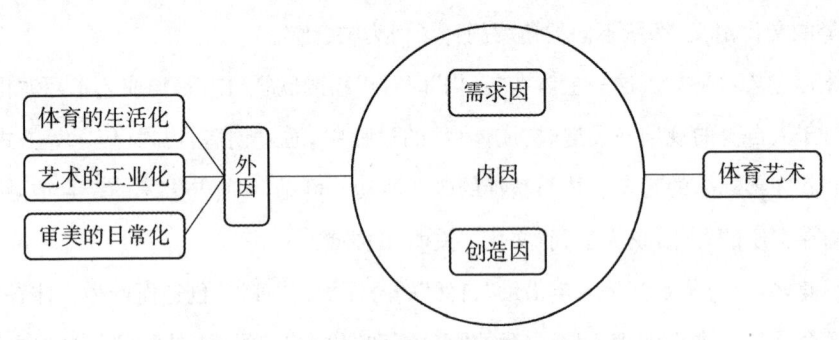

图 3-6 体育艺术的文化成因

(一)体育的生活化

文化被视为人类生活方式的全部,体育的生活化其实质是体育在人们生活方式上的更替或跃迁,体育的生活化推动了体育艺术大众化参与和大众化开展。

"体育生活化"一方面指体育从政治中祛魅,走向大众。现代体育的确立是德国、瑞典现代体操和英国现代竞技运动共同作用的结果,现代体操尤其是德国体操的开展,与其培养合格军事公民的政治目的是不可分割的;英国现代竞技运动同样也无法摆脱"殖民统治手段"的政治色彩,现代竞技运动无疑是上层社会阶层的特权。体育生活化代表了体育的平民化、体育的亲民化。

"体育生活化"另一方面指体育不仅走向大众,而且成了生活内容的重要构成。体育与"健康、科学、文明"一起共同构成了现代体育的文化形象。体育竞赛、体育表演、体育健身为人们提供了排解压力、放松心情、身体保健的方法,为生理、心理、社会健康提供了科学的方式,体育同衣食住行一样,成为人们生活必不可少的内容。

体育的生活化促使体育艺术走向大众,成为每一个人的权利。正如联合国教科文组织在《体育运动国际宪章》中指出那样:"每个人具有从事体育运动的基本权利,这是为充分发展其个性所必需的。通过体育运动发展身体、心智与道德力量的自由。"[①]体育成为现代人的一项基本权力。体育的生活化也同样使体育艺术如广场舞等成为大众生活的重要内容,体育艺术生活化不仅提升了人们的生活质量,更重要的是提升了人的生命质量。

(二) 艺术的工业化

艺术的工业化是科技进步所催生的"文化工业化"的产物。文化工业化引起了马尔库塞、阿多诺等以"法兰克福学派"为首的批判,但"文化工业化"所带来的艺术的普及与大众化也得到了肯定。艺术的工业化不仅为体育艺术提供了技术支持,也为体育艺术的民主化提供了方式上的可能。

科技进步、经济发展、现代技术在各个领域渗透是艺术工业化的背景。19世纪与20世纪交替时期,科技催生了摄影机、收音机、电视机等机械工具,使得艺术成为可复制的产品,广泛进入人类生活中。到了20世纪中期,网络技术、卫星技术、信息技术等的出现和普及加速了艺术的生产和传播,技术与艺术的结合使得艺术告别了"艺术是艺术家的专利",机械复制成为艺术使用的技术手段,艺术采取资本主义工业批量生产方式,艺术成为商品,以流行音乐、流行服饰、流行电影等为代表的艺术成为"以经济为目的"的文化工业。

文化工业化引起了以"法兰克福学派"为首的批判,认为"科学主义造就的工具理性使文化堕落为商品法则的产物,文化一分为二:抵制商业化的高雅文化(现代主义和先锋艺术)和商品交换法则的低俗文化(文化工业),'文化工业'成为'大众文化'的代名词"[②],"文化工业向大众提供了一种'虚假需要'"[③],"大众文化成为统治阶级隐蔽的御用工具"[④],"大众文化简言之就是'我们时代的流行意识形态'"[⑤],"大众文化使人丧

---

① 罗晓中译.联合国教科文组织"体育运动国际宪章"[J].国际社会科学杂志(中文版),1984:135—137.
② Adorno, cultural industry [M]. London: Routledge, 1991:92.
③ 马尔库塞.单向度的人[M].刘继,译.重庆:重庆人民出版社,1993.
④ [德]马克斯·霍尔海默,阿多诺.启蒙辩证法[M].洪佩郁,译.重庆:重庆出版社,1990:133.
⑤ 阿多诺.大众文化:美国的流行艺术[M].电视与大众文化模式见罗森堡等编.纽约:新闻自由,1957:476.

失对艺术的理解造就大众性与艺术生产的具体内容和真理的脱离"①,简言之,大众文化是审美的堕落和政治的腐朽。

然而,瓦尔特·本雅明在法兰克福学派中独树一帜,肯定了大众文化的意义,本雅明在其《机械复制时代的艺术作品》中指出:"世界历史上,机械复制第一次将艺术作品从它对艺术的寄生依赖中解放出来。"②本雅明在批判文化工业理论的同时提出了自己的一些观点:艺术的使命就是表现现代生活的节奏,艺术不是精英们在象牙塔的专利;艺术从膜拜仪式中解放出来,通过复制而满足大众审美需要,大众不是纯然无意识的、麻木的,大众喜爱的艺术是自然的集体经验。

技术的进步恰恰促进了艺术的进步,大众媒体和技术进步也是政治进步的基础。艺术工业化一方面造成了艺术真理的丧失,另一方面却恰恰促进了艺术的进步。艺术的工业化促进了体育艺术的民主化。

(三) 审美的日常化

艺术的工业化使得"美"渗入现代生活,造成了审美活动与日常生活在界限上的模糊,审美变得日常化。一方面艺术通过复制成为商品,如工艺品、装饰品等,直接成为消费物品,满足了大众需求;另一方面艺术作为元素构成了商品的属性,如服装设计、商品包装、广告策划、家居装饰等,审美成为消费文化。艺术通过商品的产销机制,走出艺术殿堂,脱离艺术家,并从有闲阶级走向平民大众,走入生活,使人们在听觉、视觉、触觉甚至感觉上都被"美"所包围,"美"成为生活的风格。

审美的日常化使艺术的内涵发生了改变,艺术不再是达芬奇的蒙娜丽莎,艺术不只是电影、音乐、小说的大众文化,艺术还是对衣着的讲究、对饭菜工艺的欣赏、对旅游体验的感觉等的生活态度。"审美"是一种趋向、一种心理、一种价值观,"审美"成为生活态度,甚至连自己的身体也都需要按照"美"的标准进行削骨、整容、塑造。审美日常化驱使了消费审美、身体审美、生活审美的演化,促进了媒介文化、听觉文化、视觉文化等审美文化的繁荣与发展。可见,审美日常化不仅为体育艺术发展提供了"审美"动力,也为体育审美消费提供了全感官式的"审美"方式。

(四)"人"的内在需求

体育艺术形成是"人"的内在需求的结果,需求构成了第一个内因。首先这种需求是"人"的需求,"人"为什么有"体育艺术"的需求?马克思站在历史唯物主义立场论述

---

① [德]西奥多·阿多诺.美学理论[M].王柯平,译.成都:四川人民出版社,1998:406.
② Benjamin, The work of Art in the age of Mechanical Reproduction [M]. London:Fontana,1973:226.

了"人的本质",马克思明确提出"完整的人",即"人以一种全面的方式,也就是说,作为一个完整的人,占有自己的全面的本质"①,马克思从工业化社会分工造成人的"异化"角度,对"完整的人"进行了分析,指出"完整的人必然包括人的(自然的)感性方面和(社会的)精神方面"②,之后马克思又提出:"人的本质在其现实性上,它是一切社会关系的总和。"③可见,马克思所说的完整的人包括健全的人和社会的人,包括五官感觉的人的肉体和精神的全部社会功能。从这个角度就不难理解,"体育艺术"作为"审美的""健身的""群体的"身体运动,包含了肉体的、精神的、社会的各方面需求,作为现代人的反"异化"的重要手段而被个人、社会所推崇。

(五)"人"的美学创造

体育艺术的形成离不开"人"对于美的创造,"创造"构成了第二个内因。体育最初的起源并不是为了"审美",它更多的是工具理性的需要,这一点在体育的军事起源说中可以得到例证,同样,现代体育的形成也是基于工具理性的需要,如以军事需要为基础的德国现代体操运动、以殖民统治为需要的英国现代竞技运动。然而,体育如何成为"审美的产物"和"审美的创造"了呢?

首先是"人的创造因",同样,马克思在论述"人的本质"时还阐述了另外一个重要的美学观点,即"人按照美的规律生产",他认为:"动物只是按照它所属的那个物种的尺度和需要来进行塑造,而人则懂得按照任何物种的尺度来进行生产,并且随时随地都能将内在固有的尺度给予对象,因此人也按美的规律来塑造。"④马克思从生产的角度探讨了人与动物的区分,认为人的创造活动是自由的活动,是按照美的规律进行创造的活动,是人的有意识的生命活动。同样,体育艺术也是人回归"人的自然化",摆脱"异化劳动"而生成的"对个性的塑造、人性的还原"的生命活动的创造。

其次是"美学的创造力",价值理性的艺术或者说美学开始向体育渗透,使得体育的功利性得以淡化,体育艺术得以生成。换句话说,体育从功利走向审美,体育"成为一种生命创造力与自由的象征符号"⑤,成为"无目的而合目的"的形式,与"审美"形成一种同构关系,成为欣赏的对象,成为艺术。也正是体育艺术的"美"构建了视觉化的身体意象,并通过融入各种艺术形式和成分而广泛演化:瑜伽、普拉提以及太极或太极养生功,爱尔兰踢踏舞、非洲草裙舞甚至是芭蕾舞以及现代舞,健身操、健身舞、排舞以

---

① 中共中央马克思恩格斯列宁斯大林著作编译局.马克思恩格斯选集(第一卷)[M].北京:人民出版社,2004:18.
② 王静.论"完整的人"的培养——基于竞技性缺失的体育课堂反思[J].北京体育大学学报,2013,36(04):105—108.
③ 中共中央马克思恩格斯列宁斯大林著作编译局.马克思恩格斯选集(第一卷)[M].北京:人民出版社,2004:18.
④ 中共中央马克思恩格斯列宁斯大林著作编译局.马克思恩格斯全集(42卷)[M].北京:人民出版社,1979:97.
⑤ 曾宪刚.体育美学思考——关于马克思"人的本质力量对象化"哲学思辨[M].教学研究,2002:63—66.

及各种形式的广场舞等,体育不再仅限于竞技和教化,艺术的融入使得体育成为身体艺术的载体,成为康体、健体、排压、塑形、娱心、社交等的重要方式,"美"促进了体育的创造,使得体育成为艺术。

体育艺术不仅因其符合现代人对健康、审美的需求,为个人所推崇,更因其不断创造而丰富多样,满足了不同"人"的不同"个性化"需求,为社会所倡导。"需求"和"创造"构成了现代体育艺术发展和演变的重要驱动力,正如梁利民指出的那样:"体育需要刺激了创造(体育活动过程),创造满足了需要,同时又刺激了新的需要,新的需要又导致了新的创造……"①体育艺术在"需求"和"创造"中形成,也在此中发展和演化,在体育艺术形成的过程中也彰显着自身的文化价值——"人化"和"化人"。

综上所述,我国现代体育艺术形成是人类现代化进程中文化发展的必然。

① 在文化背景上,体育与艺术双向交融,美学开始向体育渗透,体育成为一种生命创造力与自由的象征符号,与"审美"形成一种同构关系,使得体育的功利性得以淡化,体育从功利走向审美,成为欣赏的对象,体育艺术得以生成。② 在文化归因上,体育的审美价值回归,与现代科技携手,为体育艺术文化飞跃发展提供了必要条件:社会分工解放人的身体,体育走向平民化,体育融入生活;技术进步为艺术提供了创作和传播的手段,艺术作为商品成为了提升经济的重要手段,艺术逐渐规模化;艺术工业化促进了艺术种类和艺术形式的变更;审美渗透到生活各个领域,甚至是身体的审美,成为现代审美文化景观。在"现代性"这个大熔炉中,体育的生活化、艺术的工业化、审美的日常化三者相互联系、相互渗透,在个人需求和社会需求的促使下融合,形成了各种体育艺术文化现象。③ 在文化属性上,体育与艺术是"人"这一主体在对于物的欣赏、创造(构成艺术)和对于人自身的规训和改造(构成体育)的过程中,通过创造、习得、传承等方式,不断发展和完善起来的对于身体与精神的改造活动。体育与艺术都是人类借助"自然"身体加以"理性"创造而产生的,是主体的"人"在"人化"和"化人"的过程中健全肉体、完满灵魂的过程,是人类文化的结晶。体育艺术是人回归"人的自然化",是摆脱"异化劳动"而生成的"对个性的塑造、人性的还原"的生命活动的美学创造,是主体的"人"寻找自我、实现自我、超越自我的生命完满与确证的过程。④ 体育艺术是文化发展的必然,也是体育文化发展的方向。

---

① 梁利民.需要与创造:体育生活化研究的逻辑起点[J].成都体育学院学报,2000(04):5—7.

第四章　文化价值:探讨新时代我国传统体育艺术时代意义

我们是否非要对古代和现代划分一个清楚的界限,我们是否要将西方舶来物与中国本土物进行严格区分呢?我们能否用现代体育艺术的概念去定义古代体育艺术活动或现象呢?

第一节　换位:我国传统体育艺术文化的现代解释性

一、现代语境下的解释性

现代就是当代,从史学角度看,它是"近代"的同义词,可以指西方文艺复兴以来直至 20 世纪上半叶的这段历史。从思想史上看,"现代"源于拉丁文"modo",它的意思是当下、现时,以同过去和将来区分开来……并不指哪个特定的时期。运用现代语境下的"体育艺术文化"去理解我国古代社会存在的现代意义上的体育艺术文化现象,即把文化作为思想意义的"现代"——当下、现时去对待,从这一角度分析我国古代体育艺术的存在、发展和演变,有助于理解和分析体育艺术文化的发生、发展、传承与演进,更好地理清体育艺术文化历史脉络,有助于理解传统的中国艺术元素和西方现代体育项目(艺术体操、健美操、啦啦操)间的艺术融合。因此,我们能够用现代体育艺术的概念去理解古代体育艺术活动或现象,这是文化时间概念下不同语境的转换。

二、古代语境下的解释性

对于古代的探索,多为历史的、考古的方面。古代相对于时间概念上的"现代"来说是过去。在文化研究范式中的新历史主义认为,运用叙事可以分析历史,历史的任务就是分析文化中这些叙事,在这一意义上,当前的文化见解能够塑造我们对过去的理解。从这个角度来看,不论哪个时期所产生出来的一些文化现象、科学研究都是对那一时期特点的解释和表现,现代与古代是相通的,不论如何去梳理,都是对自身时代的探究和解释。因此,古代社会具有现代的解释性。

三、文化视角下的解释性

中国古代体育是随着社会文明的发展而发生的,其发展趋势同其他文化一样,是由粗到精、由单一到多样、由无序到有序的。文化是习得的,在个体文化濡化中潜在地变化着,并在变化这一调适性的基础上传承和演进着。文化的传承性尤其是中华传统文化强有力的不曾断裂的特点造就了我国传统文化的一致性。从历史发展的脉络来看,基于研究,将历史划分为了史前社会、夏商周时期、春秋战国时期之类的历史时期,但是从文化发展的角度来看,从古代到现代,在文化上是一个延续性、传承性、演变性的过程。因此,在文化角度下,古代社会亦具备现代的解释性。

四、审美视角下的解释性

从原始的体育舞蹈现象到西方纷繁众多的体育艺术形式,经历了文化的撞击和融合后,不难发现,中国体育艺术形式里蕴藏着西方体育的影子,如在2008年北京奥运会开幕式中,中国太极拳表演运用了现代化灯光、new age 音乐等西方元素;而西方体育艺术形式也包含着中国元素,如国际健美操比赛中使用中国音乐、民族服装、民族特色舞蹈动作等。因此,不论是西方"舶来物"的体育艺术,还是中国传统文化中存在的"体育艺术",正是基于我国古代已有的体育艺术审美的基础,才能站在现代的角度上去理解所谓的"体育艺术",这是理解为什么我们能够欣赏对古代、现代以及东西方社会中存在的体育艺术现象的最佳例证。

第二节 判断:我国传统体育艺术文化的现代价值探析

用现代的价值观念去判别古代现象的结果是否合理?研究古代文明中的体育艺术文化意味着什么?古代体育艺术如何能对当今一些体育艺术问题和现象产生有利影响?研究古代体育艺术以寻求现代的意义,从文化现代性价值角度出发,将体育艺术的现代价值划分为传统的和现代的两个维度来分析。

一、从传统意义角度分析我国古代体育艺术文化价值

原始体育艺术产生是基于以实用为主的原始状态需求,但在需求的同时,人们也发现并按照美的规律从事活动,所以早先的艺术活动是实用与审美的统一体。伴随着阶级社会的产生与发展,社会分工更加明细,体育艺术文化涌现出多彩多姿的形式和内容,作为一个有生命力的文化现象,中国体育艺术传统在各个历史时期都一直延续

着华夏民族原初的艺术精神,成为维系民族文化立场的主要方式之一。其所蕴藏的文化信息,折射出中华民族所特有的行为特征、心理性格和文化个性。从这个意义上看,我国古代体育艺术的意义在于其民族的、历史的价值。其中,民族价值表现为民族文化个性维系文化特色价值以及民族多样性维系的文化多样性价值两个方面;而历史价值表现为文化在时间上传承的本源性价值和文化在地域上发展的本土性价值两个方面(见表4-1)。

表4-1 我国古代体育艺术的价值体现:传统意义上

体育艺术文化价值体现			
维度	依据	类型	表现形式
传统意义的价值	民族价值	特色性价值	民族文化个性维系文化特色
		多样性价值	民族多样性维系文化多样性
	历史价值	本源性价值	文化在时间上的传承体现
		本土性价值	文化在地域上的发展体现

从传统角度对我国古代体育艺术文化进行价值分析,主要是强调对体育艺术传统的传承,解读其民族特色与规律,不仅仅是对传统文化的认同和回归,更重要的意义在于发掘其内在的精神价值,有利于分析体育艺术文化根源与本质,对于现代体育艺术文化的发展寻求本土化的"根"。溯源求根的结果不仅能使我们理解中华民族文化传承中的精华,而且能使我们更好地理解现代社会中呈现的丰富多彩的体育艺术文化现象,更好地发展和丰富具有中国特色的体育艺术文化。

二、从现代意义角度分析我国古代体育艺术文化价值

关注社会与人的需要是我们进行理论研究的根本,这就是价值的意义。根据价值定义:价值就是客体的存在、属性和变化对于主体人的意义。不难看出,相对于人的主体才存在价值关系,围绕"人"这一主体用现代意义的价值与古代文化的现代解释性去辨别古代一些现象,意在探究体育艺术在文化范畴内的存在与意义,这无疑是合理的。

以价值关系中主客体承担者为参照系,可以将价值维度划分为对于人的价值和对于社会的价值两个方面。从体育对人的价值来看,健身价值、娱乐价值、竞争价值、教育价值及益智价值不可或缺;从艺术角度来看,审美价值、艺术价值、娱乐价值、教育价值及益智价值不可或缺。从社会的价值来看,以操为练的古代军事体育具备其军事价值意义,以礼射、武舞为代表的体育艺术具备政治价值、社交价值、教育价值,以巫舞为代表的体育艺术具备宗教价值。

以价值关系中主体的需要为参照系,可以将价值维度划分为目的性价值、工具性价值、理想性价值三个方面。文化的现代性价值在艺术领域主要体现在其价值理性,文化的规范理性使成员遵守社会的规则和秩序,使人远离野蛮走向文明。在这个秩序建立的过程中,文化必须在个人需要和社会需要之间衡量得失。因此,文化表现出来的目的价值、工具价值、理想价值在一定程度上是对生存价值的理解、创造、体验,是对真、善、美的终极价值的追求。体育艺术文化价值作为文化的分支,具备了文化现代性中的价值理性特征,从三个维度将现代意义的体育艺术价值进行分类,①目的性价值:娱乐价值、健身价值、审美价值、艺术价值;②工具性价值:经济价值、政治价值、军事价值、教育价值、宗教价值、社交价值、益智价值、竞争价值;③理想性价值:目的价值与工具价值在时间和方式上的结合与统一——真善美(见表4-2)。

表4-2 我国古代体育艺术的价值体现:现代意义上

维度	依据	类型	表现形式
现代意义的价值	横向:以价值关系中主客体承担者为参照系	对人的价值	健身价值、娱乐价值、竞争价值、教育价值、审美价值、艺术价值、益智价值
		对社会的价值	经济价值、政治价值、军事价值、教育价值、宗教价值、社交价值
	纵向:以价值关系中主体的需要为参照系	目的性价值	娱乐价值、健身价值、审美价值、艺术价值
		工具性价值	经济价值、政治价值、军事价值、教育价值、宗教价值、社交价值、益智价值、竞争价值
		理想性价值	目的的价值与工具价值在时间和方式上的结合与统一——真善美

在对于我国古代体育艺术文化价值的现代审视中,我们不难发现,古代体育艺术呈现出多样特点:宗教功能、教化功能、军事功能、成功庆典、集体协作、欣赏与审美、娱乐与健身等无不体现出其特色的、多样的、本源的、本土的价值。研究古代文明中的艺术文化价值意味着寻求古代对现代社会的意义。以史明鉴,与古代体育艺术文化相比,受西方强势文化的影响,我国现代的体育艺术文化呈现出同质化趋势,正是对传统意义价值的现代审视,为现代体育艺术创新提供动力和源泉,为现代体育艺术提供中国特色原创源泉,也为现代体育艺术提供多样的、丰富的创新素材,从体育艺术历史根源、体育艺术本质与特色方面为我国当今体育艺术发展提供参考,在我国传统体育艺术文化的现代化发展方面给予借鉴。

综上所述,我们能够得出以下几个观点:

(1) 体育艺术是现代才出现的"定义"或"概念",在历史中,很难找到相对应的"词汇"或"意境",但是历史的发展、文明的历程却告诉我们古时确有我们今天所理解的"体育艺术"活动或者现象。

(2) 古代体育艺术文化具备现代解释性。现代语境中,我们能够用现代体育艺术的概念去理解古代体育艺术活动或现象,这是文化时间概念下不同语境的转换;古代语境中,不论哪个时期所产生出来的一些文化现象、科学研究都是对那一时期特点的解释和表现,现代与古代是相通的,不论如何去梳理,都是对自身时代的探究和解释;文化视角下,从古代到现代,在文化上是一个延续性、传承性、演变性的过程。因此,在文化角度下,古代社会亦具备现代的解释性;在审美视角下,基于我国古代已有的体育艺术审美的基础,才能站在现代的角度上去理解所谓的"体育艺术"。

(3) 我国古代体育艺术的意义在于其民族的、历史的价值。其中,民族价值表现为民族文化个性维系的体育艺术文化的特色价值以及民族多样性维系的文化多样性价值两个方面;而历史价值表现为文化在时间上传承的本源性价值和文化在地域上发展的本土性价值两个方面。

(4) 以价值关系中主客体承担者为参照系,可以将价值维度划分为对于人的价值和对于社会的价值两个方面;以价值关系中主体的需要为参照系,可以将价值维度划分为目的性价值、工具性价值、理想性价值三个方面。

下编　实践部分

文化出路：探寻新时代我国传统体育艺术文化创新

第五章　资源开发:新时代我国传统体育艺术文化资源整合

文化是体育艺术资源开发的源泉,文化包涵范围极广,那么,哪些属于体育艺术文化资源? 文化从人类有意识地改造自然的那一刻起便已存在,达尔文在论述《物种起源》时,为我们构建了一个庞大的生物进化图式,为我们叙述了一个人类演进的过程。同样,文化的演进同人类自身的演进一样,在人类文化中也遵循相同的规律,文化进化论认为,人类知识和技能的掌握不能通过遗传来获得,而是后天习得的,人类正是通过这种后天的社会习得,传递了文化,使人类逐步由"蒙昧"进化到了"文明",文化进化论借鉴了生物物种进化理论,认为文化演进同样是由简单形式向复杂形式渐进发展的进化过程。同时,在文化进化的过程中,还常常伴随着演化,在自然环境中,物种优胜劣汰,往往被动地被自然选择,而人类却能够主动地对环境进行安排,转化为主观能动行为,这种行为演化为人类文化,在人类不断适应自然的过程中,不断创造文化,文化因此也不断演化,构成了文化演化的基础。在这个基础上,文化不断成为"人"的符号,包括微妙情感表达、智力和语言的使用、自我意识和创造,而每一个"人"的交往、交织便不断演化为宗教、科学、艺术、道德、法律、制度等"社会"符号。正如生物学种群的分化与演化一样,个体的基因(情感、智力、语言等)决定了人的成长蓝图和方向,但最终还要取决于环境(宗教、科学、艺术等社会多种因素)的相互作用,这就是文化演化所带来的多样化资源的本因。

因此,如何去开发体育艺术文化资源,无疑需要从演化与进化的角度去追寻相关的文化发展脉络,在这个脉络中,"共时""历时""现时"构成了资源开发的维度。从"共时"来看,文化演进呈现多样化,即演化;从"历时"来看,文化演进呈高级化,即进化;而另外一个维度"世俗化",是从"现时"角度考虑的,强调体育艺术文化能够广泛地为人接受。

第一节　演化:体育艺术文化资源的多样化

俗话说:"物以类聚,人以群分",造成这种现象的是事物的演化和分化,演化最初是生物进化论中的用词,用来描述生物物种因时空改变在形态、行为上与远祖有差异的现象。后来应用在文化中、经济学中形成文化演化、组织演化等理论,强调文化演进中多样性的形成。体育艺术文化资源的多样性同样如此。

一、体育活动演化中的文化资源开发

(一)体育身体活动的文化资源开发——身体活动到身体语言的转换

1. 直立行走到身体活动的转换

体育活动是伴随人类自身演化与进化而产生的。首先,人进化为"直立"行走的人,"直立"改变了人的骨骼、肌肉等生理结构,为人体的基本运动如跑、跳、投等动作提供了生理基础;其次,人通过"劳动"改变了人类身体活动演变的方式,"动物所能做的最多是搜集。而人则从事生产,他制造最广义的生活资料"①。"人自身作为一种自然力与自然物质相对立。为了在对自身生活有用的形式上占有自然物质,人就使他身上的自然力——臂和腿、头和手运动起来。当他通过这种运动作用于他身外的自然并改变自然时,也就同时改变他自身的自然。"②可见,在人的进化过程中,生产活动一方面改变着人体的自然;另一方面也演化出人类多样的身体活动方式,如跑、跳、投、攀爬、游泳(见图5-1)。

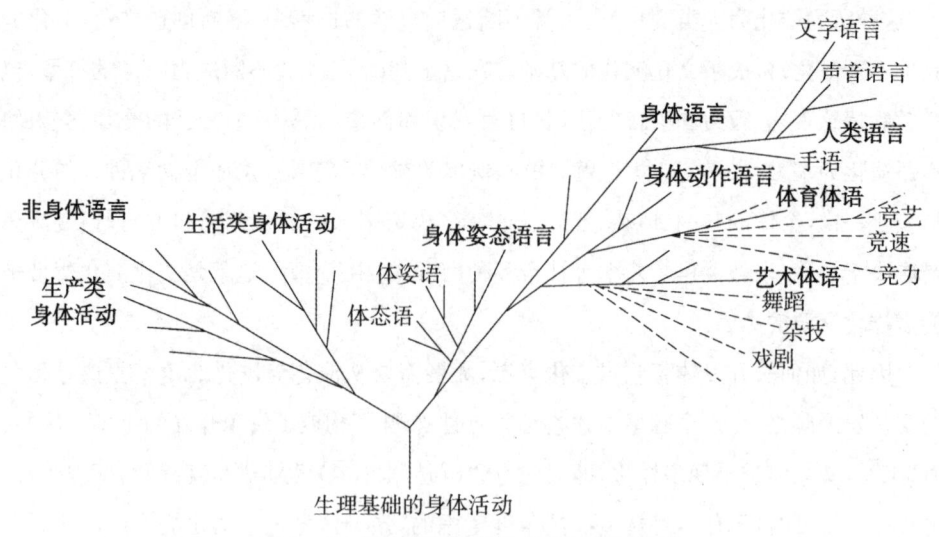

图5-1 身体活动演变为身体语言树状图

2. 身体活动到身体语言的转换

同样,在原始人类采集和狩猎活动的过程中,肢体语言的交流也构成了人类身体

---

① 恩格斯.自然辩证法[M]//中共中央马克思恩格斯列宁斯大林著作编译局.马克思恩格斯选集(第四卷)(第2版).北京:人民出版社,1995:383.
② 马克思.资本论[M]//中共中央马克思恩格斯列宁斯大林著作编译局.马克思恩格斯全集(23卷).北京:人民出版社,1995:202.

活动的另一个重要方面,在"手舞足蹈"的肢体交流中和"呼喊呐喊"的声音互动中,"语言"不断地进化,于是"有节奏地喊"和"有节奏地舞"成了原始艺术的重要起源。可见,身体的活动一方面演化为运动的身体能力——跑、跳、投、攀爬、舞蹈等;而另一面逐步演化为身体表达的语言,这种表达不仅仅是一种相互的交流,而且也是内在的情感表达。交流与表达逐步演变为各种语言形式:姿态的、姿势的、礼仪的、仪式的,并在其基础上逐步演化为体育、艺术、语言等,正如前国际奥委会主席萨马兰奇所指出的,"金钱、战争、艺术、爱情、体育"是人类通用的五大语言。

3. 身体语言到身体文化的转换

可见,体育艺术的语言无疑是借用艺术身体语言表达体育,它源于"身体活动—身体语言"所构建的整个"身体文化"之中,身体活动是体育艺术动作语言的源泉,不仅可以在艺术活动中获得滋养,也可以从生产、生活活动中得以抽象,同样也可以根据人体活动极限方式进行表达,在"身体活动—身体语言"演化的整个身体文化中,为体育艺术创造提供丰富的动作语汇和动作来源。

(二)体育运动项目的文化资源开发——运动项目到艺术表演的转换

语言具有交流性,这表明语言是共性的,语言是社会群体成员共有的符号。在身体活动向身体语言演化的过程中,体育活动作为一个分支同样也是社会认同语言,并在相同或者相似的语言基础上,广泛形成了各种"亲缘远近"不同的运动项目。比如以"手"替代"足"演变为室内项目,即是在"足球"运动的基础上产生了"篮球"运动,以"无身体接触""球的连续性"代替篮球的剧烈对抗运动,产生了"排球"运动;同样,大家所熟知的乒乓球运动项目是"网球"在室内餐桌上的改版。可见,运动项目间(球类、体操类、径赛类等)存在着十分密切的"血脉"关系。

项目的丰富性一方面为体育艺术创作提供广阔的动作语汇,如健美操中的跑跳步可视为田径中"跑"的重构,篮球街舞可视为篮球"运球、投球"动作的重构,健身操中的伸展动作可视为体育课"关节运动"的重构,健美操难度动作可视为体操技巧动作的重构。可见,通过语言"转换"可将众多运动项目转化为体育艺术语言,从而成为体育艺术形式。另一方面,运动项目本身也蕴含着大量的文化成分,以项目文化为依托,通过拆分或者与其他形式进行组合,挖掘它的价值内涵,包括项目特点、发生的故事、显著事件等,从而形成不同的文化作品。如以啦啦队为主题的美国电影、为赞美中国女排而编排的舞蹈等都是体育艺术作品的重要资源。

(三)体育精神展示的文化资源开发——运动竞赛到体育精神的转换

体育竞赛中展示了人类的敢于自我超越、敢于克服困难、敢于坚持拼搏等精神,无疑是体育艺术展示的重要精神资源,对体育精神的挖掘也是体育艺术创意的重要方面。比如体育竞赛崇尚公正、平等、竞争的精神;奥林匹克神圣休战、追求和平友谊的精神;奥林匹克运动"更高、更快、更强"的超越精神;中国女排顽强拼搏、团结协作的精神;邓亚萍克服身体不足,勇敢拼搏蝉联冠军的精神……

体育精神一方面是体育行为的动力,表现在赛场上各种形式的身与心的较量;另一方面作为一种社会规范力量,与政治、经济、文化密切联系,形成一种积极的、健康向上的教化、风范、面貌,推动社会的进步。运用艺术的手段展示体育精神无疑是体育艺术重要的文化资源。

近年来,全国体育艺术展演中呈现了一些以挖掘体育精神为主题的作品,如展示乒乓球运动员成长历程的舞蹈《人生能有几回搏》,展示刘翔跨栏成功喜悦的作品《奋斗》等,已经得到了观众的认可。

二、艺术活动演化中的文化资源开发

艺术活动同样也是在从身体活动到身体语言演化的过程中形成的,属于身体文化的重要部分,艺术的发生同语言的发生一样,是在用"语言"表达"情感"的过程中演化而来的。美学符号学家苏珊·朗格最著名的论断是"艺术是情感的符号",便很好地例证了这一点。艺术通过语言表达"情感",因此,人类有什么样的语言就有什么样形式的艺术,比如口头语言—情感—音乐、诗歌;文字语言—情感—文学、小说、故事。语言是艺术发生的基础,同样,艺术的形成为"语言"建构了不同的形式。体育艺术是艺术和体育的相互渗透,是情感在体育中的表达,艺术构建了体育艺术语言的特征(动作表现),体育艺术无疑也是一种情感的表达,这种情感的表达借由"身体活动"来展示,在现实中,体育艺术的发展正是借鉴了艺术情感的表达而增进了艺术表现力,也正是借鉴了各种艺术的形式(如音乐、色彩、舞蹈)而增进了自身的艺术审美,并不断衍生、演变与进化。因此,艺术活动中许多方面都成了体育艺术文化开发的重要资源。论述艺术活动中的文化资源无疑是需要和必要的。

(一)艺术情感文化资源方面

1. 理解"情感"的含义

"情感"一般来说是心理学的范畴,在情绪心理学中,通常用"情绪"一词表达"情感",这是狭义的"情感"。苏珊·朗格指出"艺术是情感的符号",在其《艺术问题》一书中,她进一步指出"情感"是:"任何可以被感受到的东西——从一般的肌肉觉、疼痛觉、舒适觉、躁动觉和平静觉到那些最复杂的情绪和思想紧张程度,还包括人类意识中那些稳定的情调"①,也就是说,情感是所能感受的一切,是感性知觉,这就是广义的"情感"。简单地说,情感即是人对事物的态度,如"喜、怒、哀、乐";情感是一种调节行为的动力,如积极的与消极的;情感是一种人与人思想交流的手段,如一个默许的眼神。情感构成了人的重要方面,如同人的健康的身体一样,情感是健全的人的重要构成。

2. 认识"情感"演化过程

那么,情感是如何演化的? 在身体活动到身体语言演化中已经论及了人的情感的起源,恩格斯在《劳动在从猿到人的转变过程中的作用》等文章中曾论述了"猿—直立人—手的解放—语言—大脑"这么一个进程,人脑的形成意味着人类的诞生,而人脑是思维和情感的基础,人在劳动中创造,在创造中体会征服和愉快,随着狩猎和采集等集体生活的频繁,在亲缘与血缘的情感基础上逐渐产生了氏族公认的集体情感,在征服自然混沌认知的基础上逐渐产生了宗教情感,并在此基础上产生了身体装饰、岩壁绘画、神话故事、巫祭仪式等更为丰富和细腻的情感。在情感的演化中同样也充满了异化,阶级的出现致使被统治者的情感遭致践踏,宗教禁欲主义对人类情感的扭曲,侵略战争对人类情感的伤害,现代社会中电视广告等媒体不断制造虚假的消费对人类情感的控制,有钱不等于有闲、有闲不等于有尊严,人的失落感、空虚感、不安全感充斥着现代社会。可见,虽然说"艺术是情感的符号",但是并不是所有的情感都是艺术,苏珊·朗格所说的艺术的情感是人类积极的情感,是生命形式的情感,同样,体育艺术所要表达的也是人类社会中积极的情感部分,这一部分构成了体育艺术所要表达的艺术情感资源。

3. 明确体育艺术"情感"的基础

情感是艺术、体育艺术的重要资源,但情感从哪里来? 需要明确体育艺术中"情感"发生的基础。体育艺术如同艺术,是建立在"感性知觉"上的,这种"感性知觉"并不是飘渺无定的,而是建立在一系列生理与心理活动的基础上的,是主体的"人"的情感经验。正如《黄帝内经》有曰:"怒之情基于肝,喜之情基于心,思之情基于脾,忧之情基于肺,恐之情基于肾"②,即认为情感的产生是基于心、肝、脾、肺、肾的,"五情"与"五脏"是一一呼应的。比如在舞蹈中,舞者通过内在的呼吸、生理上心跳节奏变化来表达紧张、欣喜、痛苦等外在情绪。同样,在我们观看舞蹈、体育等节目时,通常也有"手舞足蹈"的内在冲动的外向表达。因此,情感并不是虚无缥缈的东西,而是有着坚实的身心

---

① [美]苏珊·朗格.艺术问题[M].滕守尧,朱疆源,译.北京:中国社会科学出版社,1983:14.
② 孟景春,王新华.黄帝内经素问译释(第3版)[M].上海:上海科学技术出版社,1991:51.

基础。"情感"为艺术、体育艺术作品注入了"灵魂",是体育艺术作品不可少的内容。"美学之父"鲍姆嘉登(Alexander Gottlieb Baumgarten, 1714—1762)将人类心理活动分为"知、情、意"三个方面,"知"对应的是逻辑学,"意"对应的是伦理学,鲍姆嘉登指出还应该建立一门学科来研究"情",这就是美学,美学就是研究"感性"的科学。因此,体育艺术"情感"的内容基础即美的"情感"。

4. 确立体育艺术"情感"的内容

除了"美"的情感,还有与道德活动关联的道德情感,与科学活动关联的理智情感,甚至还包括宗教活动的宗教情感等。那么,美的"情感"为体育艺术作品创作带来了怎样的资源?首先,积极的情感是体育艺术作品传递社会价值的基础。体育艺术通过身体运动或展示生命舞动,或展示身体自我超越,或赞美体育运动精神,它传达的是一种积极向上的情感,这也是体育艺术自身价值的重要体现。其次,"美"的情感增进了体育艺术作品的表现力内涵。情感是体育艺术创作的重要方面,是其艺术表现力发展的原动力,是体育艺术动作表现的源泉。因此,情感表达的程度不同,其作品审美内涵也不同。比如将广场舞中的大众健身运动与"女排精神"的作品相比,在情感表达程度上是完全不同的,一个可能会给我们带来运动的快乐,而另一个则还可以给我们带来精神上的愉悦。"情感"是艺术审美内涵的重要因素。最后,"情感"是沟通创作与欣赏的纽带。仅仅是肢体的多样化变化,可能并不能让我们理解到什么,一个好的体育艺术作品,它肯定不是简单的动作的堆砌,而是一种贯穿式的表达,让我们动之以情。比如我国著名花样滑冰选手申雪和赵宏博,在角逐2003年世锦赛时,运用各种的跳跃、旋转、托举等肢体语言演绎了《图兰朵》的经典故事——鞑靼王子用爱融化了高傲美丽的图兰朵公主,将这个充满纠结但又华丽的爱情故事展现得淋漓尽致,最终赢得了冠军。

(二) 艺术形式文化资源方面

艺术是情感的符号或者说是形式,什么是艺术的形式?从艺术词源来看,"艺术"(Art)出自拉丁语"artem",原意为"技术""技艺",用于指以技能、专业能力而制作的制品、作品,如雕刻艺术品、裁制衣服、建筑房屋,甚至做生意、游说演说等都属于艺术。而今天被称为艺术的如文学、舞蹈、绘画,虽然是以"技艺"为基础,但是已经脱离了"实用"的功用,成为"美"的艺术范畴,使得现代艺术从形式上得以独立。传统上认为艺术有八大形式,即建筑、雕塑、绘画、音乐、文学、戏剧、电影、电视。根据不同分类方式,还可以将艺术分为不同的形式,如表5-1所示。艺术形式同样也为体育创作提供了多样化的资源。

表 5-1 艺术形式、分类及体育艺术归类

分类依据	标准	内容	体育艺术归属
依据艺术形象存在方式	时间艺术	音乐、文学	
	空间艺术	建筑、雕塑、绘画	
	时空艺术	戏剧、影视、舞蹈	√
依据艺术形象审美方式	听觉艺术	音乐	
	视觉艺术	建筑、雕塑、绘画、书法、盆景	
	视听艺术	戏剧、影视	√
依据艺术作品内容特征	表现艺术	音乐、舞蹈、建筑、书法	√
	再现艺术	绘画、雕塑、戏剧、电影	
依据艺术作品物化形式	动态艺术	音乐、舞蹈、戏剧、影视	√
	静态艺术	绘画、书法、雕塑、建筑、工艺美术	
依据艺术作品表现手段	表演艺术	音乐、舞蹈、戏剧	√
	视觉艺术	绘画、雕塑、建筑	
	语言艺术	文学	
	综合艺术	电影、电视、音乐剧、舞剧	√

一是绘画艺术。绘画艺术中的色彩、构图、透视方法为体育艺术创作增添了视觉审美要素,如背景、宣传中的绘画设计;化妆、服饰、道具、器械与环境、背景之间的色彩选配;线条与图案在队形和路线中的使用;构图在集体配合和队形变换中的表达等。

二是雕塑艺术。雕塑艺术中姿态、立体感、造型也是体育艺术创作的重要资源。比如健美操因其动作多样性往往被视为造型艺术,认为健美操是流动的姿态和变幻的造型;健美操因其场地的立体性(与舞台的平面不同)往往强调动作的立体感以及团体配合、路线变化、空间利用等方面的饱满感。

三是音乐艺术。音乐往往被认为是舞蹈(体育艺术)的灵魂,一方面,音乐通过对听觉的补充丰富了体验的形式,表现了动作;另一方面,音乐通过自身节奏、旋律、调式等克服了视觉的模糊性,刻画或者描绘了动作。在音乐的表现和刻画下,使得动作刚劲有力、张弛有序,让人产生视觉联想。

四是舞蹈艺术。体育艺术与舞蹈相通之处在于其动作形式,因此,舞蹈的动作一方面可以直接"嫁接"到体育艺术中来;另一方面,也可以间接地"转基因",用操化的形式转化,舞蹈艺术中的创作方法、表现手法,甚至是舞蹈艺术变换的形式都可以进行类比,如体育舞剧、体育歌舞剧。舞蹈艺术是体育艺术最亲缘的艺术,舞蹈是体育艺术创

作重要资源。

艺术形式能够为体育艺术提供丰富的资源,一方面是因为"舞蹈是艺术之母",原始舞蹈中身体的装饰,对服装、道具的装饰,对脸谱的勾勒等,逐步演化为各种不同类型的艺术形式,这些形式逐渐独立并独自发展,随着科技的支持变得日益丰富多样,反过来为艺术化身体活动——体育艺术提供了资源;另一方面,艺术是情感形式的表达,在这一点上,艺术形式之间有着相通之处,如唐代张旭观公孙大娘舞剑器而感悟书写狂草,而杜甫观公孙大娘舞剑器却抒情而作诗。

因此,艺术形式一方面直接为体育艺术创作提供了"材料"支持,另一方面也能通过间接的审美体验,激发体育艺术创作的情绪,催生体育艺术生产。总的来说,在形式上,是一种基于时空的、视听的、动态的、表现的并集多种艺术形式为一体的综合艺术。艺术的各种形式除了绘画、音乐、舞蹈、雕塑,其他的如文学、戏剧、电影、电视等艺术形式均为体育艺术创作提供了支持和资源。

第二节 进化:体育艺术文化资源的现代化

文化是通过代际传承的,在传承的过程中呈现出不断更新更替的现象即进化,好比人类通过劳动和创造改变了生理构造,从猿进化成为直立行走的人,进化即由低到高、由简单到复杂的这一过程。在生物学中,进化同演化一样强调物种的变化,但进化更强调遗传形状,即基因在世代之间的变化。进化与演化不同,强调由简单到复杂的历时性,在体育艺术文化资源中,影响体育艺术创作的不仅包括与生产过程有关的项目内容的进化和与传播过程有关的传播媒介的进化,还包括与消费过程有关的受众的进化。

一、基于项目进化的资源开发

从身体活动到运动项目,从运动项目到项目的多样形式,体育项目以及艺术活动都遵循这个文化进化规律。对单个项目来说,它的进化可以是线性的,而对众多项目来说则是非线性的,推动进化的推动力,一方面是人类自身演进中需求的变化,如古代射箭术,从狩猎捕鱼的用具演变为军事中打仗的武器,后来又演变为娱乐手段,现在还成为了奥运比赛项目;另一方面是项目自身文化演进的结果,比如在 NBA 篮球竞赛表演中,为了增进比赛的可观赏性,在规则上进行了一些改变:有关区域联防的废止、增加篮板球计分、罚球区距离增大、24 秒攻防转换、三分球规定,等等。

(一) 注重"需求"推动下项目进化的资源

从体育项目的起源与形成来看,体育项目中如田径、体操等,多是直接从生产活动中的跑、跳、投、攀爬等身体活动演变而来的。以体操为例,如图 5-2,体操最初是直立人的基本身体活动,在古代军事、养生、祭祀等需要的基础上演变为各种形式,形成了体操的雏形;到了现代,在军事需要的基础上,在科学技术的支持下,逐步确立了现代体操体系,并有了规范的规则;1896 年成立了体操组织,并在组织的规范下,逐步确立了现代体操项目,同时,演化出了艺术体操、健美操、技巧等其他形式的运动项目,构成了体操项目的系统。

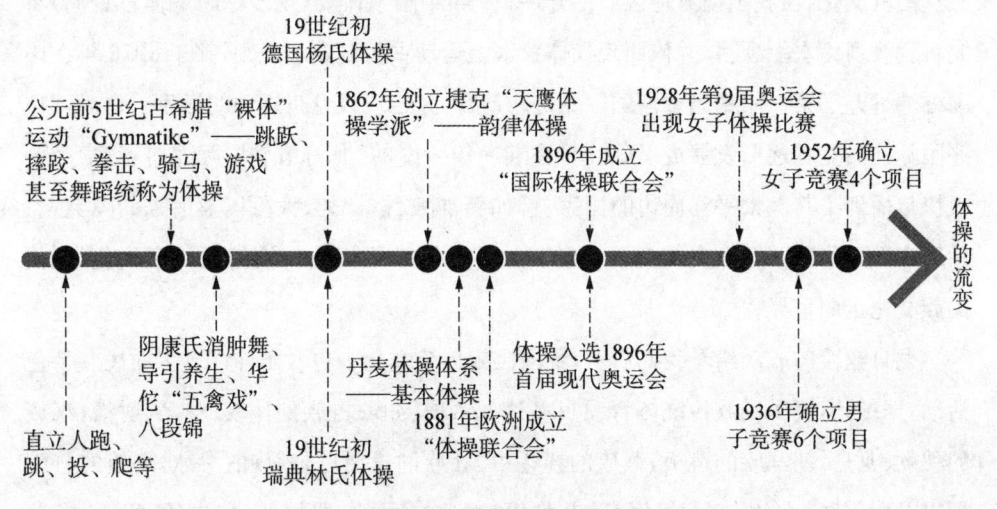

图 5-2 体操运动的流变

同样,随着社会生活质量的提高,在休闲需要和科技支持下,又催生了大量的现代项目:赛车、热气球、冲浪、帆船、汽艇、翼装飞行、定向运动、攀岩运动等,需求推动了项目的形成,尤其是那些时尚型体育运动项目,更加凸显了这种需求的波动。这种需求一方面印证了"受众"认知不断提升促进了进化,从而产生了新的需要;另一方面也推动了"规则"的发展,规则确立了体育项目,同时也引导着新的需求。

(二) 强调"规则"推动下项目进化的资源

体育艺术文化资源开发虽不同于竞赛项目,但主要是以项目为依托的,而项目的进化最重要的根源是"规则"的推动,"规则"一方面推动项目的形成,另一方面推动项目进化,催生更多的精品资源。俗语说"没有规矩,不成方圆",体育艺术资源开发也必须考虑"规则"这一推手的作用(和资源),那么"规则"能够带来哪些借鉴和资源?

第一,依据"规则"而创生的娱乐资源。主要体现在在已有的规则上进行增减变化,通常教学比赛中常常会采用这种形式,灵活地运用规则,达到教学目的。体育艺术资源开发同样如此,利用部分变化的规则,可以开发出多种作品或者项目,如 NBA 明星技巧大赛、明星扣篮大赛等,都是运用部分规则进行娱乐资源的开发。

第二,制定"规则"而创生的项目资源。不论是什么运动项目,在它成形的那一刻必然离不开"规则",这是项目形成的必然,规则一旦完善,运动项目即已确立。在我国民族传统体育项目的现代化中即面临"规则"制定问题,"武术"项目无缘奥运,很大程度上是其"规则"的无法确定性,而跆拳道这股分流则能够占据奥运的位置,不得不令人思考。在传统项目现代化的案例中,龙舟竞渡算是个很好的案例,龙舟竞渡源于"龙"图腾文化,在我国南方地区广泛开展,1984 年国家体委(现改称国家体育总局)将龙舟竞渡列为水上项目,并依照现代体育水上运动项目制定了规则,并于 1976 年在中国香港举办了第一届中国香港国际龙舟邀请赛,宣告现代龙舟运动的诞生。之后,"这些国际性的竞赛逐渐发展成了(中国)香港一年一度的'龙舟节暨国际龙舟竞赛'……很快传播到了其他太平洋周边的国家,譬如新加坡、槟榔屿、大阪以及后来的奥克兰、悉尼和温哥华"①。现代龙舟竞渡一经"规则"的推动不仅使传统的项目现代化,还使民族文化走向世界。

龙舟竞渡的成功给予我们启示,我国民族传统文化中包含了许许多多的民族特色活动,据统计,我国民族传统体育项目多达 977 项,如蒙古族的摔跤、赛马、射箭,汉族的秧歌、龙舟,朝鲜族的跳板,藏族的赛牦牛,壮族的投绣球,满族的滑冰,瑶族的打陀螺以及踢毽子、空竹、舞龙舞狮、跳花鼓等,这些徒手的、器械的、技击的、娱乐的、养生的各种形式的文化资源都能够以创生"规则"的形式对其进行体育艺术方向的开发。

第三,巧用"规则"而创生的资源。近些年来,上海东方卫视的《舞林大赛》、河南卫视《武林风》等电视节目赚足了人们的眼球,这些节目本身有自身优点,更重要的是制作人能够充分利用简单的"淘汰制""打擂"规则,带来强有力的娱乐吸引力。同样,在体育艺术作品开发中,可以借用体育的"亲民"性,巧用规则,拓展更多的资源。

二、基于媒介进化的资源开发

媒介是人体的延伸,媒介无处不在,作为文化形式的体育艺术作品,媒介资源的开发是其成功传递的重要方面。

---

① 胡娟.龙舟竞渡流变历程中的现代发展[D].北京:北京体育大学,2007.

(一) 利用不同媒介形式开发体育艺术文化资源

随着科技进步,媒介在不断进化,媒介形式不断丰富,媒介进化为体育艺术作品开发带来技术革新的力量。印刷术的发明,改变了手抄文字的传播方式,加速了文字传播,促进了报纸、杂志、书籍等传播媒介的兴起;电的发明,电报、电话的出现又大大加速了语言传播的速度和广度;广播丰富了听觉感官,电视与电影增进了视听双重感受,电子媒介的出现促进了流行音乐的兴起,电视剧、电影、新闻、综艺等节目的兴起,改变了人们的生活方式。在媒介的力量下,体育艺术作品开发也应遵循生活方式和传播媒介的变革,积极运用现代科技成果,将"声、光、电"资源运用到创作中去,以增进视听效果,增强审美感受。上述媒介是体育艺术文化资源开发的技术力量资源。

(二) 利用媒介融合渠道开发体育艺术文化资源

媒介的进化以技术为革新力,技术革新将媒体分为三类:一是传统媒体,包括报纸、杂志、广播和电视;二是新媒体,包括数字杂志、数字报纸、数字广播、数字电视、数字电影、网络等;三是自媒体,是用户自己发布所见所闻事件的载体,包括微博、博客、微信、论坛等。技术革新不仅创生出新的媒介,同时,媒介融合成为媒介发展趋势。如以2004年湖南卫视《超级女声》节目为例,《超级女声》充分利用了媒体的渠道,借用电视媒体、互联网、手机短信等媒介互动方式,缔造了娱乐神话,获得了巨大成功。媒介融合是媒介发展的趋势,正是媒介的融合才创造出诸如"NBA全球直播""奥运会全民同欢"的"狂欢景象"。体育艺术文化资源的开发离不开媒介融合渠道的利用和开发。

三、基于受众进化的资源开发

在传播学中,"受众"被视为信息传播的接收者,是被动的接受,"枪弹论""强效果论"等理论是这一观点的例证,认为受众面对媒介是毫无抵御能力的,媒介宣传什么受众就接受什么。然而实践中往往并不如所愿,受众的个性、受众的喜好、受众的教育程度、受众的行为习惯等都影响着传播效果。20世纪60年代后,研究者们纷纷提出受众的"主动性"概念,开始注重"主动"过程中受众的"心理认知"分析,受众从"被动"转而被视为"主动",相关研究成果表明:受众是信息"解读者"——不同爱好、性别、经验等决定了受众的"认知结构",这种"认知结构"影响受众对信息的解读,"一千个读者就有一千个哈姆雷特"表达的就是受众的差异;受众是传播的"参与者"——受众有获取、分析、评价信息的加工能力,同时也具备了传播这种加工信息的能力。这就导致了两个结果:一是受众对信息的"再加工"成为了信息传播的"过滤器",如果要达到传播的效果，必须使信息在受众"认知可接受"的范围；二是受众对信息的"选择、评价"使"认知结构"发生了变化，对信息的处理呈现快速化（已有经验的加工）和质量化（进一步的认知需求），这就要求传播主体遵循受众认知进化规律，开发出更优秀的资源。体育艺术生产中的传播同样应遵循受众规律，一方面创作不同年龄、不同性别、不同地域受众都喜闻乐见的作品或项目，面向大众；另一方面创生精品、品牌项目，满足和引领不同层次受众的需要，二者不可偏废。

第三节　世俗化：体育艺术文化资源的大众化

"世俗化"一词是启蒙运动为批判神学统治而提出的，是指非宗教化，实质是由"神"到"人"的转化，是由"宗教意识"到"现实生活"的转化，因此，世俗化包含两个重要方面。即"人化"和"现实化"或称"生活化"。因此，世俗化的"俗"不是"媚俗"，更不是"低俗"，而是"通俗"。体育艺术文化的"世俗化"即为了"人"（群体的人）的体育艺术活动"生活化"而进行的文化资源开发。

一、从高雅到流行：受众需求的资源转换

在体育艺术创作中，从"高雅"到"通俗"并不意味使其"低俗化"，而是遵循着高雅的格调和通俗的取向，而走向"流行"，形成"喜闻乐见""雅俗共赏"的文化，满足"受众"的需求，引领"受众"的品味。

"高雅"是常被人们奉为经典的优秀文化，而高雅的另一端"通俗"则代表大众、平庸的文化。高雅是艺术探索，是精神追求，代表具备一定鉴赏力和专业知识的少数精英文化；通俗是生活的、表层的，代表普通大众接受、普遍流行的大众媒体文化。但"高雅"和"通俗"是相对的，不是一成不变的，这种相互之间的转换体现的是一种文化的开放和需求的变动。如欧美文化中被视为贵族运动的网球、斯诺克、保龄球，在现代社会需求中走向了大众，现在流行于许多国家。

欧洲的"宫廷舞"同样是个很好的例证。"宫廷舞"是欧洲贵族府邸经常举行的仅供上层人士娱乐的舞会舞，它虽然是"贵族"的舞蹈，但也来自民间，进入宫廷后，它衍生出许多舞步、舞种，后来在法国国王路易十四的支持下建立了皇家舞蹈学院，使得"宫廷舞"得到规范、发展。随着法国大革命的爆发，宫廷舞蹈也随之衰落，宫廷舞转而走向公共社交场所，成为社交舞，正是由于社交舞的广泛流行，使其在民间、民俗文化的滋养下，呈现为不同风格的舞种，为"体育舞蹈"或者国际标准舞的形成奠定了基础。

"通俗—高雅—通俗—高雅……"的发展路线使得"体育舞蹈"在世界范围内发展和传播,受到了广泛的喜爱。

那么,体育艺术如何世俗化,又如何引领受众需求呢?一方面,需要将那些"高雅"的舞台艺术进行融合,形成健身芭蕾舞、健身现代舞等;另一方面,整合那些"通俗"的民间艺术,形成健身傣族舞、健身藏族舞、健身街舞等,以高雅为格调,以通俗为取向,创作喜闻乐见的体育艺术作品。

二、从历史到现代:中国元素的资源重组

从历史到现代,并不是将历史的东西照搬到现代生活之中,而是利用历史资源重新创作,满足现代人的审美。中国传统文化上下五千年,底蕴深厚,文化精神、文化符号、文化风俗都是可挖掘的元素,如中国色调、中国书法、中国水墨、中国功夫、中国戏曲、中国民俗、中国礼仪、中国刺绣、中国瓷器、中国家具、中国丝绸、中国建筑、中国园林、中国服饰等,还有代表中国形象的花卉(梅、兰、竹、菊、牡丹)、宗教(龙图腾、八卦、周易)、手工艺术(中国结、剪纸、流苏),等等,不胜枚举。

体育艺术主导项目都是西方体育文化的舶来物,如艺术体操、体操、体育舞蹈、啦啦操等,而传统的体育艺术形式如武术表演、陕北锣鼓、东北秧歌则站在体育艺术的边缘。虽然在体育艺术创作中中国元素利用已有了进步,如健身秧歌、健身腰鼓的推广,但与美国好莱坞利用中国元素创作《花木兰》《功夫熊猫》并反倾中国市场相比,还相距很远,在好莱坞电影中我们会看到白发长眉的道人、改头换面的孙悟空、虚拟化的中国龙,还有以 3D 打造的《阿凡达》中的中国黄山风景……

中国元素是中国文化的积淀,是中华民族特色的象征,也是多数人已经认同的文化符号,因此,植根于中国元素,创作出具有民族认同感的、时代感的体育艺术作品,是一种迫切的需要。在这方面,舞蹈、武术中也有了个别成功的案例,如 2006 年春晚中以老年人为表演主体的利用中国民间特色符号"皮影戏"而创作的作品《俏夕阳》,赢得了广泛的认可(见图 5-3);以聋哑人为表演主体的利用中国宗教符号"观音"创作的《千手观音》赢得了世界的拥抱;以少林功夫为主打的舞台剧《风中少林》(见图 5-4),赢得了世界的舞台;另外,以中国山水实景为依托的"印象系列"《印象刘三姐》《印象西湖》《印象丽江》《印象云南》(见图 5-5),也获得了巨大的成功。

国外以民族元素进行开发而享誉世界的作品也不胜枚举,如爱尔兰《大河之舞》(见图 5-6),以爱尔兰民间舞为元素,借助爱尔兰音乐基调,融合了踢踏舞的各种流派,如美国黑人踢踏舞、西班牙弗拉明戈舞、百老汇踢踏舞等,讲述了爱尔兰民族迁移、

图 5-3　皮影元素舞蹈《俏夕阳》 　　　　图 5-4　功夫舞剧《风中少林》

图 5-5　山水实景演出印象系列之《印象云南》 　　图 5-6　爱尔兰民族舞《大河之舞》

复兴的历史,合理利用了民族元素,又不失现代气息,渲染了浓郁、奔放的爱尔兰民族情调。

中国元素历史资源丰富,已遭到盗用,其他行业、其他国家在挖掘民族元素上也有成功例子,那么,如何将中国元素进行资源重组,创作出符合时代需要的体育艺术呢?应注重四个方面:一是精神的领会,二是形象的把握,三是历史资料的活用,四是现有民俗的转换。

(一) 注重中国艺术精神的挖掘

中国审美文化受"道、儒、释"三大思想的影响,形成了我国独特的文化美学。因此也有人说,中国的文化即是艺术的文化,包含着"美"的理念。中国文化具有艺术的精神,它体现在中国水墨、书法写意中,体现在太极动与静、虚与实的天人合一中,体现在中国诗词歌赋的意境中。中国悠久的历史孕育了道家风骨、儒家伦常、禅宗修心,构成了中国艺术精神,易中天在其《中国艺术精神的美学构成》一文中指出:"中国艺术精神的美学结构包括舞蹈之生命活力、音乐之情感节律、诗画之意象构成、建筑之理性态度、书法之线条趣味"[1],很好地概括了中国艺术精神的精髓所在。

---

[1] 易中天.中国艺术精神的美学构成[J].厦门大学学报(哲学社会科学版),1998(01):68—73.

现实中有许多现象都能折射出这种"艺术精神",比如在中国传统身体活动中,丢沙包、踢毽子、跳皮筋(见图5-7、5-8、5-9)、斗鸡等游戏强调各种玩法、各种花样,其游戏规则从简单到复杂,从低阶段到高阶段,在充满"竞"的同时又充满"趣"。这与西方的身体活动如跑、跳、投、篮球、排球、足球不同,其强调快、高、准、强,强调身体的直接性,强调在战胜对手和战胜自己中满足需求心理。

图5-7 丢沙包　　　　　　　　　图5-8 踢毽子

图5-9 跳皮筋

体育艺术应注重中国艺术精神方面的资源开发,从舞蹈、音乐、诗画、建筑、书法中的"气""情""意""趣"等着手,创作符合中国人自身审美特征的体育艺术作品。

(二)注重中国文化符号的使用

中国艺术精神的体现必须落实到艺术形象中去,艺术形象中如何体现,自然落脚在"符号"的象征和使用中。体育艺术创作应运用中国元素的文化符号,将其渗透在创作的主题、动作、音乐、服装、道具、情节等中,化为民族特色的形象,展现给观众或参与者。在2008年奥运会赛间的啦啦操运动中,中国元素得到了很好的运用(见图5-10、图5-11、图5-12、图5-13、图5-14):京剧水旗啦啦舞、苗族反排啦啦舞、佤族啦啦舞蹈、红扇啦啦舞、水袖剑器啦啦舞。用代表中国文化特色的符号,展示了中国特色,赢得了世界的掌声。2012年6月,中国参加了第87届黑池世界体育舞蹈节,在摩登集体舞中以一支富有中国文化古韵的《如梦令》而荣获冠军(如图 5-15),在作品中大胆地选择了中国红、中国京剧头饰"翎子",音乐选取以西方爵士摇滚乐,辅以豫剧唱腔,连名字"如梦令"也来自古代诗牌,使得音乐、服装、舞蹈既具有东方古韵,又不失现代感,赢得了世界的认可。

图 5-10　京剧水旗啦啦舞

图 5-11　苗族反排啦啦舞

图 5-12　佤族啦啦舞蹈

图 5-13　红扇啦啦舞

图 5-14　水袖剑器啦啦舞

图 5-15　摩登舞《如梦令》

(三) 注重相关历史资料的挖掘

精神和形象是历史资源的重要方面,那么如何去落实挖掘的过程?首先,离不开历史资料的挖掘,否则仅仅是皮毛的模仿,无法领会精神和形象的实质。其次,中国传统文化在流传中流失了许多宝贵的资源,但这些资源往往有文字记载,通过历史资料的挖掘同样能够用现代手段再现,有利于资源再利用。

比如,唐代诗人李白《赠汪伦》一诗中曾描述道:"李白乘舟将欲行,忽闻岸上踏歌声",经查阅文献得知,踏歌是唐代流行的民间舞,人们踏地为节,边歌边舞,这是人们娱乐和庆祝节日的重要方式。同样,杜甫在《观公孙大娘弟子舞剑器行》中写道:"昔有佳人公孙氏,一舞剑器动四方。观者如山色沮丧,天地为之久低昂",也让我们领会到剑器舞之美妙绝伦。白居易在观看《霓裳羽衣舞》后,赞道:"千歌万舞不可数,就中最爱霓裳舞。"另外,壁画、雕刻等中也记载了一些历史经典,敦煌壁画中"飞天意象"、马王堆中"导引图"等,根据历史资料进行资源再造,再结合体育艺术进行融合的特点,使传统文化中的精髓得以传承和发扬,这无疑是十分有益的。

(四) 注重民俗活动资源的转换

对现有的民俗活动资源的利用,是挖掘历史资源和促进其现代转换的重要手段。一方面,民俗活动有群众基础,简单易行、娱乐性较强;另一方面,民俗活动贴近当地人们的生活,常与节日、宗教、时令结合,载歌载舞,形式多样。如跳绳、踢毽子、扭秧歌、赛龙舟、抢花炮、打莲响等,运用资源转换,直接转换为健身的艺术形式,便捷而易于广泛接受,其中健身秧歌、健身腰鼓的流行就是很好的例证。

总的来说,民族的就是世界的,只有把握了民族的就能赢得世界的,而民族的东西就是传统文化的结晶,但我们不能照搬民族传统的东西,而应遵循规律,充分利用民族资源,推进传统文化现代化,使民族认可的东西,真正融入人们的生活中去,以此为资源,创生优秀的体育艺术作品。

三、从异域到本土:优秀文化的资源重塑

众所周知,中国的传统文化中并没能孕育出"更高、更快、更强"的西式体育,"体育"是"外来"文化,同样,体育艺术中许多项目也是外来文化的"舶来品",但是现代的中国,俨然是"体育大国",无论是竞技体育还是群众体育,都得到了广泛、深度的发展,体育显而易见是异域文化"本土化"的结果。那么,如何从本土化角度开发体育艺术文化资源呢?

(一) 接纳与认可的态度是"本土化"资源重组的基础

"本土化"体现了对"异质"文化认可的态度。文化是群体共有的一种价值观念、生活方式的体现，不同的民族在客观环境、经济条件等方面存在着差异，这种差异决定了对"异质文化"的接纳和吸收需要"本土化"过程，这种接纳和吸收并不是简单地将地域的、民族的文化元素进行移用和挪用，而是强调一种内在的融入和认可，只有这样，才能符合不同文化中主体的"人"的需要，才是真正的"本土化"。体育艺术中健美操的传入和认可就是一个很好的例子，健美操起初只是体操动作与音乐配合用于健身的项目，后来传入不同的地域，形成了不同的风格，融入了拉丁元素，形成了拉丁健身；融入了中国元素，形成了中国风健身，这彰显了文化开放的态度，一种接纳优秀文化资源的态度。

(二) 融合与重组是"本土化"资源重组的方式

"本土化"是对"异质"文化资源进行创新的方式，同时也是一种对本土文化的保护措施。体育艺术作品开发注重"本土化"的目的：一是满足"中国式"需求，在传统文化中人们有着多种健身休闲的方式，有着广泛的群众基础和民族积淀，一经挖掘必然能得到认可，如太极柔力球项目的创生就是很好的例子；二是满足"中国式"体验，本土的文化是民族的生活方式，能够给外来文化使用者提供"独特"的体验，能与外来文化进行很好的互动，保护"本土"文化的多样，并能够与世界接轨，从而迈向"国际化"。

(三) 民族与世界的眼界是"本土化"资源重组的追求

经济的发展，全球化趋势明显，市场的开放性，模糊了地域、文化的边界，"本土化"的缺失必然导致本土文化的外流，也必然会使外界"异质"文化入侵，美国好莱坞电影运用中国元素就给我们敲响了警钟。但是面对"异质"文化的进入，我们不能一味地躲避或保护，而应该顺应优秀文化发展的潮流，同时注重民族文化的挖掘，体现民族特色，只有民族的才是世界的。体育艺术文化资源挖掘同样如此。

因此，对于"异质"的体育艺术，离不开"本土化"过程，那么，优秀文化资源如何通过本土化进行整合？对于体育艺术创作来说，有三点：一是接纳的态度；二是有机的融合；三是放眼世界。

第六章　作品创意：新时代我国传统体育艺术文化创意设计

"创意"一词，较早见于汉代王充的《论衡·超奇》："孔子得史记以作《春秋》，及其立义创意，褒贬赏诛，不复因史记者，眇思自出于胸中也。"①创意即出点子、妙法；国外通常用"ideas"表达"创意"，与此相近的还有"creative""creativity""orginality"，包含创意、创造力、原创力等含义。可见"创意"是思维产生的结果，这种思维的创造一般需要两个方面的资料：一是创作者的知识和智慧生产，另一个是创作者对对象的认知程度。

因此，"创意"作为体育艺术作品生产力要素，既需要体育艺术文化资源，又需要生产者的"创意"生产，方能构成体育艺术作品。而这种创意的实现，不仅仅是一组动作的创编、一个作品的编排，还可以是一个新型项目的创意、一个电视节目的策划，甚至是体育艺术作品推广……"创意"是体育艺术文化生产的核心生产力。

第一节　内在创意：新时代我国传统体育艺术作品创新的内驱力

在体育艺术生产过程中，无论是健身课程的"四个八拍"动作，还是艺术体操表演的"完整套路"，或是结合 SPA 服务的"瑜伽"，或是融入体育竞赛表演的附属品"啦啦操"，在生产的过程中都离不开作品内部的"创意"过程，体育艺术创意的根本是在"内在审美动作"的基础上，通过艺术元素的植入、艺术手段、艺术形式的加工，而形成的包含材料、内涵、结构的作品。因此，内在创意是基于作品的，却不同于作品。简言之，内在创意包含三个方面：一是构成材料——元素；二是构成内涵——情感、精神；三是将它们组织起来的结构——艺术加工。

一、基于"元素"的审美创意设计

（一）动作元素的抽象

1. 动作的元素

动作元素的来源在文化资源中已经叙述，包括三个方面：一是生活中身体语言的

---

① 转引自曹林.创意·策划·操作大型综艺活动[M].南京：东南大学出版社，2012：14.

抽象；二是体育中身体语言的转换；三是舞蹈中身体语言的借用。体育艺术的动作是"内在审美"的动作，是"表现的"动作，动作构成了身体语言，不同动作构成了不同的身体语言，通过动作语言的转换生成"内在审美的""表现的"动作，即构成了体育艺术动作语言元素。

2. 动作的结构

动作结构包括单个动作内部结构，如动作的方向、次序、幅度、力度；还包括动作的外部结构，如单个动作、多个动作、句子、段落构成。动作结构强调动作有机性，在内部表现为动作的力与时间和空间的关系；在外部表现为动作与动作之间的依托、因果、反衬等关系。

"力、空间、时间"是构成动作的维度，力与空间结合幻化为造型，与空间结合形成了流动的造型，并在时间和空间的二维转化中体现着变换的"节奏"，呈现出动态的意象美。而"力"的发生构成了"动"的原点，不同方式的"力"，如扭、转、拧、含、展、曲、直等，则变幻出不同动作的"形"，形成动作的"韵味""风格""意蕴"，构成了"精""气""神"。

而在动作组合上，通常运用重复、对比、变换、复合等动作语言组合方式，将多个、多句、多段动作根据需要进行综合，如运用"重复"可以表达对动作的强调，运用"对比"可以凸显动作的反差，运用"变换"可以展现动作的丰富……动作的结构是动作构成及动作组织的重要概念，不可忽略。

3. 动作的形式

"力"通过"空间、时间"的表达，形成了动作的形式，动作的"形"通常由"节奏"演绎出来，通过节奏而化为"韵味、意蕴、风格"等。节奏是指有规律出现的交替现象，在音乐上表现为音符的长短、强弱的对比，在动作上则表现为动作的张、弛、快、慢、刚、柔等对比。

4. 动作的延展

动作由"力"幻化而成，"力"的延展形成了动作的路线、队形、图形等形式，并通过服装、道具进一步延伸。因此，动作与队形、路线、服装、道具之间的关系不是断裂的关系，而是"力"的延展关系，是有机联系在一起的。

5. 动作抽象的方法

(1) 语法式

在身体语言学中，将表现性动作、叙事性动作、说明性动作视为语言学中的"实词"，将"连接性动作"视为"虚词"，这些词除了内部"词素"，如身体的头、躯干、四肢外，还具有外部的"审美"和"文化",通过反衬、对比、排比、夸张等"语法"构成身体语言表达的"语形",即动作的韵味、风格、意蕴等。因此,不同的用词、不同的语法必然构成不同的作品,如芭蕾舞运用"足尖""下垂的手臂"表达天使般的优美;唐代的《胡旋舞》,以旋转来表达其风格;爱尔兰的《大河之舞》用下肢与足部动作演绎民族风情,每种语言的不同以及使用的不同造就了作品风格的迥异性。

(2) 功能式

在身体生理解剖中,人体的运动是围绕各个关节进行的,关节的生理构成决定了动作呈现的方式,如头部的球窝关节生理特点决定了头部能进行屈、伸、绕、绕环,髋部由脊椎和髋骨联合构成,能完成顶、绕、绕环,四肢较为自由,能完成屈、伸、摆、振、绕、绕环等动作,但是在实际运动中往往是关节的综合运动,由不同的关节、不同的方位、不同的节奏构成。

(3) 随机式

动作并不是特意安排的,而是随机出现的,美国现代舞大师默思·堪宁汉提出用抛硬币的方法来选择运用什么样的动作元素以及用多少节奏完成,随机式动作编排方法受到了后现代舞的喜爱,用其创造出时间、空间自由表达的"纯动作",这一点在竞技健美操的创编中也得到了移用,甚至有人大胆地采用计算机随机程序,运用人体生理运动方式,创编出需要的动作。

(4) 即兴式

通过对主题、内涵、结构的整体构思,运用动作进行即兴表达。即兴就像内心潜能的释放一样,能够自由地运用身体进行表达;也有通过音乐即兴方法进行表达的方式,将身心融入音乐,继而进行想象、激发、表达;另外,还可以通过情景、情绪进行即兴表达。即兴式需要编者具备一定的功底,如丰富的"动作库"、丰富的"想象力"等,才能达到想要的效果。

(二) 音乐符号的运用

动作是体育艺术类作品的核心元素,但是仅有动作表现的是一种"无声电影",音乐用流动的节拍和韵律给舞蹈以灵魂,在节奏上标识了动作并给予其律动,在调式、音色上赋予其风格,在强弱音符上规范其力度和速度,在变奏上划分其结构;在情感上丰富其表现……没有音乐就像没有生命的肢体在狂颤,没有音乐就像没有空气和水分的干草在飘曳。音乐有两个作用,在艺术形式资源中已有叙述,一是丰富了听觉体验,增进艺术感受;二是克服视觉模糊,刻画动作。那么,音乐是如何发挥作用的呢?如何运用音乐符号来创生体育艺术呢?

1. 音乐的选择与动作刻画

节奏上契合。节奏是音乐的生命,通过有节奏的强拍弱拍交替而循环往复形成时间流动的意象即是音乐艺术。同样的,体育艺术中动作的流动也是通过静止和运动的姿态相互交替形成动态意象,二者共有的契合点即"节奏","节奏"上的契合为音乐服务于动作提供了基础。音乐的选择首先要在节奏上与动作契合,这种契合表现在动作可能的幅度、力度上,即"力"在时空上与音乐契合。

速度上契合。在音乐艺术中速度和节奏是密不可分的,悲哀的乐曲往往节奏缓慢,欢乐的乐曲往往节奏较快,如果反其道而行之,其效果将大打折扣。速度造就了音乐的不同性格,音乐速度不仅要服从动作,还得服从人体运动速度的自然规律。太快的音乐不能保证动作按质量完成,太慢的音乐同样也不能刻画"操"类动作的特点。因而,音乐的节奏与速度在很大程度上控制着运动的强度。

结构上契合。音乐中除了节奏,音高是构成音乐的第二个基本要素,音高的高、低、曲、直与节奏的强、弱、长、短共同构成音乐的基本形式,即旋律,旋律在时间的流动中,构成了音乐的句法和结构。因此,音乐旋律的变化决定了动作的起与伏、快与慢、长与短等,也决定了动作在音乐结构中句式、段落上的转换。

风格上契合。音乐不只有单声部的旋律,在现代科技支持下,音乐较为注重多声部旋律的融合。从横向看,这种融合叫"和声";从纵向看,一般把主旋律定为"曲调"。音乐的风格是诸多个性要素的结合方式,一般与地域文化、民族特点、历史时期相关联,我们常见的流行音乐中有爵士风格、乡村风格、摇滚、朋克、R&B(Rhythm & Blues,节奏布鲁斯)等。风格是一种较为稳定或者说固定的东西,因此,在使用音乐时应使音乐、动作甚至服装、化妆、道具在风格上保持一致,以凸显主题。

情绪上的契合。音乐本身是可以表现情绪的,在音乐欣赏上通常把音乐情感作为听者内心情感来体验,动作情感应与音乐情感一致,才能增进艺术表现力,如欢快的音乐可以用各种小跳步形式表达,缓慢的音乐可以用延伸性身体动作表达等。

2. 音乐的使用与动作表达

一方面,音乐作为基本的节奏和旋律从属于作品;另一方面,音乐作为动作的情感表达、结构布局、风格展现而提升作品的感染力,音乐常被视为作品的"灵魂",因此,有人大胆设想运用音乐来创作动作、创作作品。一般来说使用的方式如下。

交响式。交响式是运用交响乐的特征来引领动作创作,交响乐是多种类、多声部乐器共同谱写的乐章,通常乐器包括弦乐、木管、铜管、打击乐、色彩乐五组,而乐章通常包括四个,即第一乐章奏鸣曲式(快板),第二乐章复三部曲或变奏曲(慢板),第三乐章小步舞曲或谐谑曲(中、快板),第四乐章奏鸣曲或回旋曲(快板),而在乐章中还呈现呈示部、展开部、再现部等布局。

动作创编上运用交响乐的形式,尤其是结构,能够促进作品的结构性和完整性,尤其是在大型的表演、演出中,比如奥运会开幕式通常都由不同乐章构成,每个乐章又有各自的主题,每个主题下又有不同形式的表演,运用交响式引领创作,能够形成形式完整、结构鲜明、内涵丰富、思想深刻的作品,有利于创作。

演绎式。演绎式简单地说就是用动作演绎音乐、表达音乐,让动作像音乐一样流淌。在现实中,许多作品的创作都是遵循这一点的,毕竟依据动作去创造音乐需要具有深厚的音乐知识和背景,在许多体育艺术项目中,都采用音乐演绎的形式进行动作创编,一般根据需要剪辑符合节奏、风格、速度、长度等要求的音乐进行组合、复合,并根据需要确定动效、口号等,根据成品的音乐运动动作来演绎、表达主题、情感、内容等。

变化式。变化式简单地说,是在作品的不同时段采用不同风格、结构、速度的音乐,进而运用不同动作进行表达,形成变幻、对比效果强烈的审美,比如在健美操音乐中插入街舞、拉丁等其他风格音乐,进而形成动作风格对比,增强审美。但值得指出的,杂糅许多不同风格的音乐并不是变化式的审美,因此在音乐处理上应遵循渐进原则,统一主题的变化,达到真正的审美。

无视式:在对话式创作中,音乐只是陪衬,与动作同时进行,音乐可为动作表达营造气氛、氛围,如在太极、瑜伽、普拉提中的音乐使用即属此类。

另外,在运用计算机编程将人体运动基本环节和音乐进行合成,形成各种舞蹈的创编上已经有许多有益的尝试,如一些跳舞软件、跳舞电子游戏等。

总的来说,音乐是听觉艺术,在情感刻画上往往比视觉艺术更为强烈,运用听觉的积极性特点,充分挖掘音乐符号的价值,使音乐的"响"与动作的"动"紧密结合,创作出富有艺术性、感染性的优秀作品,提升体育艺术审美价值。

(三) 装饰艺术的使用

装饰艺术从远古时代早期人类对身体的装饰起便已开始,指用艺术进行修饰,在表演中,装饰艺术也称为舞台美术(舞美),包括对人的装饰(服装、化妆)和对物的装饰(道具、背景、灯光)两个方面,装饰艺术的使用是根据规定(比赛项目中)和需要(角色需要、情景需要、叙事需要)而采用,并不是一成不变的,传统意义上的舞美是从属于表演的,如戏剧中的"一桌二椅",但不可忽视的是随着现代科技的发展,以灯光、图片所展示的时空感,大大提升了舞台表演的效果,往往给人以全方位的视听幻想,延伸了舞美的意义。体育艺术是体育与艺术互动的结果,在许多方面借鉴了舞蹈艺术,虽然舞美方面与舞台艺术有区别,如艺术体操比赛中并没有舞台、背景和灯光的渲染成分的舞美,但是随着体育艺术形式上的变化,如体育舞剧的出现,将在更大程度上运用现代舞美技术,因此,装饰艺术同动作和音乐一样是不可忽视的"元素"。

从动作意义出发,装饰艺术能够促进动作的审美。

促进动作在物理空间的延伸。装饰艺术延展了动作表达的物理空间,比如艺术体操运用球、圈、绳、棒、带等各种器械,并在器械的运用中延伸了技术动作,如球操中最开始仅有抛、拍、滚球动作,随着技术发展还出现了"八"字、绕环、抛接等动作,不仅增进了动作技术的运用,还拓展了动作在空间上的运用和延伸。

促进动作在情景空间的象征。装饰艺术在情景空间想象上赋予了象征,包括两个方面:一是角色的象征或者说人的象征;二是物的象征包括时间、空间。如在2008年北京奥运会开幕式《论语》节目中,诵读《论语》,无论是角色还是时间和空间上,都展现了中华深厚文化中对"礼"的尊崇的情景。另外,在艺术中,尤其是戏剧中,从脸谱、服装到手持的"枪""旗""剑""云片"等道具,基本上能判断这个角色性格如何,这部剧的情景如何。装饰艺术在现代科技的支持下,更凸显了其审美效果,尤其是视频技术和LED灯光技术的支持,能够随时随情随景用仿真的图片进行表达,如在2008年北京奥运会开幕式中,运用LED灯光技术营造的"中国画卷";在舞台艺术上运用数字灯光营造的不同自然风光,如海洋、沙漠、森林、竹海,等等。选择不同的装饰艺术能够营造不同的情景。道具材质、重量、色彩和服装的风格、角色、颜色的不同营造了不同的情景,灯光的技术、位置、光源的不同也营造了不同的情景……装饰艺术的使用在很大程度上拓展了表演的时空。

促进动作在情感空间的表达。装饰艺术促进动作在情感空间的表达,这体现在很多方面,简单的如锣鼓和红绸的使用能够表达农民丰收后的喜悦之情,啦啦操中花球的使用能够增进活跃、快乐、胜利的情感。最典型的例子是颜色的使用,从服装到道具以及背景选用,在色彩上对于情感的表达最能打动人心,这是人对色彩的本能反应,如黄色、橘色能表达温暖、温馨的感觉,蓝色能表达平静、安逸的感觉,灰色、黑色能表达悲伤、恐惧的感觉等。

促进动作在锻炼中的科学运用。装饰艺术不仅仅有装饰功能,在许多健身项目中,还具有促进动作科学运用的功能。如踏板在健身操中的使用,是出于对膝部锻炼而使用的,美国有氧教练因膝部受伤而发明了它,流行于1997年。瑞士球在健身操中的使用,是出于恢复运动神经机能的目的。瑞士教练在康复训练中为恢复患者运动平衡、稳定能力而发明了它,盛行于1963年。另外,哑铃操、杠铃操中的小器械,普拉提中的普拉提运动带、圈等都与动作衍生、促进锻炼有关。

促进动作在审美中的风格转换。以道具为例,道具的选择应遵循动作需要和审美需要。然而,同一道具可以衍生出许多不同形式,运用不同形式的道具,能够转换风格,促进体育艺术作品的创作,比如道具中"棍"的使用,可以是长棍,用来创编竹竿舞形式的健身操;可以是短棍,用来展现爵士健身舞的风情;还可以是手持拐棍的小丑健身舞等,如表6-1。

表6-1 道具及其变化举例

道具	变 换 形 式
棍	短棍、长棍、拐棍
伞	纸伞、雨伞、不同颜色的伞
扇	木扇、竹扇、折扇、圆扇、纸扇、铁扇、羽扇
绳	麻绳、跳绳、长绳、短绳、垂吊绳
圈	鲜花圈、呼啦圈、铜质圈、魔术圈
鼓	腰鼓、大鼓、锣鼓
布	纱巾、绸缎、麻料布
面具	戏剧、巫戏、动物面具
帽子	护士帽、学生帽、斗笠

二、基于"内涵"的审美创意表达

体育艺术作品,并不仅限于动作、音乐、装饰的组合,审美的"内涵"也是其创意的重要部分,虽然项目不同,艺术性强度不同,内涵表达上效果不同,但是具有感染力的作品,离不开"内涵"的创意表达。那么,什么是内涵?内涵如何表达?

"内涵"有两层含义:一是指事物的概念与"外延"相对,二是指内在涵养即主体的人内在的气质、精神、个性以情感创作出来的属性总和。体育艺术"内涵"的审美创意指的是后者,即内在情感和精神的表达。在体育艺术资源中已经提到了"情感"与"精神",这是构成体育艺术作品内涵的重要内容,而这些内容如何表达出来?一方面是通过"动作、音乐、装饰"元素表现,另一方面包括作品整体性的表达,二者统一构成了"审美"的内涵。

(一)情感的审美表达

体育艺术中"表现力"的体现即是情感表达的结果,体育艺术情感表达的方式是身体的运动,即通过运动表达审美情感,体现为三个方面:一是通过面部的表情表现。包括以眼传神、以形表情,表情为情感的表达建立了视觉感受的基础,这一点在戏剧表演中较为明显,戏剧中手眼身法步的"五法"中特别强调眼法,要求"情动于中而形于外,以眼传神"。二是通过动作语言的情感抒发。不仅是动作节奏的表达,还有内心感情的外化,如动作与音乐吻合的一种节奏感表达、动作的延伸在时空上蕴味的体现等,这种表达或者体现即构成了"动作表现",也就是说,动作有情感。三是通过动作语言组合表达。除了单个动作,动作的组合以及由动作移动构成的队形、图形也有着情感的元素,比如散点式队形的自由、聚拢式队形的凸显、渐变式队形的韵律,纵向队形的纵深、横向队形的稳重,波浪队形的优雅、三角队形的鼎立、圆形队形的张力等,同样构成了情感的变化和表达。

(二) 精神的审美表达

"精神"是一个抽象的概念,在唯物主义哲学中,"精神"概念与"意识"相同,在文化中,精神文化与"物质文化""制度文化""行为文化"对应,精神有许多形式,如民族精神、人文精神、科学精神、创新精神、批判精神,等等,但不论是何种"精神",它都包含三个方面或三个层次:知识、道德、审美,即真、善、美。

体育艺术创作中的精神审美同样是对"真、善、美"的表达,"真"是本真,是科学的态度,体育艺术作品创作中对于"真"的把握同样如此,即真实、真理,符合客观实际。比如,体育艺术舞蹈作品《中国女排》在歌颂中国女排精神时,应忠实反映女排刻苦、拼搏、不服输的精神,而不是反映中国女排的美丽容貌、修长身材;对于体育艺术健身作品来说,不能夸大它的健身功效(如瑜伽、气功),使其成为宗教的代名词。这就是本真,建立在正确的"认识"基础上,要符合实际。

"善"是善行,是伦理的维度,体育艺术作品创作也应遵循"善"的行为,"善"即是"好"的,指行为的价值性,体育艺术创作之"善"应体现在品质追求上,不能沦为"商业"的催生品。许多学者认为"艺术性"与"商品性"是背离的,但现实中则有成功案例,如迪斯尼所创作的多部动画片、美国百老汇创造的音乐剧奇迹,在赢得商业上成功的同时,也展现了其对品质的追求和对价值、对精神的颂扬。

"美"是审美,是情感的体验,"美"是从"真"走向"善"的过程中的精神体验,是艺术之完美。在体育艺术中,"审美"是其重要因素,离开了审美就离开了"艺术"二字。在创作中,应遵循艺术"审美"的规律、艺术"创新"的本质,符合"美"的精神。比如竞技健美操中体现的是运动员健康的身体美、难度及组合的惊叹美、动作整齐却富有变化的形式美等,离开了"美"的标准,就脱离了美,一个孱弱的身体,没有节奏、没有激情的变换动作,是缺失"审美"内涵的,同样舞台表演仅靠"泪水"的煽情,也不能给观众以"美"的享受,就像中国现代舞舞蹈家金星在《舞林大会》上所说的一样:"我不会管幕后的任何故事,我只看台前的表现。"她厌恶"催泪弹",认为明星不等于艺术家。美不是别的,就是美本身。

三、基于"结构"的审美创意叙述

"结构"对于内涵来说,它体现的是一种"形式","内容决定形式",因此"结构"的构建取决于"内容",不同的作品,内容不同,结构自然不同。但是如果体育艺术作品没有"结构",那么展现的可能就是动作的堆砌,杂而乱;没有"结构",那么作品元素如动作、音乐就无法构成有机的整体,无法表达内涵,因此,"结构"又不仅仅是"形式",它还是"内涵",是一种整体性建构,是搭建内部各要素的有机方式。

从作品的纵向结构来看,对于大多数艺术作品(电影、小说、舞蹈、戏剧)来说,都遵循一定的结构,如四段式"开端—进展—高潮—结束",亚里士多德在其《诗学》中较早对"结构"进行过论述,他指出:"悲剧是对一个完整而具有一定长度的行动的摹仿。所谓'完整',指事之有头,有身,有尾。"①但结构不是简单的分段,对于作品来说,它包括内容的"布局"和内容的"衔接",对于大型作品来说,它可能是动作之间简单的组合,它还可能包括不同作品之间的结构,同样包括"布局"和衔接。

从作品的横向结构来看,艺术作品的结构是有层次的,一般认为艺术作品的结构层次由三个部分构成:一是艺术语言层(如绘画的线条与色彩,音乐的声音与声调,舞蹈的动作与节奏等);二是艺术形象层(情节、情景、内容、表现手法、艺术风格等);三是艺术意蕴层(真、善、美)。在层次上是一种递进的关系,并不是所有的体育艺术作品都具备三个层次,但优秀的作品必然包含三个互为递次的层次关系。

体育艺术作品可能并不能完全概括艺术作品的完整结构,如一堂健身课程,它可能仅停留在艺术语言层面,仅仅是动作的叠加与组合而完成的;但是已包含完整结构的作品必然拥有完整的结构,如奥运会开幕式。那么,如何对体育艺术作品进行"结构"的构建呢?

第一步是"立意",也可称之为拟定"主题"。

一个明确的主题,可以使动作、音乐、装饰等一切构思都围绕中心来创作,围绕主题,才能保证构思的清晰连贯。好的构思往往"首尾贯穿、立意清晰","主题"的明

---

① [古希腊]亚里士多德.诗学[M].罗念生,译.北京:人民出版社,1988:31.

确是确保作品是有机的、整体的、统一的的前提。一般在立意的阶段,要进行的工作包括:作品的目的与思想、作品的主体与对象、作品的风格与意蕴等,确保不偏题、不跑题。

第二步是"布局",也可称之为"解构"。

结构建构的前提是先"分解",这个过程就是布局,对作品的立意、构思、脉络、风格等关键的点和线进行进一步的细化,包括内容段落布局、情感或情节发展布局、节奏与风格布局、动作与构图布局、表演人数布局,等等,鲜明体现主题,精心缜密的思考,才能完成"布局"。在体育艺术作品的布局中,可采取多种方式:根据交响乐的结构进行布局,根据情绪的发展进行布局,根据路线和场图的变化进行布局,根据特殊动作、特色动作进行布局,根据主题与立意进行布局等,尤其在小说中,人物、情节、时空各种要素交织,没有好的布局,很难将它们严谨地组织在一起,如曹雪芹的《红楼梦》,涉及各种人物交织的关系、人物与人物之间发生的交叉事件、在同一时间各种人物的性格和对话等的刻画、百科全书式的知识的展现,没有好的"布局",很难完成巨作。

第三步是"序化",与布局相反,是"连接"的过程。

"序化"的目的是将各元素、各段落、各部分进行秩序化整合。一方面是剪切和修正,另一方面是组织和连接,使作品从点到线,从线到面,且前后吻合、内在一致。序化的过程就是穿针引线形成有机整体的过程。那么相同的材料,可能因为连接方式的不同,结构形式的不同,作品也会不同,这一点在戏剧、电视剧、舞剧等中体现得较为明显。一般来说,连接包括点、线、面三个形式。以"点"的形式连接可以构成一个或多个"高潮"点;以"线"的形式连接可以构成贯穿的"单线结构""双线结构""多线结构";以面的形式连接可以构成不同数量的"板块"结构。一个作品,从不同的角度看,结构也会不同。以下结合案例来说明。

案例一:2009—2012 版竞技健美操技术等级规定动作(女单)结构分析

表 6-2 2009—2012 版竞技健美操技术等级规定动作(女单)

顺序	动作性质	动作内容	路线、难度类别
动作组合一	难度	剪式变身跳转体 180°	C826
	操化	操化 1*8	小弧线

续 表

顺序	动作性质	动作内容	路线、难度类别
	难度	360°躯体分腿跳跃成俯撑	C348
	难度	提臀腾起成文森	A186
	难度	分腿支撑转体720°	B106
	连接	翻身盖腿起	B-A
动作组合二	难度	转体180°科萨克跳再转180°	C465
	连接	侧翻身下	B-A
	难度	直升飞机成文森	A226
	连接	翻身起	A-B
动作组合三	操化	操化3*8	直线
	难度	无支撑依柳辛成垂地劈腿	D217
动作组合四	操化	操化1*8	直线
	连接	翻身盖腿下	B-A
	难度	直角支撑转体720°	B146
	连接	弓步起	A-B
动作组合五	操化	操化2*8	斜线
	难度	单足转体720°接垂地劈腿	D116
动作组合六	操化	操化1*8	直线
	操化	操化2*8	直线
	难度	交换劈腿跃转体180°	C765
	连接	盘身下	B-A

　　从整体结构看(见表6-2),是"操化＋难度＋连接"动作构成的线性结构,但从动作的不同性质来分,则构成"难度动作"线＋"操化动作"线＋"连接动作"线,成为多线结构,从音乐的节奏与音高、动作速度与强度来看,构成"慢＋快＋更快＋慢",形成"开始＋进入＋高潮＋结尾"的段落式"板块"结构。总的来说,在竞技健美操套路中,其结构是线性的,用操化、难度、连接动作,演绎了路线及低、中、高不同空间的运用,展现出动作的难度、多样、流畅之美,给欣赏者以健康、动感的审美感受。

案例二:2008 年北京奥运会开幕式表演仪式结构分析

表6-3 2008年北京奥运会开幕式表演仪式结构

主题:美丽的奥林匹克			
篇章	仪式线	表演线	衔接手法
欢迎仪式	击缶迎宾仪式		焰火
	五环展示		
	国旗入场、升国旗奏国歌		
上篇:灿烂文明		造纸	短片画卷与现场画卷切换
		画卷	
		活字印刷	灯光切换与人物入场
		三千弟子表演《论语》	
		活字印刷演绎"和"	
		戏剧、木偶展示的丝绸之路	
		郑和下西洋	
		司南、昆曲	
		龙柱	
下篇:辉煌时代		钢琴家郎朗演奏	焰火
		《星光》	
		《太极》	水幕
		《地球村》	
		演唱《我和你》	焰火
	运动员入场		
	北京奥组委主席致辞		
	国际奥委会主席致辞		
	中国国家主席宣布开幕		
	奥林匹克会旗入场		
	奏奥运会会歌、升会旗		
	运动员代表宣誓		
	裁判员代表宣誓		
	放飞和平鸽		
	场内火炬传递及点火仪式		焰火结束

奥运会开幕式是多结构模型(见表6-3),在布局上:首先,从点的结构来看,在仪式中呈现了中国古代、现代文化元素——造纸、印刷、戏剧、木偶、太极等;其次,从线的角度来看,两条明显的叙事线贯穿始终:仪式线和表演线。最后,从板块的角度来看,其板块结构较为复杂,宏观层表现在情节发展的时空分割上:古代《灿烂文明》和现代《辉煌时代》;中观层表现为场面转换的节目设计上:《论语》《丝绸之路》《太极》等;微观层表现为语境营造的舞台调度、舞段的设计上;显微层表现为动作语言表达的句法处理上。在连接上:在篇章、节目板块之间的连接上稍显分离,多用灯光、焰火、激光灯技术的处理来完成转换,这一点跟开幕式之盛大、表演人数之多有关联;节目与节目以及节目内部序列较为严谨,比如在《星光》节目中,运用了高科技的灯光服装,结合各种跑、穿梭、舞蹈动作,呈现出宏观的、色彩的、变换的效果。

那么在结构的建构中,除了形式上的结构外,观众或参与者在审美的过程中,还应该有一个审美心理的结构,"形式—心理"结构是对应的,那么什么样的"形式"结构符合我们的"心理"结构呢?我们在策划作品形式上的"结构"时,应遵循哪些原则?

① 整体性原则

整体性原则是指作品在结构上的完整性。这一点不难理解,比如我们在看电视、电影的时候,在节目发展到高潮时突然停电了,这时心理一定不是一种"审美"或"愉快"的感受,说明结构的完整性是必要的。同时,中国人的审美心理多追求"美好的"结局,希望经历苦难后得到完满,而不是西方"悲剧"的一悲到底。在体育艺术作品中同样如此,如在舞剧中刻画中国女排形象时,如果一味地强调女排的训练条件多艰苦、多么困难,她们多么富有刻苦精神,但是遗憾的是没能获得成功,对于观众来说,在审美心理上是有缺憾的;又如在竞技健美操作品中,若从开始到结束都是一种节奏,内容虽然丰富,但没有开场,也没有结束动作,同样会给人造成是否完成的疑惑。整体性原则要求我们在进行结构建构时,一要合理安排,在段、节、章划分上合理明确;二要完整安排入场和退场,形成完整的组织和安排;三要有逻辑、有序地建构,避免造成理解上的困难。

但需要指出的是,完整的结构并不代表结构上的省略,接受美学认为,作品经由读者解读才算真正意义上的完成,否则只是束之高阁的文本,而作品本身即包含这种"省略"或者说"空白",才能够引起读者的想象、解读,这也是为什么不同的人读同一作品而获得不同的感受的原因,这个过程在心理学中,被称为格式塔"完形"。在体育艺术作品中,同样如此,比如用花样滑冰演绎一个相遇的爱情故事,并不是要把所有的细节都搬上舞台,而是有选择地构建,这个建构的过程就是对其"结构"建构的过程,这个过程中自然就留有"空白",以期待观众的"解读"。

因此,结构的完整性原则包含两个方面:一是构成的简化,这种简化是抽象的结果;二是构成的完整,完整是多样的统一。

② 节奏性原则

整体性原则强调"布局",节奏性原则则强调"序化"演进的快与慢、张与弛。节奏也是审美心理的重要方面,一个节奏持续不变的重复,容易产生审美疲劳,而不同节奏的演进往往能带来气氛、情绪、氛围上的变化,从而引起内心的情感变化。在体育艺术创作中,同样应遵循节奏性原则,比如在动作的开始采用节奏稍慢且较为轻快的音乐,体现优美、轻松、欢快;而在动作的高潮则可以采用节奏较清晰、速度较快的音乐,体现技术娴熟和动作多样,形成一种令人赞叹、惊叹的审美。

另外,节奏原则不仅体现在时间安排上,还可以体现在空间使用上,包括路线的移动和场图的勾画,如散点式队形、聚拢式队形、渐变式队形、纵向队形、横向队形、波浪队形、三角队形、圆形队形、字母队形、箭头队形、图形队形等,在变换中凸显节奏,凸显情感,凸显作品整体表达的含蓄、奔放、欢快、优雅的情调,从而达到内心的审美。

③ 有效连接原则

"连接"并不是简单地"叠加",连接的好与坏,同样影响审美效果,"连接"就像语言学中的语法一样,语法的缺失或错误,将致使整个句子不通顺,因此,在连接的方法中,可以采用语法学中的句子、段落、篇章的组合方式,运用重复、对比、排比、首尾呼应等方式和方法进行动作的句、段、篇的连接。

总的来说,"结构"既是形式也是内容,它强调杂而不乱的逻辑统一,它强调层次和有序,更重要的是,它是内涵表达的重要方式,在结构建构中注重立意、布局和序化三个方面,并遵循结构审美的心理因素和原则,才能创作出符合规律的体育艺术作品。

第二节 外在创意:新时代我国传统体育艺术作品创新的外化力

外在创意与内在创意不同,外在创意更强调体育艺术作品的多样性,强调作品外部的衍生、形式的创生、时空的耦合及体系的构建,它是作品多样性的基础。

一、基于"基因"的体育艺术作品谱系

"基因"是生物学用语,是生物体中储存特定遗传信息的基本功能单位,"基因"遗传原理和形式已经在其他学科中得到应用,如在文化学中,用文化基因来表达存

在于民族或集体中的特定遗传信息的文化基本元素；在工业设计中，也有人提出运用"基因"来构建企业产品体系，在这方面以苹果公司尤为突出，ipaid、iphone 家族产品虽然形式和功能不同，但能够让人一眼认出它属于苹果家族。基因研究中较为熟悉的是"孟德尔遗传规律"，包括分离定律和自由组合定律两个方面。其中，分离定律即遗传因子"减数分裂"的规律，成对因子（同源染色体）在遗传中彼此分离并独立遗传给后代；自由组合定律则是指在基因分离的同时，非同源染色体的基因表现为自由组合。因此，抓住"基因"二字，围绕生物遗传规律可以开发出相同、相似、相近的作品，体育艺术的基因是"表现性动作"，那么，围绕"表现性动作"以基因的方法进行谱系建构。

（一）体育艺术动作的基因分析

从身体语言的产生到身体文化的生成，体育活动文化资源中已经论述了动作的产生、运动项目的产生以及体育艺术项目的产生，那么是什么构成了体育艺术这一"表现性动作"的基因呢？从构成看，"表现性动作"由两个有机层次构成，即"生物性的身体运动"和"文化性的语言符号"；从演变看，"表现性动作"经历了"生物性的身体运动—文化性的语言符号"演变过程，如图 6-1。从"直立人的'跑、跳、投、攀爬'"身体动作到"表现性动作"语言符号，经历了西方"体操"到现代体操再到现代健身操的一个交织过程，形成了舞蹈与体操交叉融合的语言，形成了体操谱系，并在这一过程中产生了体育艺术动作的原型"体操"。

（二）体育艺术项目的原型确立

从发生学角度来看（见图 6-1），体育艺术的原型是"体操"，那么什么是"原型"？在荣格心理学中，他指出"进化和遗传不仅为人类的身体描绘出了种种蓝图，而且它们同样也为人类的心灵描绘出了种种蓝图"[①]，这种潜在的意象储藏之地对应于"个人无意识"，被荣格称为"集体无意识"，而集体无意识的内容即"原型"，比如母亲的"原型"不是某一张母亲的照片，而是一种抽象的"集体认同"。因此，"原型"是普遍的、潜在的一种"集体无意识"，好比原始人手舞足蹈，已经孕育了一种"体育+舞蹈"的原始舞蹈集体无意识一样，这种集体无意识在人类文化进化和遗传中逐渐形成了"体操"原型。

当然，原始人"手舞足蹈"的这种集体无意识并不是仅仅演变成了"体操"，还有其他性质的语言，俄国美学家卡冈在其《艺术形态学》中指出舞蹈的四种艺术样式：人体

---

① [美]卡尔文·S·霍尔，[美]沃农·J·诺德拜. 荣格心理学纲要[M]. 张月, 译, 郑州：黄河文艺出版社, 1987：32.

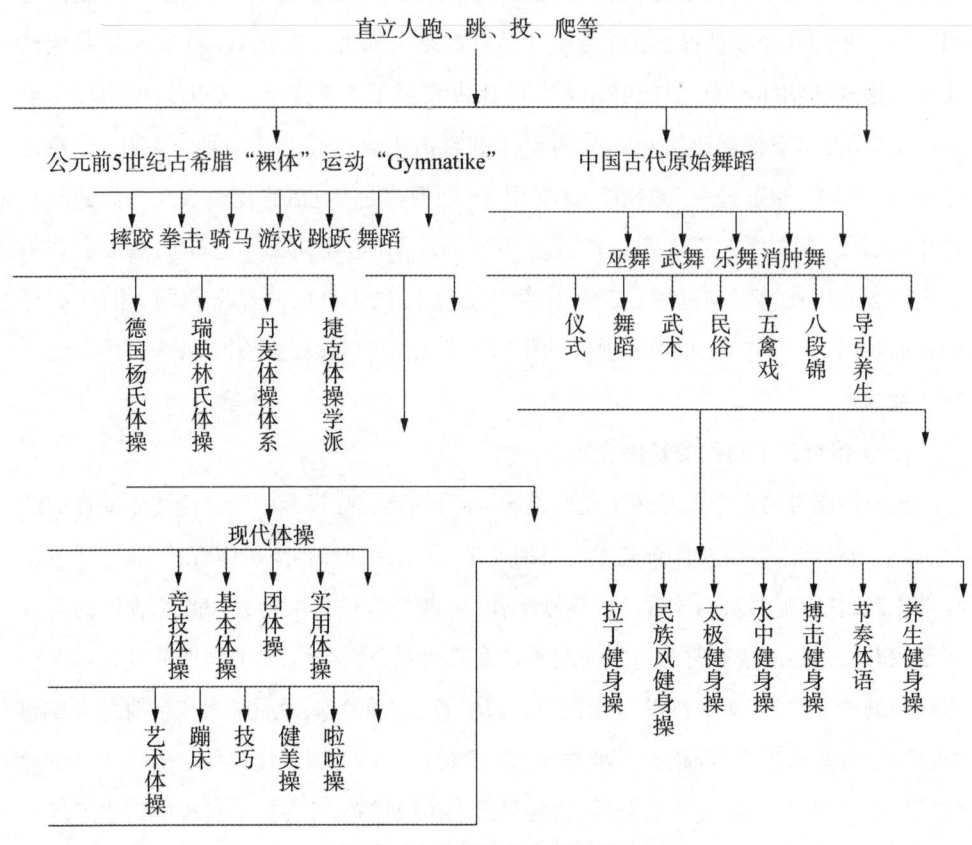

```
                        直立人跑、跳、投、爬等
                                 │
        ┌────────────────────────┼────────────────────────┐
        ▼                                                 ▼
公元前5世纪古希腊"裸体"运动"Gymnatike"              中国古代原始舞蹈
        │                                                 │
   ┌──┬──┬──┬──┬──┐                           ┌──┬──┬──┬──┐
   ▼  ▼  ▼  ▼  ▼  ▼                           ▼  ▼  ▼  ▼
  摔 拳 骑 游 跳 舞                           巫 武 乐 消肿舞
  跤 击 马 戏 跃 蹈                           舞 舞 舞
   │  │  │  │                                │  │  │  │  │
   ▼  ▼  ▼  ▼                                ▼  ▼  ▼  ▼  ▼
  德 瑞 丹 捷                                仪 舞 武 民 五 八 导
  国 典 麦 克                                式 蹈 术 俗 禽 段 引
  杨 林 体 体                                              戏 锦 养
  氏 氏 操 操                                                    生
  体 体 体 学
  操 操 系 派
        │
        ▼
      现代体操
   ┌──┬──┬──┐
   ▼  ▼  ▼  ▼
  竞 基 团 实
  技 本 体 用
  体 体 操 体
  操 操    操
   │
   ▼
  艺 蹦 技 健 啦
  术 床 巧 美 啦
  体       操 操
  操
```

图6-1 体操流变与基因谱系

材料语言给定"情节"的舞蹈；取决于器械、场地等第二种材料使用的体操或冰上芭蕾等"运动舞蹈"；借助训练技术而创作出来的马、狗、熊等"动物的舞蹈"；耍高（耍盘、碟、球等）"物的舞蹈"。①

同样，"原型"也并不仅限于身体动作中，在仪式、神话、语言等中，都存在着这种"集体无意识"的原型。那么找到体育艺术中的"原型"（不是一种）便可以依据"原型"进行"项目"的基因谱系构建，"原型"理论为体育艺术项目开发提供了理论基础。

（三）体育艺术作品的基因谱系

体育艺术作品的基因谱系，在方法上，其实质是就是建立"原型"，并通过"原型"重新进行"自由组合"。因此，运用这个理念，在许多项目的抽象中都可以找到一个"原型"，再运用基因遗传的方法进行构建。

这个原型可以是"动作"，可以是"技术"，可以是"项目"，也可以是"风格"。

---

① ［俄］卡冈.艺术形态学[M].凌继尧，金亚娜，译.上海：学林出版社，2008：342—343.

以"动作"形成的基因谱系,如跳高、跳远,其原型是"跳",根据"跳"这一动作回到"跳高"和"跳远",引出"高"和"远"的维度,根据"跳"进行"原型"转换,即"表现性的跳";同时在"高"和"远"上,形成表现性的纵跳及变换形式的跨跳,如表6-4所示。

表6-4 "跳"动作原型的转换及谱系

基因＼维度	高		远		
跳	跳高		跳远		
	撑杆跳高	背跃式跳高	跳远	三级跳远	立定跳远
表现性的跳	纵跳		跨跳		
	团身跳	屈体分腿跳等	鹿跳		结环跳等

以"技术"形成的基因谱系,将啦啦操、健美操、艺术体操、广播操等相似项目进行"原型"的抽象,即"操化"技术动作,以此为原型,进行基因的自由组合,如表6-5,可以看出,不论是第一代技术上的微变化,第二代风格和元素的植入,还是第三代基因的再次重组,它们都是由"操化技术"动作形成的家族,拥有相同或者相似的"脸谱"。

表6-5 "操化技术"的项目谱系

基因	操化									
第一代	啦啦操			健美操			艺术体操		广播操	
第二代	植入体育元素			植入艺术元素			植入装饰元素			
	太极	拳击	行走	拉丁舞	爵士舞	民族舞	旗	扇	花球	棍
	太极操	搏击操	行进操	拉丁操	爵士操	民族操	旗操	扇操	花球操	棍操
第三代	爵士操									
	爵士棍操　爵士扇操　爵士花球操									
第四代	……									

以"项目"形成的基因谱系,有两种形式:一种是"母子"关系的基因谱系,另一种是"亲缘"关系的基因谱系。"母子"关系是项目与子项目的关系,"亲缘"关系是项目与旁项目的关系,如表6-6。

表6-6　太极项目、武术项目的基因谱系

基因关系维度	项目关系	"项目"的基因谱系				
母子关系谱系	项目	太极拳				
	子项目	太极扇	太极棍	太极剑	太极球	太极拂尘
亲缘关系谱系	项目	武术				
	旁项目	武术套路	武打戏剧	武打影视	武术舞台剧	

以"风格"形成的基因谱系,"风格"是特定时期、时代、流派、民族等因素形成的作品的总体特点,如流派风格:现代舞流派、古典舞流派等;如民族风格:中国民族风格、维吾尔族民族风格等。以民族风格为例,民族风格的构成通常又由那些民族认同的元素符号以及特色舞蹈动作构成,即民族风格(元素)、舞种风格(特色动作),以其侧重点不同,可以据此形成基因谱系,见表6-7。中国民族风格体现的是代表民族的元素,不仅仅是动作,而拉丁风格更多体现的是夸张的"扭髋"动作,并衍生出伦巴、恰恰、桑巴等舞种。

表6-7　中国民族风格、拉丁风格的基因谱系

风格元素	基因	"风格"的基因谱系			
服装、色彩、道具等	民族元素	中国民族元素			
		民族风啦啦操	民族风健身舞	民族风艺术体操	民族风花样滑冰
动作	特色动作	拉丁"扭髋动作"			
		伦巴	恰恰	桑巴	

总的来说,根据相似寻找"基因",建立"原型",在"原型"的基础上,用生物学基因遗传的分离与自由组合定律,进行体育艺术作品的谱系建构,获取理想的家族式的"脸谱"系列作品。

二、基于"功能"的体育艺术作品表达

自人类制造"工具"以来,"作品"便已产生,作品设计的首要目的是满足人类需求,什么是需求?马斯洛提出了经典的"五层次"说,阐述了生理需求、安全需求、社交需求、尊重需求、自我实现需求从低级到高级、从物质到精神的需要过程。可见,人的需求不仅包含物质需求,还包括精神需求。作品应需求而生,作品的功能是实现需求的基础,这就决定了作品的"使用性",也就是马克思所说的"使用价值"。因此,对于作品来说,功能是其存在的依据,功能是"作品的使用价值表现",但"使用"或者"实用"功能

只是作品的重要组成部分。比如体育艺术,它属于文化产品(精神产品),除了具备基本的"健身"功用外,还具备一定的象征功能,如"审美愉悦",包括听觉、视觉、动觉等方面的感受,同时,在物质丰富的消费社会时代,体育艺术作品还被附加了一定的社会象征,如从属的团体和组织、从属的社会地位和阶层等。因此,许多学者在健身动机调查中,往往会得出"生活品质""社会交往""阶层象征"等方面的结论。

那么,什么是功能?对于"功能"的研究渗透在众多学科之中,哲学将"功能"的论述纳入目的论,生物学运用"功能"透视生物形态和结构,医药学将其视为"药物"的效用和作用,语言学视"功能"为交流的手段,管理学将"功能"界定为"起作用的特性",但对"功能"研究较有影响的是社会学中的阐述。美国社会学"结构—功能主义"的代表人物帕森斯(Parsons)提出"结构—功能主义"理论,将"功能"视为社会整体结构的结果。同时指出,社会如同生物有机体一样,由多个子系统构成,每个子系统又具备各自的功能。"结构—功能主义"理论的提出,得到了广泛的认可。一方面,功能主义理论不断完善和发展,出现"新功能主义""目的功能主义"等研究,指出:"'功能'是指结构内部的各种成分与外部情景相互作用所表现出来的特性和职能。"① 另一方面,功能主义理论被应用于其他学科研究,出现了"文化功能主义学派""现代工业设计功能主义风格"等,文化功能主义学派认为"'功能'即是'行动'或'活动',文化功能即是文化以适当行动满足人类需要的活动"②。工业设计,如在建筑设计中,功能主义派强调建筑的"形式遵循功能"。简言之,结构主义认为:"任何物质系统都是结构与功能的统一,结构是基础,结构决定功能。"③

在帕森斯"结构—功能主义"理论的基础上,法国社会学家皮埃尔·布迪厄等提出了著名的"场域"理论,进一步指出社会是由大量相对自主的小社会构成,这些小社会或称小世界,即是"场域",如艺术场域、政治场域、经济场域等。他对"场域"的概念进行了界定:"在各种位置之间存在的客观关系的一个网络(net-work),或一个构型(configuration)。"④

可见,功能是由结构决定的,功能是内部各种关系作用的结果,功能是结构的整体体现,社会的大结构对应整体的社会功能,同时社会包含许多不同的小结构,对应着不同"场域"的小社会的功能。

---

① 尹保云.什么是现代化:概念与范式的探讨[M].北京:人民出版社,2001:96—97.
② 段宝林,祁连休.民间文学词典[Z].石家庄:河北教育出版社,1988:9.
③ [美]罗伯特·K·默顿.社会理论和社会结构[M].唐少杰,齐心,译.南京:译林出版社,2015:195.
④ [法]皮埃尔·布迪厄,[美]华康德.实践与反思——反思社会学导引[M].李猛,李康,译.北京:中央编译出版社,1998:133—134.

那么,体育艺术作品有哪些"功能"? 如何围绕"功能"进行体育艺术作品开发呢?

(一) 基于体育艺术功能的"层次内涵"开发作品

从"功能"的研究阐述中不难发现,功能首先是个"整体性"概念,不论是帕森斯的大社会,还是布迪厄的小"场域","功能"体现的是不同结构中的社会整体功能,功能的整体性还体现在作品设计中,一种作品可以具备多种功能,但多种功能在同一作品中是整体体现的。如衣服具有基本的遮羞功能和象征的时尚功能,但是多种功能都是基于"衣服"载体,无法从功能上对衣服进行割裂。因此,作品的功能是由基本效用到象征效用的整体。

体育艺术作品同样如此,功能是"体育艺术"场域中各种关系的作用,具有内部的层次性,这是由体育艺术各种需求关系决定的,同样遵循由基本效用向象征效用的层次递进。

体育艺术作品的功能,不仅是"健身"需求的体现,而且是在"健身"需求的基础上形成的各种"需求"谱系。"需求"决定了体育艺术作品功能的层次性,如图 6-2,包括核心层、形式层、附加层。

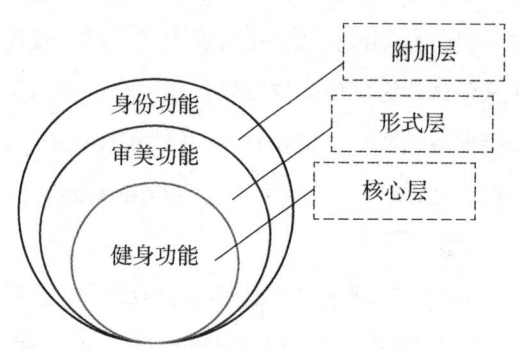

图 6-2 体育艺术产品功能层次内涵

在体育艺术作品开发中,首先应理解层次的内涵:一要围绕核心层的"基本功能"——"健身"进行作品开发,满足生存质量需要;二要围绕形式层"功能象征"——"审美愉悦"进行作品设计,满足情感需要;三要围绕延伸层"社会象征"——"身份、阶层、地位"进行作品设计,满足心理需要。其次应理解层次的次序性:应根据不同对象、不同层次的需求,进行不同层面功能的设计,按需开发。最后应理解层次的统一性:三种功能并不是割裂的关系,而是统一与延续的关系,没有基本功能"健身"的实现,就无法谈及审美功能和身份功能。

(二) 基于体育艺术功能的"表达维度"开发作品

功能的实现是一个"表达"的过程,这种表达体现在两个维度上,一是"目的"维度,即你要用来干什么。在这个维度上,功能体现为客观功用性和主观认识性两个方面,比如锤子的功能即"锤",这是由其客观性决定的,但是锤子还能被创造性地用来"捣""撬"等,这是人们对其主观认识的结果,功能的实现不是由"作品"本身单方面的客观因素决定的,还包括使用者主观使用的目的。二是"手段"的维度,比如锤子的功能需要"锤的动作"这一"手段"来实现,在"动作"手段和"锤"的目的的共同作用下,实现了功能。因此,作品功能的实现是"过程"和"结果"的统一,是"手段"和"目的"的统一。体育艺术作品是依据需求,使用"参与"和"观赏"的"手段",达到"健身""娱乐""竞赛"的"目的",因此,可依据功能表达的维度将体育艺术功能进行划分,如表6-8。

表6-8 体育艺术作品功能维度划分

需求性质		功能目的		
	功能手段	a 健身	b 娱乐	c 竞赛
享受需要	A 参与	Aa 健身参与	Ab 娱乐参与	Ac 竞赛参与
	B 欣赏	Ba 健身欣赏	Bb 娱乐欣赏	Bc 竞赛欣赏
发展需要	C 社会培训	Ca 健身培训	Cb 娱乐培训	Cc 竞赛培训
	D 学校教育	Da 健身课程	Db 娱乐课程	Dc 竞赛课程

通过维度的划分,将功能细分,再根据细化的功能进行作品的开发,以 Aa 健身参与和 Ca 健身培训为例,列举可能开发出的作品。

案例一:Aa 健身参与功能下的体育艺术作品开发

以体育艺术"健身参与"功能为维度,能够形成多样的作品,如各种广场健身舞、孕妇康复操、商业健身俱乐部健身操课、体育艺术健身项目比赛,等等,其中,较为成功和得到广泛认可的是"健康体适能"课程开发,"健康体适能"是美国健康体育娱乐协会于20世纪50年代首先使用的概念,美国总统体能与竞技委员会于1971年定义体适能为:"以旺盛的精力执行每天的事务而没有过度的疲劳;以充足的活力去享受闲暇时间的各种休闲,并能适应各种突发情况。"[1]健康体适能理论经由补充和发展,总结出了"健康体适能"五要素,即肌力、肌耐力、柔软度、身体组成、心肺耐力,并形成了以"五要素"为维度的各种课程,在商业健身俱乐部以及美国大、中、小学中广泛开展,如表6-9所示。根据五要素以及体育艺术自身的资源,包括动作、项目、器材使用等,可开发出

---

[1] 尤培建.中国健康体适能产业发展战略研究[D].南京:南京中医药大学,2009:4.

心肺有氧、燃脂塑形、柔韧放松类作品。

表6-9 Aa 健身参与功能的体育艺术作品开发

健康体适能	类别	内容	体育艺术作品
肌力	塑形类	大强度少次数	大肌群类：杠铃操、NTC 塑身课程、BODY PUMP 肌力训练课程……小肌群类：普拉提、瑞士球、哑铃操……
肌耐力	塑形类	小强度多次数	同上（重量和次数上有别）
心肺耐力	心肺类	有氧、无氧能力	有氧操类：有氧踏板、有氧舞蹈、有氧搏击、有氧拉丁、POP、FOC、武术、瑞士球操……有氧舞类：街舞、肚皮舞、芭蕾、爵士舞、拉丁舞……
柔软度	放松类	柔韧、缓解压力	伸展运动、瑜伽、太极、普拉提、平衡操……
体脂百分比	燃脂塑形类	减体脂、增肌肉	同上

案例二：Ca 健身培训功能的体育艺术作品开发

以"健身培训"功能为维度，同样也能形成多样的作品，与参与不同的是，"培训"更强调"学习"，是一种发展性需要，这一点在青少年儿童身上体现得较为明显，借此社会上盛行各种性质的培训，因此，以"发展需求"健身培训为导向，较为符合"培训"功能，以此开发出不同类型的体育艺术作品，如表6-10所示。以不同人群划分，如对于儿童可以根据身心发展需求设计增进动作发展的、富有趣味的身体动作；对于青少年可以根据身心发育需求：设计增进行为、交往、发育的身体动作；对于青年男女不同职业形象或不同形象需要设计身体姿态、仪表、气质等方面的动作；同样可以针对弱势群体开发功能性身体动作以提高身心生活质量；还可以依据个性需要设计不同类型、不同风格以及不同社会交往需要的动作或项目。

表6-10 Ca 健身培训功能的体育艺术作品开发

人群	需求	培训作品
儿童	身心发育与发展	针对少年儿童开发增进动作发展的、富有趣味的身体动作
青少年	身心发育与发展	针对青少年发育期开发增进行为、交往、发育的身体动作
青年	职业形象	针对青年男女开发不同职业形象或不同形象需要的身体动作
弱势群体	康复保健	针对病痛、残疾等弱势群体开发功能性的身体动作
未定	个性需求	针对不同个性需求开发不同风格、不同类型的身体动作
未定	个性需求	针对个体归属需要开发不同形式的群体、互动类型的身体动作

(三) 基于体育艺术功能的"场域语境"开发作品

对于个人的需求来说,体育艺术功能是经由"目的""手段"的层次性表达。个人需求所形成的整体性,或者说"场域",同样是体育艺术作品功能的体现,在不同的场域,即使是相同的作品,其体现的作用或功能也是完全不同的,这就是为什么体育艺术除了满足个人需求外,还具备教育、仪式、表演等功能的重要原因。

依据体育艺术所涉及的"场域"进行作品开发,可以依据不同类型的"场域"来设计:一是教育场域形成的"身体规训"作品;二是市场场域形成的"职业化""商品化"作品;三是政治场域形成的"礼仪及仪式"作品;四是生活场域形成的"健身娱乐"作品;五是传统文化场域形成的"民俗(体育艺术)表演"作品;六是其他场域如体育旅游场域形成的"体育旅游表演"等(如表6-11)。

表6-11 不同场域体育艺术功能划分

场域	内涵	功能	功能划分列举
教育场域	"身体规训"作品	教育功能	正规课程、课外健身活动、训练队、团体表演
市场场域	"职业化"作品	经济功能	职业比赛、职业表演、职业培训
	"商品化"作品	经济功能	商业健身俱乐部团体课、私教课程
政治场域	"礼仪及仪式"作品	政治功能	大型运动会开幕仪式
生活场域	"健身娱乐"作品	文化服务	广场舞、聚会宴会表演
传统文化场域	"民俗(体育艺术)表演"作品	文化延续	传统节日、传统项目、传统活动
体育旅游场域	"体育旅游表演"作品	文化开发	山地体育表演、滨海体育表演、草原体育表演

在教育场域中,面对的是"身体规训",这种规训包括正规课程、课外健身活动以及有组织的训练队课程。目前,在我国大中小学中广泛开展健美操、啦啦操等体育艺术项目,尤其是14所体育院校和7所综合院校创办了体育艺术系(学院),并开设了"体育艺术表演"类专业,培养人才,并发挥着体育艺术本身所具备的"教育功能"。在市场领域中,面对的是"商品化"以及"职业化"带来的功能,如针对白领阶层创办的各种商业健身会所、健身俱乐部、健身SPA等,以及随着赛事市场化而形成的职业化培训、职业化比赛、职业化资产运作,如独立形式的体育舞蹈比赛(英国黑池舞蹈节、我国体育舞蹈职业联赛),附属形式的啦啦队(美国NBA啦啦联盟、我国职业篮球啦啦队)等。在政治领域中最为突出的是大型运动会的开幕式,包括奥运会以及全运会,这种开幕式不仅仅是仪式,而且是展示国家文化、经济、政治等的平台。生活场域中的体育艺

也十分常见,广场、公园、河流湖畔、城市空地、街道两侧、社区空地等已经形成了富有文化气息的体育艺术集聚地,展现着丰富文化生活的功能。同样,在传统文化节日以及现代体育旅游中也不乏体育艺术的影子,但相比起来,场域的功能还有待于进一步挖掘,根据场域中的各种资源与关系结构,开发适宜的作品,有待进一步探索。

总之,体育艺术的功能是多方面的,一种体育艺术活动可以同时表现多种功能,同时这种体育艺术活动又会在不同的"场域"中表现出不同的功能。这种功能不仅包括基本功用的"健身"功能,还包括在"健身"功用的基础上形成的审美象征、社会象征功能,也正是这种"象征"功能决定了体育艺术使用的多样性,同样,也因为这种"象征"性才引起使用者的注意,正如荷兰符号设计学代表J·W·德鲁克所说的:"作品并非由于其功能性,而是因其可能是某种象征性的载体或符号才被使用者所注意的。在这个识别过程中,'符号'转化为'意义',但是……产品被赋予何种符号,取决于使用者的文化背景,这意味着,同一件作品在不同的文化中会具有不同的意义。"[1]体育艺术有了这种"象征"功能,也决定了体育艺术消费心理、过程、体验等的复杂性。

三、基于"时空"的体育艺术作品耦合

"时间与空间"是一个蕴含多方含义的用语,哲学中探讨"时空"强调对世界的认识,如柏格森的生命哲学用"绵延"来探讨生命时间与空间的本质,马克思的历史唯物主义运用时空的和发展的眼光看待问题;科学中应用"时空"强调物体运动与时空的关系,如牛顿提出的"绝对时间""绝对空间"的概念,爱因斯坦提出的"相对论"的时空观;心理学研究强调时空是认知和感知的结果,即主体的人是在事件、运动中来认知的,肖燕指出"时间具有空间运动性、事件性和绝对性,我们把这些特征整合在一起从而感觉到时间的变化、顺序、方向和间隔"[2]。对空间的感知往往是借助事物的形状、体积等进行的;社会学及文化学中也对"时空"进行了探讨,尤其强调社会、文化发展中的空间性特征,如布迪厄的"场域"理论,福柯的"空间、知识与权利"论述,列斐伏尔的"表征的空间"等;在艺术学中也广泛存在着对于"时空"的探讨和运用,如文学中运用"时空"强调作品的叙事和人物与世界的关系;影像、绘画中用"时空"研究作品的时代、风格与结构;舞蹈、音乐中运用"时空"表达作品的组织、结构和发展,等等。

对于体育艺术作品的"时空"外部创意来说,更强调的是认知中的"时空"和艺术作

---

[1] [荷]J·W·德鲁克,滕晓铂.伦理 VS. 审美:基于功能主义和后现代主义视角的设计批评(2)[J].装饰,2012(02):52—61.

[2] 肖燕.时间的概念化及其语言表征[D].重庆:西南大学,2012:4.

品中的"时空"概念,在时间上强调以"事件"为主体的节日、庆典、节会等,在空间上强调事物、环境在空间上的区分,如舞台、场所、环境等。

(一)体育艺术作品中的"时空"构成

"时空"的介入或者说融入,不是简单地与作品相叠加,"时空"还赋予了作品以符号和意义。比如同样是健身舞,在广场上与健身俱乐部中,其被赋予的符号意义便有所不同,一种是简单、自由的公共资源的享用,一种则是代表时尚、身份的私人商品消费;同样是艺术体操,在比赛场地与舞台上所展示的意义也不同,一种是充分利用场地各空间的立体展示,一种是借助灯光进行的平面舞台表演。也正如杨丽萍的孔雀舞(不是体育艺术),在舞台与在《印象云南》中的表达不同,一个是艺术性的舞台展示,一个是融入了民俗、实景的商业化表达。

因此,时空的不同,其附加价值不同,作品自然也会不同,那么这些"时空"有哪些有待于开发?可供体育艺术作品开发的常见的空间有不同类型的舞台、不同地域的广场、不同场合下的公共场所等,可供体育艺术作品开发的时空的具体形式也有很多,如表6-12所示。根据"时空"的类型和形式的不同,可以策划或创新出不同的体育艺术作品,例如面对许多场馆运营困难局面以及全民健身热潮,可以运用场馆运营通过比赛、节会、节日的结合,设计表演型体育艺术作品,如儿童体育舞蹈话剧、体育舞剧、民俗体育表演等。

表6-12 "时空"类型与形式

	类型	形　式
空间	舞台	流动的舞台(花车、大篷车),水上(广州亚运会开幕式),空中(威压技术),冰上(花滑)等
	广场	公共场所(公园、城市空地、社区广场)和公共资源(河边、湖边、草地、林地)开展健身舞、瑜伽、社交舞、腰鼓、空竹、太极等
	场所	商场(街舞)、剧场(体育舞剧)、场馆(比赛、表演)等
时间	比赛	比赛开幕式、比赛间歇啦啦操、比赛中穿插的表演(如体操和武术)、民族运动会中表演性项目、中国大学生健美操艺术体操锦标赛、全国啦啦操锦标赛、全国健美操联赛、全国体育大会、全国健美操锦标赛、万人大众健美操锻炼标准赛等
	节日	全民健身日,少数民族传统节日(泼水节、火把节、那达慕大会),外来节日(万圣节、圣诞节、感恩节等)
	节会	行业节会(国际健身大会、黑池舞蹈节、IHRSA美国国际健身大会等),传统节会(庙会、灯会),商业节会(龙虾节、啤酒节、荔枝节等),新媒体策划节会(登山节、欢乐节、动漫节、时装节、荷花节、风筝节等)
	庆典	世博会、奥运会、国庆

(二) 体育艺术作品中的"时空"运用

同样,利用"时空"因素进行作品创新也有一些成功的例证,如"印象"系列充分利用了空间的因素,《宋城千古情》则充分利用了时间的因素。在体育中也有运用"时空"创新的例子,如表 6-13 所示。空间利用以瑜伽为例,美国印度瑜伽学院的创办人 Bikarm Choudhury 创立了"热力瑜伽",他提出身处 38℃的高温房间内,加上节奏感较强的动作,可以增加新陈代谢,以排汗排毒。瑜伽于 2000 年开始在世界范围内流行。时间利用以啦啦操为例,啦啦操最初产生于美国橄榄球比赛中,它是为了支持队伍、调动情绪而自发组织的加油呐喊,之后在呐喊、道具、动作等的基础上逐步演变为以翻腾、造型、抛接为技巧的集体运动项目,深受大学生喜爱。

表 6-13 与"时空"结合的体育项目创新

原型	空间环境	缘由	创新
自行车	室内	负荷及环境可模拟	单车
健身操	水中	减少压力增加负荷	水中健身操
瑜伽	高温	提高代谢排出毒素	热力瑜伽
原型	时间环境	缘由	创新
呐喊、道具、动作	比赛	为比赛、球队助威	啦啦操
开幕仪式	比赛	比赛日庆典	开幕式表演

另外,"时空"运用的方式不同,作品创新也会不同,如啦啦操,通常分为场地啦啦操和看台啦啦操,二者在"空间"使用上不同,一个是利用比赛间隙留下来的场地进行与观众互动的表演,是啦啦操与场地结合的结果;另一个是将看台作为啦啦操内容的一部分,运用看台进行表演,是啦啦操与场地融合的结果。现代科技尤其是电视转播技术的大量运用,在空间利用上呈现出"异域互动",促进了不同时间、空间的交叉融合。因此,时空的特性决定了体育艺术作品与其结合的方式,即结合、融合、交叉。

总的来说,"时空"元素的介入,拓展了人们对体育艺术作品创新的认识,"时空"的感知与意义赋予了体育艺术作品不同的含义和附加价值;"时间的一维性、线性和空间的三维性、广延性"赋予了体育艺术作品不同的表达方式。因此,"时空"元素在体育艺术作品的开发中不可缺少,在商业化和个性化突出的今天显得尤为重要。

第三节 创意方法：新时代我国传统体育艺术作品创新的创生力

"创意"一词，在中国较早见于汉代王充《论衡·超奇》："孔子得史记以作《春秋》，及其立义创意，褒贬赏诛，不复因史记者，眇思自出于胸中也。"①将"创意"理解为创造性的新见解。在西方，"创意"通常用"idea""creative"来表达，与"创新"不同，"innovation"强调技术革新或发明，而"创意"更强调思维表达和新的见解。

"创意"或者"创新"与经济的联盟，始于政治经济学家约瑟夫·熊彼特（Joseph Alois Schumpeter），他认为："创新就是建立一种新的生产函数，生产函数即生产要素的一种组合比率，也就是说，将一种从来没有过的生产要素和生产条件的新组合引入生产体系。"②经济学家罗墨（Rohmer）指出："创新会衍生出无穷的新产品、新市场和财富创造的新机会，所以创意才是一国经济成长的原动力。"③正是认识到"创意"对于经济的巨大促进作用，1998年英国创意产业特别工作组在《创意产业专题报告》中首次界定"创意产业"：源自个体的创见、技巧和天赋等智力活动进行知识产权的生产和开发，以创造财富和就业潜力的相关产业。④ 随后，各国纷纷出台"创意产业"发展纲要。

体育艺术无疑是以"创意"为核心的文化作品。因此，运用创意的方法，进行作品开发，是十分贴切的，而创意方法通常也并不固定，依据体育艺术自身的特点，采用组合创意、移植创意、模仿创意、修辞创意等进行具体的分析。

一、组合创意

"组合"是创意中较为经典的方法，正如熊皮特的创新理论指出的那样，是一种生产要素的组合比率，同样，理查德·弗罗里达在其《创意阶层的崛起》中指出："创意是对各种数据、观点和材料进行过滤，产生出新的、有价值的组合。"⑤组合创意简单地说，即多种元素的组合。

因此，抽取组合元素，进行元素叠加，成为组合创意的基本方式。以此为依据，抽取体育艺术元素，并通过二元、三元方式进行组合，如表6-14所示：花式篮球＝篮球＋舞蹈，太极柔力球（表演）＝太极＋舞蹈＋网/羽球，花样游泳＝潜水＋舞蹈＋体操，艺术体操＝体操＋芭蕾舞/现代舞，竞技健美操＝体操＋现代舞，拉丁健身操＝健

---

① 转引自曹琳.创意·策划·操作大型综艺活动[M].南京：东南大学出版社，2012：14.
② 转引自刘建武.熊彼特创新理论对建立我国企业技术创新体系的启示[J].西安邮电学院学报，2001(04)：38—40.
③ 转引自褚劲风.上海创意产业集聚空间组织研究[D].上海：华东师范大学，2008：49.
④ 转引自尹博，冯霞.北京体育文化创意产业研究[J].体育学刊，2010，17(06)：21—24.
⑤ [美]理查德·弗罗里达.创意阶层的崛起[M].司徒爱勤，译.北京：中信出版社，2010：33.

身操＋拉丁舞,普拉提＝瑜伽＋体操＋太极,等等。

表 6-14 "组合"创意下的运动项目创新

组合结果	组合元素（身体活动元素）
花式篮球	篮球＋舞蹈
太极柔力球（表演）	太极＋舞蹈＋网/羽球
花样游泳	潜水＋舞蹈＋体操
艺术体操	体操＋芭蕾舞/现代舞
竞技健美操	体操＋现代舞
拉丁健身操	健身操＋拉丁舞
普拉提	瑜伽＋体操＋太极

另外,组合的元素同样可以挖掘和创新,包括艺术资源中的舞蹈、民族资源中的特色文化、体育本身的运动元素、装饰艺术元素、时空耦合元素以及其他,如规模、表演形式等元素(如表 6-15 所示)。

表 6-15 组合元素及类型

元素	类型	举 例
艺术元素（舞蹈）	不同风格的	拉丁舞、街舞、爵士舞、踢踏舞
	不同民族的	新疆舞、傣族舞、朝鲜族舞、藏族舞
	不同种类的	独舞、双人舞、三人舞、群舞
	不同形式的	舞蹈、舞剧、歌舞、歌舞剧、伴餐歌舞、旅游歌舞
民俗元素	仪式	傩舞仪式、迎宾仪式、祭天仪式、婚嫁仪式
	活动	篝火、踩高跷、竹竿舞、舞龙舞狮、摔跤、抛绣球、腰鼓等
体育元素	体操类	艺术体操、健美操、技巧、体操
	田径类	跑、跳、投
	球类	篮、排、足、网、羽、乒
装饰元素	道具	扇、棍、伞、灯、绸、球、带、圈
	服装	民族服装
	背景	美术背景、实景背景、电子激光背景
时空元素	时间场	节日、庆祝日、庙会、灯会、商会、学会、行会
	空间场	舞台、广场、水上、空中等

通过组合，可以创生大量的体育艺术作品，同时，也并不是所有元素随意组合便可创生体育艺术作品，只有符合体育艺术审美的、身体运动的、融合体育与艺术的元素才能创生体育艺术作品。

二、移植创意

"移植"原意指将植物移到其他地方种植，后来被用在医学中，指器官的移植，即一个器官或组织从此处移到别处，或别处器官或组织移到此处。"移植创意"的含义同样如此，通过对其他元素的移用达到创意的目的。运用"移植创意"首先找到移植的元素和被移植的载体，通过元素在载体上的结合而完成"移植"。以健身操为载体，运用舞蹈、其他运动项目的体育以及道具、场地等为元素进行移植创意，如表6-16所示。不难看出，不论是一种元素还是两三种元素在"健身操"中的移植，都是在"健身操"的载体上完成的，并没有改变"健身操"的性质，不同的是，不同元素的移植，会增添"健身操"的不同特色，但并不是所有元素在"健身操"中的移植都能够达到审美效果或者实践需要，如表6-16中的篮球椅子操，两个道具的融合，在实践中是难以完成的，因此，要根据需要"移植"创意。

表6-16 "健身操"移植创意

原型	移植元素	元素一		元素二		元素三
健身操 A	舞蹈 B	AB 有氧舞蹈	√	AB1C1 拉丁搏击操		……
	拉丁舞 B1	AB1 拉丁健身操	√	AB2C1 街舞搏击操		
	街舞 B2	AB2 街舞健身操	√	AB3C1 民族舞搏击操		
	民族舞 B3	AB3:FOC	√	AB4C1 爵士搏击操		
	爵士舞 B4	AB3:爵士健身操	√	AB2C2 篮球健身街舞		
	……			AB2C3 太极街舞健身操	√	
	体育 C			AC1D1 搏击踏板操		
	拳击 C1	A C1 搏击健身操	√	AC1D2 椅子搏击操	√	
	篮球 C2	A C2 篮球健身操	√	AC1D3 搏击棍子操		
	太极 C3	A C3 太极健身操	√	AC2D2 篮球椅子操		
	……			AC2D3 篮球棍子操		

续 表

原型	移植元素	元素一		元素二		元素三
	道具 D			AC3D3 太极棍子操		
	踏板 D1	A D1 踏板操	√	AB1D1 踏板拉丁操	√	
	椅子 D2	A D2 椅子操	√	AB2D1 踏板街舞健身操	√	
	棍子 D3	A D3 棍子操	√	AB3D1 踏板民族健身操	√	
	……			AB4D1 踏板爵士健身操	√	
				AB2D2 街舞椅子健身操	√	
				AB2D3 街舞棍子健身操	√	
				AB3D3 民族舞棍子操	√	
				AB4D3 爵士舞棍子操	√	
				……	√	
	场地 E					
	……					

三、模仿创意

"模仿创意"简单地说,即照着样子做,含有照搬、照抄的意思,模仿看起来很简单,但却是人类学习和进步的重要方式,人类在成长过程中,最初的技能如走路、吃饭、穿衣都是通过模仿而习得的,人类科技的进步如飞机制造、防弹衣制作、潜水艇的发明等也都是通过模仿动物而成功的。同样,"模仿创意"也适用于作品开发,从模仿角度来说,其创意又可以分为形式上的模仿、结构上的模仿、功能性模仿等。

(一)形式上的模仿

形式上的模仿,强调外形相似,比如仿真花、动漫玩具等的设计,强调外形上的逼真、形同和相似。在体育艺术作品中,同样可依据此原理,进行形式上的模仿创意,以健身操和啦啦操在形式上的模仿为例(如表 6-17 所示),可以看出,健身操在其形式上同样可供啦啦操借鉴,而且是完全形同的借鉴。

表 6-17　啦啦操在形式上对健美操的模仿

类别	形　　式	
	健身操	啦啦操
徒手类	拉丁健身操	拉丁啦啦操
	街舞健身操	街舞啦啦操
	爵士健身操	爵士啦啦操
持轻器械类	花球健身操	花球啦啦操
	水旗健身操	水旗啦啦操
	腰鼓健身操	腰鼓啦啦操

另外,"形式"还分许多种,比如依据舞蹈形式的独舞、双人舞、三人舞、群舞,竞技健美操可以根据此形式,形成单人、双人、三人、多人的比赛项目设置;同样,依据舞蹈中的舞蹈、舞剧、歌舞、歌舞剧的形式,健美操或体育舞蹈等可以形成体育艺术舞蹈、体育艺术舞剧、体育艺术歌舞剧等形式。

(二) 结构上的模仿

结构上的模仿强调各部分构成的形同和相似,艺术作品中通常都强调结构,体育艺术作品中同样可通过结构上的模仿,构成自身产品的创新,如表 6-18。

在表 6-18 中我们不难发现,在体育艺术作品中,通常同舞蹈作品一样,强调其戏剧式的结构,从"开始—发展—高潮—结局"的递进结构,通常也称为三段式结构;在晚会和比赛相对应的结构对比中,也能发现相似的规律,即采用点线结构,类似糖葫芦的形式,通过一条线将不同的点串联在一起;在舞剧与运动会开幕式中也能看到对篇章式结构的模仿,类似一篇文学作品一样,从词、句构成段,从段构成篇章,从而构成整体的主题。另外,结构上的模仿,还体现在电视节目作品中,比如《舞林争霸》通过"点、线、块"构成整个节目,每支舞蹈构成的点和评委点评的线再加上晋级为段落的块,贯穿在节目始终。同样,体育艺术电视作品也可以通过结构上的模仿而形成不同的作品。因此,可以说,结构不同,作品不同,结构的模仿同样也是一种创意。

表 6-18　体育艺术中在结构上对艺术的模仿

结构	特征	原型	模仿	
三段式结构	开始—高潮—结局	舞蹈作品	竞技健美操	健身课程
		开始—高潮—结局	开始—高潮—结局	"准备—基本—结束"部分

结构	特征	原型	模仿
点线结构	线+点+线+点	晚会	比赛
		主持线+节目点+主持线+节目点……	展示+评分+展示+评分……
		舞剧	开幕式
篇章式结构	句—段+句—段+……=篇章	舞剧—舞段+舞剧—舞段+……=主题	节目—篇章+节目—篇章+……=主题

（三）功能性模仿

什么是功能？在之前已经有所论述，体育艺术作品的功能同样也有多种，但在"健身"这一基本功能上，体育艺术同其他运动项目也有着类似的借鉴和模仿，尤其是杠铃操、哑铃操在功能上对自由器械训练的模仿，如表6-19所示。

表6-19 体育艺术类运动在功能上的模仿创意

功能	其他类运动	体育艺术类运动
塑形	自由器械力量训练、固定器械力量训练	大肌群类:杠铃操、NTC塑身课程、BODY PUMP肌力训练课程……小肌群类:普拉提、瑞士球、哑铃操……
燃脂	慢跑、游泳	有氧操类:有氧踏板、有氧舞蹈、有氧搏击、有氧拉丁、POP、FOC、武术、瑞士球操……有氧舞类:街舞、肚皮舞、芭蕾、爵士舞、拉丁舞……
放松	SPA、度假、旅游	伸展运动、瑜伽、太极、普拉提、平衡操……

从表6-19中可以看出，健身功能主要是运用"健康体适能"原理进行的在塑形、燃脂、柔软度方面的身体练习，在塑形方面主要使用的是自由器械和固定器械的力量练习，而体育艺术通过结合音乐和动感节奏，使用自由小器械同样也达到了塑形的功能，甚至更有趣、更容易接受；在燃脂方面，通常慢跑和游泳是较常见的选择，在体育艺术运动中则有大量的选择，各种有氧操、有氧舞蹈，更凸显了个性和时尚。不难看出，功能上的模仿同样是作品创新的重要方式。

另外，根据功能模仿创意，我们还可以运用现代计算机技术，通过计算机程序建模，开发跳舞毯、跳舞机、游戏机等功能性作品，使体育艺术爱好者足不出户，同样能够通过科技达到健身、比赛、娱乐等的需求。

四、修辞创意

"修辞"通常是文学中常用的方法,即通过修饰、调整语句以转换表达语言的方式和方法。在文学中,常用的修辞方法有许多,如比喻、拟人、对比、夸张、排比、反问、顶真……作品开发中运用修辞创意多强调其形式、结构、特点上的创意,以常见的修辞方法为手法,对体育艺术作品进行例举,见表6-20。

从表6-20中,可以看到如排舞的舞句串联、健身套路的左右对偶、兔子舞等拟人的动作表现,修辞方法的使用使体育艺术形成了不同的项目、不同的特征,不仅丰富了体育艺术的表达,同时也使得体育艺术项目更具吸引力。

表6-20 修辞创意手法中的体育艺术作品例证

修辞手法	含义	体育艺术作品创意
反衬	利用相反、相异的形象衬托主要形象的修辞方法。	太极操等,阴和阳反衬,并糅合在一招一式中。
排比	运用意义相近、结构相同或相似、语气一致的语句进行成串排列的修辞方法。	排舞项目,通过舞句的成串排列,形成了整体排比。
对偶	用结构相同、字数相等、意义对称的一对短语、句子表达意义的修辞方法。	健身组合、健身套路中左与右的动作对偶。
夸张	为了增强表达效果,着意夸大或缩小的修辞方法。	节奏体育项目,通过拍打身体夸张地表达身体运动的节奏。
拟人	借助想象,把事物人格化的修辞方法。	兔子舞、小鸡舞等健身小组合、小套路。
反复	通过不断重复以强调意义、感情的一种修辞方法。	

另外,在创意方法中,还存在许多其他的方法,如头脑风暴法、希望点列举法等,但不论是什么样的创意方法,其核心就是"创意",有好的"点子",正如美国学者约翰·霍金斯在《创意经济》中所指出的那样:"创意就是催生某种新事物的能力,它表示一人或多人的创意或发明的产生,这种创意或发明必须是个人的、原创的、具有深远意义的和有用的。换句话说,创意就是才能和智慧。"[1]

---

[1] 转引自吴廷玉.文化创意策划学[M].大连:大连理工大学出版社,2010:56.

第七章　媒介转换：新时代我国传统体育艺术文化媒介再创

从生产到消费，媒介在其中扮演重要角色，尤其是体育艺术这类文化服务作品，传播是必经途径。而传播中必然少不了"媒介"的介入，从人类交流开始，这种传播的媒介就已经存在，如结绳记事、烽火传递中的绳、火即是媒介，随着语言的产生、文字的形成和现代科技的支持以及电视、广播等的进步，媒介及媒介传播符号、形式、渠道都发生了质的飞跃，出现了诸如传统媒体、多媒体、新媒体、自媒体等的新概念。基于媒介进行传播，是体育艺术创作和市场运作中不可缺少的环节。

第一节　基于媒介的文化再创

一、媒介为体育艺术文化创意提供技术支持

媒介成为作品创作的重要手段或者重要内容，是现代科技支持和媒介进化的结果，尤其是以"声、光、电"为代表的现代媒介为体育艺术创作提供了丰富的资源：一是增强音响效果、视觉效果，增进人体感官的冲击力，增强审美感受；二是克服传统道具、背景的缺陷，延展了表演的空间、时间，拓展了展现的内容。例如在 2008 年北京奥运会开幕式上，用电子烟火来传递"大脚印"的历史足迹，表现中国古代四大发明之———火药；用计算机运算方式编排文字表演，展现中国古代四大发明之——活字印刷术；用 LED 数字灯光技术展现中国历史的"画卷"；并在展示丝绸之路时，运用了灯光变换，展示了不同的场景……现代科技成就的视听媒介——"声、光、电"，将中国古代文明——呈现，将北京奥运会开幕式演绎得十分精彩。

可见，媒介已成为体育艺术创作的重要组成部分，增强了体育艺术的视觉、听觉效果，增进了体育艺术作品的审美要素。

二、媒介为体育艺术文化传播提供渠道支持

媒介现代化的同时，媒体的发展也十分迅速，从传统的报纸、书刊到广播、电视，再到公众网络和手机自媒体，媒介、媒体成为现代人生活中必不可少的物品。同时，"声音""图像""文字"等也成为现代人认识世界的重要渠道，媒体心理学指出今天人们对

世界的感知很大程度上取决于媒体将这个世界呈现为什么样子,可见,媒介不仅仅影响了传播的方式和渠道,还影响了人们的认知。也正是媒介的传播,才推动了流行音乐的兴起,才推动了时尚健身运动的产生,媒介在推动体育艺术作品传播的过程中起到了两个方面的作用。

一方面,媒体技术尤其是摄影技术,能够在拍摄中运用多维视角、特写镜头等捕捉现场表演所看不到的视角、细节、变化等,在媒介传递过程中多运用语言符号、视觉符号、听觉符号整合音乐、语言、图形、图片、动画、影像形式,增强观众的视听享受,以电视媒介为例,它能够吸引广泛的电视观众,为体育艺术作品传递拓展渠道,如啦啦操大赛的播出、体育舞蹈大赛的播出等。

另一方面,随着媒体的进化和技术手段的更新,媒体相互交互、兼容的作用逐渐增强,尤其是互联网的出现,将文字、声音、图片符号统统融合在媒介传递中,呈现出"媒体融合"的趋势,使得媒介传播渠道更加丰富、更加饱满,同时,以媒介为载体的内容资源、网络资源、受众资源等,为体育艺术创作提供渠道支持。

三、媒介为体育艺术文化二度包装提供平台

媒体的进化以及共享,使得越来越多的作品需要媒介立体的包装。随着媒体的发展,越来越多的媒体涉足文化作品包装与设计,一般来说,媒介的二度创作,一是提供更优秀的、更喜闻乐见的精英、大众文化作品;二则是推举人才、推选新秀的造"星"娱乐作品。如电视舞蹈大赛、电视啦啦操大赛、电视街舞大赛,通常都运用媒介吸引更多的观众和爱好者,提供优秀的参赛作品,推选人们喜爱的舞蹈等节目,满足人们的精神文化需求;而另一类如国内版上海卫视《舞林争霸》以及美国版《舞林争霸》节目,作品超出了舞蹈作品本身,包含了专家点评、选手自白、观众投票、选手复活等环节,形成了风靡全球的"舞蹈选手"推选模式。体育艺术作品同样可以借鉴成功经验,充分利用媒介资源开发人们喜闻乐见的作品。

第二节 基于媒介的资产开发

一、媒介为体育艺术文化营销提供广告渠道

基于媒介的平台,是一个资产投入和资产产出的过程,在这个过程中,体育艺术作品的开发,是一种转化。在媒介的作用下,首先资金的再度投入,即通过媒介广告的作用,向公众公开传递社会责任、作品信息、品牌形象等信息,运用媒介实现作品展示、作

品推介、作品品牌建立，以实现体育艺术作品销售渠道。

二、媒介为体育艺术文化资产运营提供平台

基于媒介的平台是资金的回收过程，媒介一方面为体育艺术作品提供营销渠道，通过市场化的包装和运作，使赛事获得相当的社会知名度，吸引媒体和市场的关注，带动门票收入，形成巨大的市场价值；另一方面，精彩的表演或者比赛能够引起更多人的关注，也使其自身成为媒介的事件，成为其他商品的宣传平台，从而实现其无形资产的开发：商业赞助、特许作品、电视转播等，实现收益。

三、媒介为体育艺术文化产业链生产提供支持

通过媒介可实现作品的产业链效益的最大化，此方面较为成功的案例是出版业《哈利波特》产业链运作。从《哈利波特》小说的出版和成功售卖开始，随后出版了同名系列儿童小说，随着商业化成功，小说被拍摄成一系列同名电影，并获得了轰动性的成功。但是《哈利波特》的成功并未止于此，电影成功之后，VCD/DVD等衍生物品同样得到开发和成功，可见，从小说到电影，从电影到衍生品的售卖，运用媒介而获得成功的《哈利波特》可谓是创造了一条完整的产业链，实现了利益的最大化。以此为鉴，体育艺术产品同样可以通过核心产业（比赛、表演）的运作，带动相关产业（服装、培训、餐饮）的发展，并通过媒介的运作，形成产业链，实现产业链生产。

第八章 体验创新:新时代我国传统体育艺术文化体验设计

如同其他任何一个文化作品一样,体育艺术创造也需要经历生产(创意)、传播(媒介)和接受(体验)的过程,这个接受过程是一种"审美"的体验过程。体育艺术是以表现性动作为语言,运用对比、夸张、排比等身体语言的语法,组织成句、段、篇、章等形式的艺术化运动。它的本质在于身体、运动、审美。因此,体育艺术的体验,是"审美"的过程,是通过身体、运动而进行的"参与性审美体验"。同时,一旦这种审美性达到"令人感叹折服"的时候,它亦可以演变为纯粹的欣赏而成为"表演艺术",成为"观赏性审美体验"。因此,对体育艺术作品的审美活动就包含了"参与"和"观赏"两种形式。那么,如何针对受众来设计体育艺术"参与"与"观赏"的审美体验,无疑是体育艺术文化生产的又一重要环节。

第一节 新时代我国传统体育艺术文化审美体验实质

一、审美的实质

什么是审美?黑格尔指出:"审美带有令人解放的性质"[①],审美不是简单的客观反映,而是主观活动积极参与的精神创造活动,在创造活动过程中,心灵获得自由,情感得到解放。因此,审美又称为审美活动,它是人们"发现、选择、感受、体验、判断、评价美和创造美的实践活动和心理活动"[②]。

二、体验的实质

什么是体验?体验概念最早是由"经历"一词演变而来,一方面强调直接性,即先于解释、想象而直接经历与体会;另一方面强调通过体验获得,即直接留存下的结果,而不是其他。因此,体验往往被认为是一种生命活动的过程,是人的内在主观能动意识与外在现实客体融合统一的过程。审美体验即审美直觉体验,这种直觉体验在艺术创作、艺术欣赏中占有重要地位,保罗·德曼认为:"美学的真正主题就是体验,是一种

---

① [德]黑格尔.美学(第一卷)[M].朱光潜,译.北京:商务印书馆,1996:147.
② 季水河.美学理论纲要[M].长沙:湖南人民出版社.2010:96.

过程。"①因此,美即体验。

三、作品体验的实质

在现代社会,体验不仅成为审美的重要方式,而且已经成为经济物品的重要形式,如表 8-1 所示。迪斯尼公园、文化性旅游、健身俱乐部等售卖的不仅仅是服务,更多的是一种体验过程,体育艺术作品的特征决定了其作品供给的体验方式,因此体验不仅是体育艺术作品接受与审美的重要方式,也是体育艺术作品的提供和消费的主要形式。

表 8-1 从作品到体验(经济形态区分)

经济提供物	产品	商品	服务	体验
经济	农业	工业	服务	体验
经济功能	采掘提炼	制造	传递	舞台展示
提供物的性质	可替换的	有形的	无形的	难忘的
关键属性	自然的	标准化的	定制的	个性化的
供给方法	大批存储	生产后库存	按需求传递	在一段时期后披露
卖方	贸易商	制造商	提供者	展示者
买方	市场	用户	客户	客人
需求要素	特点	特色	利益	突出感受

注:来源《体验经济》,B·约瑟夫·派恩,詹姆斯·H·吉尔摩著,毕崇毅,译. 机械工业出版社,2002 年 5 月。

第二节　新时代我国传统体育艺术文化审美体验过程

审美活动过程即在感觉的基础上通过想象或者联想而形成美感的过程,因此,在此过程中审美感知、审美想象、审美情感、审美理解是审美活动过程的重要因素。

首先,审美感知是进入审美活动的门户,许多美学家、艺术学家都强调审美需要"一双发现美的眼睛""一对有音乐感的耳朵",也就是说,"感官"是审美感知发生的基础。相反,"对牛弹琴"说明即使再动听的音乐也无法产生审美共鸣。可见,眼和耳是人类艺术审美感知活动的两大重要感官,如音乐及诗歌的节奏和旋律、绘画及建筑的色彩和线条、舞蹈及体育的运动及速度等,多是靠视觉和听觉来完成的,柏拉图早在其

---

① [美]林赛·沃斯特. 美学权威主义批判[M]. 昂智慧,译. 北京:北京大学出版社,2000:223。

《文艺对话集》中就指出:"美只起于听觉和视觉所产生的那种快感。"①但审美感知并不局限于视觉和听觉,还包括触觉、动觉、味觉、嗅觉等感知,如沁人心脾的茶香给人带来的味觉、嗅觉的享受,适宜的温度、湿度给人带来舒适的触觉感受,审美感知即是在人的眼、耳、鼻、舌、身五大感官相互联系、相互作用的基础上形成的整体的审美感受。

其次是审美想象,感知是审美的基础,而想象则是审美感知转化为艺术形象的关键,从艺术创作的角度来看,一切艺术形式和作品都是人类想象的结晶,因此,想象往往被视为艺术的本质。从艺术欣赏的角度来看,想象是艺术形象在审美心理机制中呈现的关键,通过想象,可将审美现实转换为审美理想,可沟通过去和现在,可连接有限与无限,想象是审美发生的桥梁。

再次是审美情感,审美情感是产生美感或意蕴的重要因素,审美情感的发生主要是"移情",如果说感知的结果是悦耳、悦目的话,那么情感则是赏心和怡神,换句话说,审美情感表现为审美主体对审美客体是否符合自己心理的一种态度或体验,是产生"愉快"和"不愉快"判断的重要因素。

最后是审美理解,审美理解简言之是"心领神会",即在审美情感的基础上产生的对于审美对象的直觉性把握,"人有两种理解能力,这两种能力,笛卡尔称之为直觉和演绎,心理学家阿恩海姆称之为直觉和理智"②。因此,审美理解是一种非逻辑认识,是对审美对象的直觉性认识的结果。

第三节 新时代我国传统体育艺术文化审美体验机制

一、体育艺术作品参与体验的机制

体育艺术是身体审美的运动,在参与过程中,"动作"是其发生的基础,皮亚杰在《发生认识论原理》中指出:"人的认识既不是起源于视觉,也不是起源于听觉,而是起源于动觉和动作,因为动觉和动作是主体和客体唯一的一个连接点,新生儿最早只能通过动作和动觉来认识世界。"③因此,"动觉"正如人的视觉、听觉等其他感官一样,是人进行认识和审美的重要感官之一,也就是说,"运动"参与审美体验首先来自于"动觉"的感知。"动觉"是人体本体感觉的重要内容,本体觉包括动觉、平衡觉和内脏感觉,分布在身体的各肌肉、关节、肌腱中,是感受身体各部分运动、身体空间位置、肌肉

---

① [古希腊]柏拉图. 文艺对话集[M]. 朱光潜,译. 北京:人民文学出版社,1988:200.
② 叶朗. 现代美学体系[M]. 北京:北京大学出版社,1999:293.
③ 转引自平心. 舞蹈心理学[M]. 北京:高等教育出版社,2004:13.

紧张程度的重要感官,动觉不仅是完成各种复杂运动技能的基础,而且在各种感觉(视觉、听觉、触觉等)的相互协调中起着重要作用。

那么,"动觉"如何形成愉悦感、美感?

首先,"内啡肽效应"内分泌学说认为,运动能够促进人体释放名为"β-内啡肽"的一种脑化学物质,"β-内啡肽"能够改善人的中枢神经系统调节能力,提高对人的应激能力,缓解精神紧张,增加对有害刺激的忍受力,使人产生身心强壮、身心愉悦的感觉。

其次,"运动与情绪"调节认为,通过舞蹈类动作,配合呼吸,动员人的听觉、动觉等全部感觉器官,以身心投入的方式动员生命机能,发泄情绪、驱散郁闷,从而缓解不良情绪,获得身心愉悦。

最后,"节奏与美感"共鸣机制认为,人体生命活动中存在自身的"节奏",如心跳、呼吸,在节奏性运动和音乐中,这种"动感"节奏的特质强化了或者说刺激了人体内在的节奏,音乐节奏、动作节奏与内在节奏形成了一致,产生了"共鸣",从而刺激了人的情绪,释放了人的激情,感染了人的内心,获得了身心愉悦和美感。

总之,虽然动觉产生美感的机制还未统一,但能够肯定的是,动作与心理之间存在着一种紧密联系的关系,正如法国音乐理论家、教育家弗朗西斯·德尔萨特在建立"德尔萨特表情体系"时指出的那样:"人体的外在动作与人的内心与精神方面具有紧密的、表里一致的关系性;人的任何内心活动都是与其身体的某种外形运动或某种动作欲望相关的。"[①]人的动作外在表现与人的内心活动相互关联。

二、体育艺术作品观赏体验的机制

观赏体验,简单地理解即观看,那么视觉感知在审美中无疑占据主导地位,通过"视觉"如何感知这种"动作"所带来的意象审美呢? 审美机制上虽然并没有统一的认识,但是从研究角度来看,比较认同的有接受美学、格式塔心理、移情说、内模仿说等。

(一) 接受美学

20世纪60—70年代,德国学者汉斯·罗伯特·姚斯提出"接受美学"理论,强调"读者为中心",认为"在作者、作品与读者的三角关系中,读者绝不仅仅是被动的部分……因为只有通过读者的传递过程,作品才进入一种连续性变化的经验视野之中"[②]。从这一点出发,接受美学提出了三个论点:一是"审美经验";二是"期待视野";三是"空白召唤"。

---

① 资华筠,刘青弋. 舞蹈美育原理与教程[M]. 上海:上海音乐出版社,2008:27.
② [德]H·R·姚斯,[美]R·C·霍拉勃. 接受美学与接受理论[M]. 周宁,金元浦,译. 沈阳:辽宁人民出版社,1987:24.

第一,"审美经验"指读者对作品的接受存在"前理解",即读者的审美情趣、审美经验、文化素养、领悟能力等,即一种审美感知的经验,没有这种经验,那么再美的音乐也不能引起听者的共鸣,再美的绘画也不能吸引观者的注意,审美经验决定了读者对作品的理解。

第二,"期待视野"指的是在接受过程中,作品通过唤起读者的经验或记忆,在"审美经验"的基础上,唤起读者对作品的期待,这种期待会在接受的过程中随作品形式或规律而发生变化、保持、转移或者消失,当这种期待与过去的经验合二为一时,那么"审美"是乏味的,当这种期待发生在既定范围时,则形成"审美距离",产生审美。

第三,"空白召唤"认为作品对读者来说是一个多层开放的图式结构,它留有"空白"。未经阅读的作品只是束之高阁的文本而已,文本只有经过读者"情感"的投入和"经验"的解释,才能构成意义。

(二) 格式塔心理学说

格式塔心理学说同样指出,当作品被献给观众时,必然会给观众的接受造成审美张力的对峙,要求观众调动自己的经验、情感和思想去联想、补充,以消解这些张力走向完形。格式塔心理学说中具有代表性的关键词是"异质同构",又称"同形同构",是指"审美对象的客观形态与审美主体的主观情感,尽管其质料有所不同,但是,二者之间的形式结构却有一致的地方。所以,在审美感知时,就容易达到外在对象与内在情感的主客契合,物我同一"[①]。这一点与接受美学中"空白召唤"有着相通之处。

(三) 移情说

"移情"就是"在不知不觉中把我自己的人格和感情投射到(或转移到)对象当中与对象融为一体"[②]。移情就是将人的主观感情转移到物上去,使物生命化,具有人的感情,从而体会审美,简单地说,就是感情的外射。

(四) 内模仿说

有学者认为"内模仿说"是"移情说"的分支,"移情"强调将审美主体的情感通过移情转移到审美对象上去,而"内模仿"说正好相反。"内模仿说"认为,审美对象的姿态及运动是通过内模仿传递给审美主体的,比如,看见别人笑自己也想发笑,看见别人跳舞自己也想手舞足蹈,这就是内模仿机制发挥作用的原因。

(五) 心理距离说

"心理距离说"是英国心理学家爱德华·布罗提出的心理学美学理论。心理距离

---

① 季水河.美学理论纲要[M].长沙:湖南人民出版社,2010:101.
② 滕守尧.审美心理描述[M].成都:四川人民出版社,1998:66.

是指"艺术形象即意象与具象或原型之间的心理距离,亦指审美理想与客观现实之间的距离,是记忆表象与想象表象即意象之间的距离,也就是'艺术高于生活'的距离"[①]。

第四节 新时代我国传统体育艺术文化审美体验设计

在审美体验过程和机制中,不难发现,体育艺术作品接受是"审美体验"的过程,这一过程包含感觉、心理、思维、情感等一系列多样化、统一的精神活动,这一系列活动,并不是同时发生的,而是层次递进的。南北朝时期,宋炳将审美体验分为"应目""会心""畅神"三个层次;美学家李泽厚同样也提出"悦耳悦目""悦心悦意""悦志悦神"三个层次,简单地说,即感官愉悦、情感愉悦、精神愉悦。[②] 因此,体育艺术作品审美体验同样遵循三个层次,在作品体验中同样需要从"感知""情感""精神"三个方面来设计。

一、基于"感知"的审美体验设计

感知包括感觉和知觉,心理学中的"感觉"是指通过感觉器官产生的对事物个别属性的认识,比如通过眼睛感觉到苹果是红色的,"知觉"则反映对事物的整体属性的认识,如通过视觉、味觉等感知到整体的苹果。"感知"是我们审美的基础。美学之父鲍姆嘉登在论述美学时,将"美学"视为"感性认识的科学",他在定义"美学"时指出:"美学作为自由艺术的理论、低级认识论、美的思维的艺术和与理性类似的思维的艺术是感性认识的科学。"[③]感知是"审美"的前提。根据不同的角度,可将"感知"分为:视知觉、听知觉;空间知觉、时间知觉、运动知觉等。"感知"对于体育艺术创作和体验来说十分重要。

(一)"视觉"感知的审美体验设计

视知觉对应的是"观看",通过一个人的眼睛来确定某一事物在某一特定位置上的最初级的认识活动,即"观看"。通过进行大量的科学实验,阿恩海姆指出:视觉不仅仅是一种观看活动,它更是一个理性思维的过程。从心理学角度来看,视觉审美是通过视觉对事物整体的印象比例与尺度、对比与均衡产生的感觉、情感、思维上的判断和变化,从而产生审美。

从视觉上来看,体育艺术的审美感知主要在于"动作"及动作变化而产生的"动态

---

① 平心.舞蹈心理学[M].北京:高等教育出版社,2004:28.
② 季水河.美学理论纲要[M].长沙:湖南人民出版社,2010:133.
③ [德]鲍姆加滕.美学[M].简明,王旭晓,译.北京:文化艺术出版社,1987:18.

意象"美,同时,还包括色彩、构图产生的视觉美。因此在体验设计中,应依据体育艺术作品表达的主题、内容、形式来确定。

流动的动态美体验与设计。"动作"的"动"在视觉上构成审美,首先是视觉上的流畅。通常形容动作的流畅会用"流水般"来表达,意在表现动作的连接有序、熟练自如,动作整体上表现出顺畅、流动,从而营造出动态美感。因此,在动作设计中,应遵循人体运动规律,强调身体重心的平稳或有规律的转换,以免在动作上出现强硬、困难的情况,最终增进审美与体验。

"高难"的惊叹美体验与设计。视觉上的惊叹,体育艺术中视觉审美的另一个内容是"难",美学中有一个命题为"难为美","难"构成了第二审美,如花样滑冰中起跳、落冰及空中旋转周数,精彩地完成难度即构成了美。因此,在体育艺术竞赛作品中,动作设计应突出"难"字,这也是体育艺术区别于纯舞蹈的重要方式,强调突破人体极限,凸显竞技性。

点、线、面的构图美表达与设计。运动中的身体线条、路线、图形所构成的构图美,也是视觉审美的重要内容,因此,运动员(表演者)自身身体线条,作品中出现的各种点和线(竖线、横线、斜线、曲线)以及面(图形)均构成了审美表达,如散点表现分布、扩大,聚点表现聚拢、紧凑;竖线队形表现纵深、延长,横线队形表现稳定、平静,曲线表现灵动、活泼;三角形表现稳定,正方形表现刚直,圆形表现向心等。不论体育艺术作品中以点、线还是面,甚至体来表达构图,不同的构图方式所表达的情感是不同的,体育艺术作品设计中同样也应遵循构图法则和审美表达。

色彩表征的情感美体验与设计。实验心理学中已证实了色彩与情感之间的联系,如黑色表达恐怖、紧张,象征死亡;红色强调兴奋、热烈,强调奔放;黄色意味明朗、欢快,表达愉悦;白色表达淡雅、洁净,体现纯洁;绿色代表自然、生机,象征和平……在色彩设计方面,要依据体育艺术作品表达的需要而定,包括背景颜色、服装颜色、道具颜色、化妆色彩等。

形式法则的规范美体验与设计。体育艺术作品的形式美除了构成质料的动作美、色彩美、构图美等外,还包括构成的法则美,形式美法则主要包括:和谐与对比、整齐与参差、对称与均衡、节奏与韵律、多样与统一、过渡与照应、主从与重点等,在体育艺术作品设计中应遵循形式美法则,使得作品与观赏者在心灵上构成一致"逻辑",这是因为在审美接受机制中无论是接受美学还是移情、内模仿,都认为"映射"的产生是主体和客体在"逻辑"上产生一致的结果,体育艺术作品设计应灵活地运用形式美法则,使作品与观赏者之间产生"移情"和"共鸣",体现审美设计。

(二)"听觉"感知的审美体验设计

眼和耳被认为是审美的器官,这是因为听觉和视觉在审美中占有主导地位,听觉往往比视觉更具直接性,这也是为什么在嘈杂环境中要比在强光刺激环境中更难集中注意力的原因。声音在空气中的波动经耳窝形成神经冲动,传入大脑,形成所感知的声音,声音包括音色、音调、音高,三者的变换和组合形成了不同高低、强弱、长短的,不同顿挫、连绵、纯杂的声音,从而表达不同的情感,并与主体心理解构中不同的情感模式相对应,从而在脑中产生"视觉—空间"表象,构成音乐形象,形成审美。

因此,音乐的作用首先在于"唤起情感",卢梭(Jean-Jacques Rousseau)认为:"音乐并不直接再现事物,而是在我们的心中唤起当看到这一事物时所体验过的情感。"[①]音乐中的表情和音调往往能决定音乐语言的表达,如小提琴柔美的音色能表达爱情主题;二胡的沙哑音色能表达悲凉痛苦等。音乐通过建立"视觉—空间"表象,建立形象,如一曲陕北民歌能够让我们联想出黄土漫天、沟壑纵横的陕北地貌的视觉形象。

从听觉上,设计体育艺术作品体验也十分重要,听觉不仅与声音的音质、音色、音调有很大关系,还与音乐的情感及其建立的视觉联系有关。因此,在体育艺术作品设计中应遵循以下几方面。

音乐构成的材质美体验与设计。声音构成了音乐的材质,就像线条和色彩构成绘画的材质一样,声音是音乐的基本材料,声音又包括响度(声音大小)、音调(声音高低)、音色(不同材质声音)以及乐音(有规则的)、噪声(无规则的)。因此,在体育艺术作品听觉感知体验中,音乐材质方面的设计应注意:声音响度上不能过低而影响效果,也不能过高造成听觉不适;声音不能忽高忽低令人忐忑,也不能平铺直叙令人毫无感受;声音音色上应符合作品主题和情景,不能运用表达哀思的二胡去表现欢庆。因此,音乐材质所表现出来的声音大小、高低以及音色应遵循审美的原则,不仅体现在音乐的选取和使用中,还体现在音乐的截取和制作中。

音乐音调的情感美体验与设计。音乐由声音构成,但并不是所有声音都是音乐,有表现性的声音才是构成音乐的材质,而表情在表现因素中又占据主导地位。音乐的表情指的是用音响去表现类似于人的情绪活动的运动状态。[②] 如轻缓的音乐令人放松、舒畅;欢快的音乐令人兴奋、喜悦;低沉的音乐令人伤感、哀思;激昂的音乐令人振奋、鼓舞……因此在音乐情感表达上,应注重与作品主题的吻合,使得音乐的情感能够唤起听者的内心感受,从而获得艺术上的审美体验。

---

① 转引自王次炤.音乐美学基本问题[M].北京:中央音乐学院出版社,2011:25.
② 转引自王次炤.音乐美学基本问题[M].北京:中央音乐学院出版社,2011:25.

音乐联想的视觉象征美体验与设计。音乐被称为"听觉艺术",但是音乐往往给人以遐想,这种遐想所带来的画面、情景,往往又被视为"视觉"象征,在音乐的选取和使用中,应注重其视觉象征的特征,遵循其规律,从而使动作更富形象性和感染力,这也是为什么在舞蹈或者艺术体育项目中,音乐被视为其灵魂的重要原因。因此,在体育艺术作品审美体验中,应注重音乐的视觉想象,比如在跳性感火辣的桑巴舞时,应从听觉上选择符合桑巴舞风格的音乐,相反,使用街舞的音乐去配合恰恰动作,往往给人以"怪异"的感受。

(三)"动觉"感知的审美体验设计

在参与性审美体验中,以动觉为主的本体感觉是重要的感觉,动觉形成审美,除了一些生理上的快感因素外,还包括一系列的心理过程,动作的节奏、速度、力度同样表达着不同的情感。因此,在动觉上,不仅要考虑参与者(受众)的水平、知识背景、审美经验,还要考虑观赏者观看动作时获取的心理情感。

动作负荷的科学性体验与设计。"动觉"体验强调身体参与,那么,身体参与过程中生理感受是最直接的,运动中超出生理的负荷,往往会出现心率过快、呼吸困难等生理上的不适感受,生理上的不适感受直接影响了运动参与的快感和美感。因此,在运动负荷的制定上应遵循科学性,循序渐进、适宜负荷,才能够保证参与者在不同的身体运动水平、运动背景下,产生运动的兴趣,才能保证"动觉"与"快感"之间建立连接。

动作难度的适宜性体验与设计。"动觉"引起"快感"的另一个重要方面是动作完成的流畅性,初学者或者动作协调性差者,往往难以体会一个组合、一套操等动作之美,换句话说,动作的晦涩、生硬同样影响"动觉"的感受,因此,在动作难易程度上同样应依据受众的运动经验,设计适宜的动作,保证"动觉"的流畅,与"快感"建立联系。

动作节奏的情感性体验与设计。"动觉"不仅仅给人以生理上的快感,动觉与其他审美感官一样,通过身体运动而产生心理上的"审美",尤其是动作节奏变换,往往与身体内在的呼吸、心跳节奏建立连接,形成移情或共鸣,如缓慢优雅的节奏可以表现平和、明朗的情绪,缓慢紧张的节奏可以表现悲哀、沮丧的情绪,快速跳跃的节奏可以表现紧张、焦急的情绪,快速欢快的节奏可以表现兴奋、活泼的情绪。因此,在动作节奏的设计上,一方面要符合生理感受,另一方面要符合情感宣泄或者情感表达的需要,要符合作品主题的需要。

(四)"整体"感知的审美体验设计

"感知"是审美的门户,绘画往往被视为视觉艺术,音乐被视为听觉艺术,但"感知"在审美中并不是独立产生作用的,感知是"整体"的,比如在音乐欣赏时,往往会感受到一幅幅画面在眼前,如高山流水(触感)、花香(嗅觉)、鸟飞(动觉)等,"感知"是相互联系而作用的,因此,在体育艺术作品设计中,不能仅仅关注视觉上的色彩、构图及听觉上的动感、欢快,还应注重观看座椅在触觉上的质感、舒适度,观看环境在温度、湿度上的适宜性,购买门票时的便利、服务等,感知决定了我们的"审美",决定了我们的"体验"。因此,体育艺术作品体验设计应该是全方位的,满足眼、耳、鼻、舌、身五大感官的"审美体验"。

二、基于"情感"的审美体验设计

"艺术是情感的形式","艺术往往被视为"情感的符号",不论是哪一种艺术都蕴含着人的情感认知,体育艺术同样如此,它以"表现性动作"为基础,以身心舞动达到健康、审美、社交、娱乐等功效或目的。因此,体育艺术作品一方面承载着满足健身、健康的需要,另一方面还承载着满足人的自我认知、愉悦身心、逃避纷扰的个人审美需要和了解世界、良好社会关系、身份认同的社会审美需要。基于"情感"的审美体验设计,一是要为个人提供个性化情感宣泄的途径,二是提供社会交往的群体情感宣泄的途径。

因此,基于"情感"的体育艺术作品体验设计,首先遵循创意性、多样性的原则,为不同年龄、不同背景、不同兴趣和爱好的人提供可选择的个性化作品;其次应采取多种作品形式,个人的、双人的、集体的,为不同社交需要和心理认同需要的人提供不同的社会情感途径;最后应提供多种体验方式,可以是现场参与或观赏,还可以是电视转播和录播,亦可以是网络、手机等新媒体、自媒体的传播途径,满足不同的"情感"需要。

三、基于"精神"的审美体验设计

"精神"是"审美"的最高境界,如同获得"真谛"一样,艺术的责任同文化一样,强调"启迪",给人以"精神",这也是文化作品、艺术作品等的社会责任,好的作品往往会让人"感悟"生活、生命,体育艺术作品具有多种形式,既可以是大众文化形式的娱乐,亦可以是沁人心脾的精神,换句话说,通过"参与"或"观赏"给你留下了什么,只有留下了一些东西,才能给人以经验、知识、感悟,这样的体育艺术作品才能持久。因此,体育艺术作品不能仅仅定位于大众娱乐留下的快感,还应强调作品给人以美的感受、美的获得、美的体验,这一点也是十分重要的。

第九章　个案分析：透视新时代我国传统体育艺术创新发展

滚灯作为传统民俗艺术是在人类历史发展过程中逐渐形成的，它是民族文化传统传承的重要载体。滚灯主要流行于江浙沪及江南农村地区，至今已有八百余年历史，是节庆和灯会期间表演的具有强烈竞技特点的民间舞蹈。其中，杭州余杭滚灯历史较为悠久，是现存活态体育艺术非遗项目中文化传承的代表。2000年，余杭滚灯的繁荣使余杭区被浙江省文化厅命名为"浙江省民间艺术（滚灯）之乡"。2006年5月20日，余杭滚灯经国务院批准，被列入第一批国家级非物质文化遗产名录。2008年8月8日，余杭滚灯亮相北京奥运会。2010年，余杭滚灯"惊艳"上海世博会。2012年，余杭滚灯入选浙江百集乡土教材电视片。2015年6月，余杭滚灯赴美国奥斯汀进行文化交流活动。2017年1月和6月，余杭滚灯精彩亮相中央电视台综艺频道和中文国际频道。余杭滚灯经历了挖掘、整理、传承并流传自今，已经走出余杭、走出北京、出国访问，彰显了其优秀的文化基因。

新时期，基于国家优秀传统文化发展的创新需要，探索余杭滚灯项目发展的现实阻因，寻求余杭滚灯项目在互联网时代、多媒体时代等的发展创新，成为本章节研究的重要内容。

第一节　余杭滚灯非遗项目文化渊源和核心价值

一、余杭滚灯的历史渊源

据记载，余杭滚灯距今有八百余年历史，关于它的起源主要有以下几种记载。

（一）抵抗海盗说

传说滚灯起源于余杭的翁梅乡一带，此地距离杭州湾很近，同时地处钱塘江北岸，制盐业成了当地主要的收入来源，并带动了当地商贸的迅速发展。然而沿海一带海盗出没频繁，使得当地鸡犬不宁，一片狼藉。当地的民众觉得只有健壮的身体和高强的武艺，才能与海盗抗争。有位老篾匠，长期与竹子打交道，对竹子的柔性了如指掌。富有聪明才智的他将劈开的毛竹片编制成一个空心的大圆球体，在球的中心装上一只竹编的球形小灯，内燃蜡烛，舞动起来便能有烛光飞舞的景色，于是取名叫"滚灯"，编制好滚灯之后,用其当年学到的武术套路,特意编排了数十种带有竞技特点的舞,并把这些舞传授给邻里。乡亲们兴趣浓厚,纷纷跟着那位老篾匠学了起来,并通过舞动滚灯,在娱乐中达到强身健体的目的。从此,舞滚灯的习俗就在百姓中流传开了。

(二)傩舞起源说

在古代,受杭州湾大潮的影响,钱塘江沿岸水患不断,总会发生溃堤事件。堤坝一塌,水溢四处,沿岸附近的百姓陷入困境。据传民间各类事物都有与之对应的管辖神灵,而司管水利的神灵便是秦代蜀太守李冰的二儿子,他被称为二郎神。后来有一条龙兴风作浪,二郎神奉命讨伐,制服了孽龙,并把它的一颗宝珠当成战利品缴回,二郎神对宝珠爱不释手。在此之后,舞蹈者便通过跳傩舞以求得二郎神的庇佑,但是在跳舞时,可以用面具扮上二郎神的模样,但是宝珠难以复制。于是,人们用竹编的圆球来代替宝珠,再点上灯烛,闪闪发亮,神似宝珠,这样滚灯就代替了宝珠,于是"二郎神舞滚灯"成了百姓祈福求神时表演的主要节目。由于一开始竹编的"宝珠"并不是很大,人们觉得不够大气直观,这才慢慢将其做大,以便更好地体现其魅力。

(三)庙会起源说

南宋定都杭州,杭州是当时的经济、政治、文化中心,佛道两教发展迅猛,寺院道观随处可见,历代统治者还亲临各寺,烧香拜佛,官民看后也纷纷效仿,霎时间各种庙会与日俱增,层出不穷。庙会是为了祭拜神灵而在特定的建筑周围举办的集会,是我国民间的民俗活动之一。而杭州的庙会,可分为两类:一类是"坐会",即百姓燃香火给庙里的菩萨神灵;另一类是"巡会",又名"迎神赛会",是民间最为热闹的庙会。一旦举行迎神赛会,人们会用八人大桥抬着菩萨游行,另外还有专门的人给菩萨开道。为了"娱神"和增加氛围,人们在开道的队伍里融入了滚灯等特色民间艺术表演。滚灯的出现,因其气势如虹,便在迎神赛会中成了开道的最佳项目。

二、余杭滚灯的文化发展

《辞海》对"滚"字的注解为滚动、旋转,对"灯"字的解释是照明的器具,从这一角度来理解,"滚灯"含义是:在地面上滚动的灯。明朝田汝成《西湖游览志余·卷二·偏安佚豫》中称:"以纸灯内置关捩,放地下,以足沿街蹴转之,谓之滚灯。"[①]从这一角度来看,滚灯原本是一种可以滚动和旋转的纸灯。而在江浙地区,则以竹片编成的大型圆球体为主要道具,在这竹编的圆球体的中心悬挂有一个竹编小球,小球中安放灯烛,舞

---

① [明]田汝成.帝王都会.西湖游览志余.卷二[M].上海:上海古籍出版社,2017:9.

动起来,滚滚向前,灯光闪烁,形成一只滚动的灯,古人称其为"滚灯"。因其最早起源于钱塘江北岸的余杭一带,故又名"余杭滚灯"。

(一) 萌芽时期

余杭滚灯起源于余杭,是"中华文明曙光"良渚文化的发源地。五千年之前的良渚时期是中华五千年文明史最具规模和水平的代表。随着原始文明的发展,到秦王政二十五年(前222年),秦灭楚,民间艺术逐步产生与发展。南宋定都杭州后,北方许多官员和皇室南迁到杭州,使得杭州人口激增,人口的增多使得社会生产力和经济大大发展,并带动了佛教、道教的发展,因此杭州的寺庙建设达到了高潮,各种庙宇、道观应运而生,而这类寺庙的存在则催生了各种庙会,这些庙会的举办带动了一些民间艺术的生存和发展。庙会作为一种民俗活动,融合了各种民间民俗艺术,余杭滚灯在当时被视为一种十分重要的踩街活动,经常在庙会的时候进行表演,往往有几十甚至上百个民间艺人参与,规模甚大,可见庙会给余杭滚灯提供了一个表演的平台,让余杭滚灯焕发光彩,深受老百姓喜欢。余杭滚灯最开始多为节庆表演,庙会活动规模化后带动了余杭滚灯的发展。

(二) 发展时期

明朝时期,东部沿海地带倭寇海盗盛行,他们经常烧杀掠夺,给余杭以及周边地区带来了严重的伤害和损失,因此余杭作为抗倭重地,驻扎着大批军队,地方上也组织了武装。而舞滚灯作为他们强身健体的一种训练方式,从一开始的以强身健体为目的,到后面逐步变为以抵抗倭寇为目的。人们增加了训练难度,为了应对倭寇来犯,在滚灯内部挂上用石头或者铁块做成的球,称之为"武灯",使余杭滚灯得到了进一步发展。到了清朝时期,据史料记载,当年太平军经过上海奉贤来到杭州余杭后,当地老百姓通过舞滚灯来表达欢迎的喜悦之情,《沪城岁时衢歌》中记载了当时的盛况:"艳说年丰五谷登,龙蟠九节彩云蒸。瞥如声涌惊涛沸,火树千条抢滚灯。"[①]

(三) 挫折时期

清末民初,军阀混战,政局动荡,大量文艺活动的发展进入了低迷时期,而余杭滚灯除了在元宵节、春节时还举行一些活动,其余活动越来越少。之后日本全面侵华,战争的影响导致上海、南京、杭州一带沦陷,使当地居民流离失所,无心组织滚灯演出或观赏演出。抗日战争胜利后,又因国共内战、通货膨胀、社会动荡等,余杭人们的生活依然困苦,庙会活动、文艺活动无人问津,导致余杭滚灯的发展也停滞不前甚至

---

① 张春华.沪城岁时衢歌[M].上海:上海古籍出版社,1989:19.

消失。新中国成立后，人民得到了解放，国家在重视发展经济的同时也注重传统文化的发展，大批文艺活动得到了恢复和发展，但是余杭滚灯这个传统舞蹈是伴随着庙会活动而成长发展起来，带有一定的宗教性。随着"无神论"的传播，大批传统庙会活动停办，余杭滚灯失去了表演的平台，一时间不曾出现。1963年原临平文化站干部张长工希望恢复当地的民间文艺活动，得到了当地群众的热烈响应，使余杭滚灯重新焕发了光彩。但是好景不长，随着"文化大革命"的到来，刚刚焕发生机的余杭滚灯再度被禁止。

（四）复兴时期

改革开放后，新一任的翁梅乡文化站站长王宝林为了抓住这个好时机，更好地恢复文艺活动和弘扬传统民间艺术，经过多方面的考虑之后，决定让滚灯再次出山，并在当地成立了滚灯队伍，作为当地的一种特色文化发展并保护起来。1981年，余杭滚灯被选送参加杭州市元宵节民间艺术大串演，彭真等中央领导亲临现场观看（如图9-1所示）。余杭滚灯的发展经历繁荣、创新、停滞、挫折甚至消失、再

图9-1 最早的余杭滚灯照片（区文化馆提供）

度保护发展这一曲折漫长的过程，已成为杭州地区最具有文化底蕴的代表，它寄托了千百年来人们美好的期望，促进了人与人的交流，并宣传了传统优秀文化。如今，余杭滚灯深受当地百姓甚至全国乃至世界人民的喜爱，是表演和欢庆的重要方式。

三、余杭滚灯的核心价值

（一）"余杭滚灯"的民俗价值

余杭滚灯根植于民间，由具有生命力和想象力的人民创造出来，具有深厚的群众基础。余杭滚灯几百年的发展史表明了余杭滚灯具有强大的生命力。这无与伦比的表现力具体体现在滚灯的文化内涵和民俗价值之中。千百年来，民俗与人民日常生活息息相关的传统，正不断地影响着人民的生活，"余杭滚灯"作为首批国家级非遗项目，具有世代相传、活态传承的特点，汲取了不同时代的创造精华，并始终以活态方式传承下来，深刻融入百姓的生活中去，丰富了"余杭滚灯"的内涵，使其彰显了民族特色，让

它具有较高的民俗价值。"余杭滚灯"作为浙江杭州的民俗,既是当地风土人情的集中反映,也是每个余杭人民的文化记忆。它之所以有今天的精彩,正是因为它拥有丰富的民俗价值。这也就不难解释余杭滚灯为何在短短十几年内能够"滚"出浙江,"滚"出国门,"滚"进奥运。

(二)"余杭滚灯"的健身价值

古代的余杭滚灯主要是为了抵御海盗并强身健体的运动,有红黑之分,红心滚灯称为"文灯",主要用于表演;黑心滚灯称为"武灯","武灯"则需要充沛的体能才可以舞动,并且"武灯"的体型和重量也偏大,又加入了具有竞技特点的武术动作,例如"金球缠身""金猴戏桃""旭日东升"等,这就使舞滚灯的动作幅度变大,需要手脚并用,所以能够锻炼表演者的协调性和稳定性,增强肌肉力量,改善平衡能力,锻炼灵敏性,从而达到强身健体的作用。同时,滚灯表演作为一种集体项目,可以锻炼队员之间的默契度和团队协作精神,促进人与人之间的交流。

因此,余杭滚灯不仅具有健身价值,还能够娱心,促进人的全面发展。

(三)"余杭滚灯"的艺术价值

余杭滚灯是集舞蹈、杂技、体育为一体的民俗传统技艺,它豪放中有细腻,潇洒中含凝重,刚健中透柔美,有较高的艺术造诣,它体现出的凝聚力和团队合作精神最为显著。在音乐上,早期以铜锣音乐为主,也是我国最早的民间音乐,而到了当代,随着民族音乐的发展,余杭滚灯的音乐特点也逐渐变化,激昂、欢快、振奋是余杭滚灯音乐的主要特点。在道具上,滚灯分为大、中、小三种规格,在大滚灯竹片上包上金纸,在小滚灯竹片上包上银纸,显得更加美观。在服饰上,旧时表演者扎白毛巾,身穿黄色或者白色上衣,像古代武术。而到了近现代,服装要求则越来越高,以红黄为基本色,与"文灯"(红心滚灯)相呼应,并在设计上使用传统纽扣和刺绣图案,体现了良渚文化和江南特色。在表演上,动作多样化,既有舞蹈动作,也有竞技性的武术动作,极具观赏性,不仅可以给观众带来视觉上的享受,也可以加强人们之间的交流,是不可多得的传统体育项目。

这些音乐、服饰、动作套路、道具都让余杭滚灯愈发有价值,使余杭滚灯具有较高的艺术造诣。

(四)"余杭滚灯"的文化价值

文化价值标志着一个国家精神文明的状态,是满足人民日益增长的物质文化需求的重要基础。余杭滚灯作为民族文化、民间文化的瑰宝,保持了文化的本真性,对促进文化交流具有很大的帮助。

杭州作为两朝古都,曾是吴越国和南宋的都城,因风景秀丽,素有"人间天堂"的美誉,并且拥有深厚的文化底蕴,余杭滚灯作为杭州非遗的代表,是其文化的载体,促进了文化信息的传播。余杭滚灯发展了近八百年,见证了当地的时代变迁与时代发展,有重要的文化影响。余杭滚灯文化包括一些优秀的传统舞蹈和制灯技艺,以及人与自然和谐相处的文化观念。作为首批国家非物质文化遗产项目,余杭滚灯的申遗为当地其他文化项目的形成起到了推动作用,余杭滚灯的发展带动了其他非遗文化项目的产生与发展,例如鸬鸟鳌鱼灯、五常拳灯、亭趾高跷、石濑花灯,这对于文化的传播和交流以及丰富人们文化需求有很大的价值体现。

第二节 余杭滚灯非遗项目发展现状和传承困境

一、新时期余杭滚灯非遗项目传承现状研究

(一)新时期余杭滚灯非遗项目政策支持现状

新时期以来,非物质文化遗产受到了相应的法律保护,非遗保护的理念认识不断深化,本人整理了近几年来国家及省市政府对滚灯非遗文化保护的具有代表性的政策法规,如表9-1。

表9-1 新时期余杭滚灯非遗政策

年份	颁布单位	名称	主要内容
2006年	国务院	第一批《国家级非物质文化遗产名录》[①]	"余杭滚灯"被国务院列为首批国家非物质文化遗产项目
2011年	国务院	《非物质文化遗产法》[②]	提出"政府主导、社会参与、明确职责、形成合力"方针来指导"余杭滚灯"发展工作
2011年	浙江省文化厅	《关于实施国家级非物质文化遗产项目"八个一"保护措施的通知》[③]	制定了余杭滚灯保护方案,指导今后五年余杭滚灯的保护工作

[①] 国务院关于公布第一批国家级非物质文化遗产名录的通知[EB/OL].(2006-05-20).http://www.gov.cn/zwgk/2006-06/02/content_297946.htm.
[②] 全国人民代表大会常务委员会颁布《中华人民共和国非物质文化遗产法》[EB/OL].(2011-02-25)http://www.law-lib.com/law/law_view.asp?id=343073.
[③] 浙江省文化厅颁布《关于实施国家级非物质文化遗产项目"八个一"保护措施的通知》(浙文非遗〔2011〕33号)[R].(2011-06-12)http://www.zjwh.gov.cn/zcfg/212675.htm.

续 表

年份	颁布单位	名称	主要内容
2013年	余杭区文广新闻出版局	《余杭区"十二五"时期文化体育事业发展规划》①	强调建设"文化强区",要做到文化事业强、文化产业强、文化人才强
2016年	余杭区人民政府	《非物质文化遗产保护补助经费通知》②	拨付专项经费给滚灯等非遗传承人,并与高校共同开展非遗保护培训工作
2018年	浙江省文化厅	《浙江省省级非物质文化遗产代表性项目管理办法(试行)》③	"传承人管理与认定""非遗项目的保护性工作""文化遗产日""非遗工作的考核与管理"

从表9-1可以看出,自2006年余杭滚灯被列为首批国家级非遗项目后,近些年国家越来越重视非遗文化,颁布了各项文件,如2011年颁布了《非物质文化遗产法》,提出以形成保护为主、抢救第一、合理利用、传承发展的指导方针,并制定了"国家、省、市、县"共四级保护体系。紧接着各省市响应国家政策的号召,不断颁布新的地方政策。同年浙江省颁布了《关于实施国家级非物质文化遗产项目"八个一"保护措施的通知》,详细制定了余杭滚灯的保护方案,以指导今后的保护工作;2013年杭州市余杭区文广新闻出版局也在此背景和条件下颁布了《余杭区"十二五"时期文化体育事业发展规划》,强调建设"文化强区",以促进余杭滚灯及其他非遗文化的推进;2016年余杭区政府又颁布了《非物质文化遗产保护补助经费的通知》,为传承人提供补助和经费支持;2018年浙江省文化厅又制定了《浙江省省级非物质文化遗产代表性项目管理办法(试行)》,再度确定"传承人管理与认定""非遗项目的保护性工作""文化遗产日""非遗工作的考核与管理"等法律法规来推动当地非遗保护工作。这些文件的颁布进一步推动了余杭滚灯及其他非遗项目的发展。

从表9-2可以看出,自从国家针对余杭滚灯等非遗项目出台政策文件后,地方政府积极响应,实行了一系列措施,具体措施有:(1)2013年确定"余杭非物质文化遗产保护月",使余杭滚灯在当月有更多的表演机会;(2)2014年拍摄专题片《拯救余杭滚灯》,让人们更加了解余杭滚灯的起源和发展;(3)2015年将"余杭滚灯"列入体育事业发展规划和政府工作报告。

---

① 余文广新《余杭区"十二五"时期文化体育事业发展规划》[R]. (2016-09-12)www.yuhang.gov.cn/xxgk/ghjh/.
② 余杭区政府颁布《关于下拨2016年度余杭区非物质文化遗产保护补助经费的通知》[R]. (2016-09-20)www.yuhang.gov.cn/xxgk/zcfg/.
③ 浙江省文化厅颁布《浙江省省级非物质文化遗产代表性项目管理办法(试行)》[EB/OL]. (2018-07-23)www.lishui.gov.cn/sjbmzl/swgcbj/zcfg/.

表9-2 新时期余杭滚灯相关实施措施

时间	单位	措施内容
2013年	余杭区民族民间艺术保护工程领导小组	将每年的农历五月确定为"余杭非物质文化遗产保护月"
2014年	余杭区文化馆	拍摄非遗保护专题片《拯救余杭滚灯》
2015年	余杭区文化馆	将"余杭滚灯"发展列入余杭区国民经济和社会发展规划纲要以及余杭区文化体育事业发展规划

以上这些措施的实施极大地推动了余杭滚灯更好更稳地传承发展,但政府经费主要用于支持区文化馆,一些爱好滚灯的民间组织团体没有得到经费支持,这需要当地政府的关注,扩大经费支持的范围。

(二)新时期余杭滚灯非遗项目代表性传承人现状

传承人是非物质文化遗产最重要的活态载体。

余杭滚灯传承人是余杭滚灯传承发展的重要环节,他们负责滚灯的技艺、制作、教授与创新,对余杭滚灯的传承起着承前启后的作用。余杭滚灯的传承群体包括余杭滚灯的代表性传承人、相关民间组织或爱好者以及地区文化馆的传习队伍。

为了更深入了解余杭滚灯代表性传承人的现状(由于代表性传承人汪妙林先生身体不适,没有采访到他本人,因此关于他的情况都是通过余杭区广新局提供的简介,以及通过访谈广电滚灯负责人老师所得),特进行相关采访,下面是这位代表性传承人的一些情况和特征简介,访谈资料如表9-3所示。

表9-3 传承人汪妙林的基本特征及奖励情况

	主要特征情况
基本信息	男;74岁;目前已退休;国家级、省级传承人
师承关系	祖传
传承地点	在余杭区学校、文化馆、广场等机构开展传承活动
认定级别	2008年得到国家级、省级传承人认定
训练比赛情况	近些年比赛较多并有专门队伍
政策奖励	有资金支持,每年大概有两万多补助
传承情况	已有接班人,世代继承滚灯事业

从表9-3可知,当前得到认定的余杭滚灯传承人只有汪妙林先生一人,74岁,目前已退休,传习关系为祖传,级别为国家级传承人和省级传承人。据了解,汪妙林老师

从小喜欢滚灯,技艺超群;得到传承人的认定是在2008年,主要负责在学校、文化馆、广场等机构开展传承活动,组织余杭滚灯参加各种非遗展演活动,还去学校授课或下乡传习。在传承方面,据了解,汪妙林的儿子汪永华也继承了滚灯传统,但目前还没得到认定;而自从2006年余杭滚灯申遗成功,传承人训练比赛频率增加,资金情况近些年也得到了关注和支持,每年国家在传承人的奖励方面提供了资金扶持,国家、省市以及区政府为传承人汪妙林提供的资金补助大概每年两万余元。

从表9-4可以看出,传承人是传统文化薪火相传的核心,从"文革"后余杭滚灯得到复兴和发展以来,汪妙林先生一直致力于余杭滚灯活动的传承和开展,使余杭滚灯发扬光大,并斩获多项大奖,获得多次荣誉,可以说他为余杭滚灯的传承作出了巨大的贡献,才使更多的人了解和看到了余杭滚灯的独特魅力和价值。

表9-4 传承人汪妙林的荣誉情况

时间	事情	获得情况
90年代	参加许多国内外大型文化活动	极大提高了"余杭滚灯"的知名度
2005年	参加各种滚灯大赛	被评为"余杭区首批民间艺术家"
2008年	参与拍摄公益广告片	宣传"热爱故乡·美在本色"的理念
2011年	接受《Shanghai Daily》采访	宣传推广余杭滚灯
2014年	参加《拯救余杭滚灯》的拍摄	扩大了"余杭滚灯"的知名度

由此可见,汪妙林一家世代继承滚灯事业,使余杭滚灯发展蒸蒸日上。但是也有一些问题浮现出来:在人数方面,目前得到认定的传承人只有一人,并且已经74岁,趋于老龄化,随着时间的推移很难再积极主动地履行传承义务,造成这种现象的原因有:(1)政府在滚灯传承人的认定方面关注力度不够,据了解,目前传承人认定一般是省里下发文件确定传承人,地方政府开始申报,然后经过专家评审,最终确定传承人的人选,并且考虑到优先确定年纪大的表演者为传承人,这就打击了很多年轻人的积极性;(2)据了解,对余杭滚灯有多年研究并且有实力表演的主要传承人大部分都是企事业的在编人员,而体制内的传承人由于工作的需要导致工作单位随时会进行调换,这就制约了余杭滚灯活动的开展。因此这些问题需要当地政府高度重视。

(三)新时期余杭滚灯非遗项目传习群体现状

传习人是指跟随传承人或者负责人通过继承和交流关系结合在一起的集体,也是余杭滚灯传承人群的代表性群体,传习人的文化热爱、审美意识、心理认知对滚灯的流传具有重大影响。余杭滚灯传习人的群体特征在一定程度上反映了传承的基本情况,这部分主要从对余杭滚灯传习人的性别比例、年龄分布、文化程度、发展规模情况、学习余杭滚灯动机情况、最有利于余杭滚灯的传承方式、制约传习人传承余杭滚灯的因素等余杭滚灯传习人的调查数据进行具体分析后,总结出余杭滚灯传习人的主要特征。

1. 余杭滚灯传习人群体基本特征

(1) 传习人群体性别比例现状

根据表9-5可知,在余杭滚灯的传习人性别比例现状中,绝大部分都是女性,有88人,占86.27%,男性传习人比较少,只有14人。造成这方面的原因是多样的,主要是当前余杭滚灯制作由原来的大灯笼扩展成小型和轻型的滚灯,比较适合女性使用,另外当前余杭滚灯作为一种民间舞蹈,女性相对于男性来说更热爱舞蹈;并且男性忙于工作,生活压力比较大,参与余杭滚灯的热情也相对较少。

表9-5 余杭滚灯传习人的性别比例(N=102)

性别	男	女
人数	14	88
比例	13.73%	86.27%

(2) 传习人群体年龄分布现状

从表9-6可知,在余杭滚灯的传习队伍中,年龄在20岁以下的人没有;年龄在21—30岁的传习人有16人,占比15.69%;年龄在31—40岁的传习人有18人,占比17.65%;年龄在41—50岁的人有45人,占比44.12%;年龄在51岁以上的有23人,占比22.55%。调查数据表明余杭滚灯的传习人年龄分布较为集中在41—50岁之间,这一人群是余杭滚灯的传承主体,调查数据也反映了余杭滚灯较为满足中老年人的精神文化需求。而年龄在20岁以下的余杭滚灯传习人基本没有,说明余杭滚灯对年轻一代的吸引力不足,没有激发年轻人的兴趣,不能满足年轻人的精神文化需求。原因是年轻一代的人将重心放在学习、工作和生活上,没有多余的时间和足够的兴趣来从事滚灯的传习,这就导致余杭滚灯后备人才不足,需要加以关注。

表9-6 余杭滚灯传习人的年龄分布(N=102)

年龄	20岁以下	21—30岁	31—40岁	41—50岁	51岁以上
人数	0	16	18	45	23
比例	0%	15.69%	17.65%	44.12%	22.55%

(3) 传习人群体文化程度现状

根据表9-7可知,余杭滚灯传习人的文化程度为高中的有34人,占总人数的33.3%;初中学历的有46人,占45.1%;专科或本科学历的有10人,占9.8%。一半以上的传习人是初高中学历,出现这种现象的主要原因是当前参与滚灯传习的人员大多是中老年人,而老一辈的人大多数都是初高中文化程度,这对于余杭滚灯的有序传承和发展也有帮助。不过当前研究滚灯的高学历高素质人才相对较少,这就需要当地政府在教育上大力宣传与支持。

表9-7 余杭滚灯传习人的文化程度(N=102)

文化程度	小学以下	初中	高中	专科或本科
人数	12	46	34	10
比例	11.8%	45.1%	33.3%	9.8%

(4) 传习人群体工作性质现状

从表9-8可知,在余杭滚灯传习人中,工作性质为已经退休的有48人,占总人数的47.1%;大部分是45岁以上的无业人员或自由职业者。这说明余杭滚灯具有较好的群众基础;另外,工作性质是工人的有15人,占总人数的14.7%;教师和护士分别是11人和9人,占总人数的10.8%和8.8%。这体现了余杭滚灯作为杭州市最具有特色的文化项目,越来越多的行业,如工厂、学校、医院的工作者都积极参与到余杭滚灯的传承与发展之中。工作是舞蹈演员的有12人,占总人数的11.8%,这也体现了余杭滚灯作为一种民间舞蹈,有专业的人士让它更深层次地延续下去。从整体看,余杭滚灯传习人的工作性质相对单一,集中在退休人员,因为大部分的退休人士有更多的时间和兴趣来传承余杭滚灯,而其他工作性质的传习人由于本身工作的需要,导致参与余杭滚灯的人数并不多,这就使余杭滚灯传承的范围和广度不够,延缓了余杭滚灯传承发展的步伐。

表9-8 余杭滚灯传习人的工作性质(N=102)

工作性质	退休	在职					
		工人	学生	教师	舞蹈演员	护士	其他
人数	48	15	5	11	12	9	2
比例	47.1%	14.7%	4.9%	10.8%	11.8%	8.8%	2%

2. 余杭滚灯传习人学习余杭滚灯的途径现状

从表9-9可知,传习人学习余杭滚灯是通过培训机构的有15人,占总人数的14.7%;学习方式为通过舞蹈艺术团和文化部门组织的分别有32人和36人,占31.4%和35.3%,这就占据了总人数的一半以上,这种情况充分说明了当前余杭滚灯的传播与学习方式越来越多、越来越广泛,丰富了余杭滚灯的传承路径;但是传统的拜师学艺只有6人,占总人数的5.9%,这说明传统的学习余杭滚灯的方式逐渐没落,最原生态、最原汁原味地学习余杭滚灯的方式渐行渐远,需要引起相关单位及余杭滚灯爱好者的充分重视。

表9-9 传习人学习余杭滚灯的途径(N=102)

学习途径	拜师学艺	培训机构	艺术舞蹈团	文化部门	网络	其他
人数	6	15	32	36	11	2
比例	5.9%	14.7%	31.4%	35.3%	10.8%	2%

3. 余杭滚灯传习人群体文化认知现状

由图9-2可知,在余杭滚灯的传习人中,传习人对余杭滚灯文化认知非常了解的只有12人,占总人数的11.76%;比较了解的传习人有22人,占总人数的21.57%;传习人对余杭滚灯文化源流了解一点的有44人,占总人数的43.14%;传习人对余杭滚灯文化源流不了解和很不了解的分别有18人和6人,各占总人数的17.65%和5.88%。这说明还有23.53%的传习人不是很了解余杭滚灯的文化源流,有部分的传习人仅仅只是喜欢余杭滚灯这一体育项目,更多的是关注它的外形和表演形式,以及

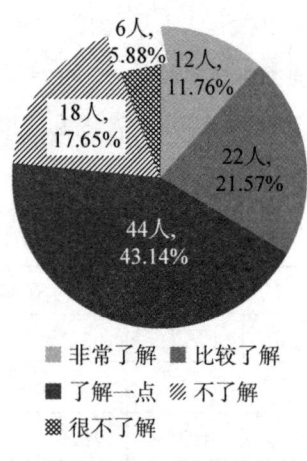

图9-2 余杭滚灯传习人对余杭滚灯的文化认知图

余杭滚灯所带来的强身健体的效果,而对余杭滚灯的起源和文化源流关注不够,对非遗文化项目还没有产生足够的重视。

4. 余杭滚灯传习人群学习年限现状

从表 9-10 可知,当前余杭滚灯传习人学习滚灯的时间在一年以内的有 18 人,占 17.6%;学习时间在一至三年的有 41 人,占 40.2%,是主要人群;学习时间在三至五年的有 24 人,占 23.5%。这说明大部分传习人学习余杭滚灯的时间不算太长,这导致对余杭滚灯的起源、价值等认知不完全,因此需要相关单位制定扶持政策来帮助传习人能够矢志不渝地传承下去。

表 9-10 余杭滚灯传习人群学习年限(N=102)

学习年限	一年以内	一到三年	三到五年	五到十年	十年以上
人数	18	41	24	14	5
比例	17.6%	40.2%	23.5%	13.7%	4.9%

5. 余杭滚灯传习人群经费来源现状

从表 9-11 可知,目前余杭区滚灯传习人群的经费来源中,主要以政府资助和自费为主,分别占 35.3% 和 29.4%,其次是广告赞助,占 13.7%。由此可以看出,目前大多数的余杭滚灯演出活动主要由政府资助,但是资助的金额并不能够承担支出。据了解,目前余杭区关于余杭滚灯的经费投入主要用于区文化馆的传习队伍,其他的民间传习队伍就没有那么多的经费支持,很多时候都需要组织者和队员自掏腰包来解决活动的路费、住宿等问题,相关部门领导需要高度重视这种情况。

表 9-11 余杭滚灯传习人群经费来源(N=102)

经费来源	广告赞助	自费	政府	个体或主办单位	官民共同承担
人数	14	30	36	12	10
比例	13.7%	29.4%	35.3%	11.8%	9.8%

6. 余杭滚灯传习人群组织演出现状

从表 9-12 可以看出,余杭区传习人群的演出主要是由区文化馆和当地政府进行组织,街道和自发组织的演出较少,说明目前余杭区的滚灯活动主要还是政府部门占主导作用,主要的活动开展都是由政府引导,区文化馆和各街道辅助实施,因此政府部门要持续承担传承非遗文化的工作,把余杭滚灯的传承提到文化建设的日程上来,这样传习人群在政府部门的带领下,传承的积极性和主动性会大大提高,传承的热情也会高涨。

表9-12 余杭滚灯组织演出现状(N=102)

组织情况	自发组织	各街道组织	区文化馆组织	政府组织	其他
人数	12	19	36	30	5
比例	11.7%	18.6%	35.3%	29.4%	4.9%

7. 余杭滚灯传习人群体传承制约因素

根据表9-13的调查分析可知,传习人认为制约余杭滚灯传承的影响因素是资助经费少的有38人,占37.3%;认为制约余杭滚灯传承的影响因素是训练场地和道具有限的有20人,占19.6%;认为制约余杭滚灯传承的影响因素是宣传力度不够的有14人,占13.7%;认为制约余杭滚灯传承的影响因素是传承队伍年龄偏大的有10人,占9.8%。这些情况说明当前最主要的制约因素还是余杭滚灯的资助经费少和训练场地与道具有限,这体现了余杭滚灯非遗项目在传承的过程中缺乏完整的发展体系,项目传承管理工作有所欠缺,外来文化也给传统文化的发展带来了冲击,这一系列问题使得余杭滚灯的传承工作发展缓慢。

表9-13 余杭滚灯传习人群体传承制约因素(N=102)

影响因素	人数	百分比
资助经费少	38	37.3%
宣传力度不够	14	13.7%
训练场地和道具有限	20	19.6%
缺少表演专业人士	6	5.9%
传承队伍年龄偏大	10	9.8%
培训次数少	8	7.8%
外来文化冲击	6	5.9%

8. 余杭滚灯传习人群体传承路径现状

通过表9-14分析,传习人认为有利于余杭滚灯传承的方式是社区培训的有22人,占总人数的21.5%;认为有利于余杭滚灯传承的方式是学校的有42人,占总人数的 41.2%;认为有利于余杭滚灯传承的方式是传承人和网络的分别有 12 人和 14 人,占总人数的 11.8%和 13.7%。这说明大部分传习人认为学校是传承非遗文化的重要载体,只有让孩子从小去接触非遗文化,了解余杭滚灯文化,培养喜爱余杭滚灯的意识,才能从根本上传承好余杭滚灯,而当前余杭滚灯的学校传承还在逐步开展当中,只有部分小学和高校开设滚灯文化课程,还需要校领导和相关单位通力合作。另外社区培训也是传承的主要方式之一,这也需要区政府和各文艺部门多组织、多开展、多培训,并且能有固定的时间、固定的地点。

表 9-14 余杭滚灯传习人群体传承路径(N=102)

	学校	网络	家庭	社区培训	传承人	其他
人数	42	14	10	22	12	2
比例	41.2%	13.7%	9.8%	21.6%	11.8%	2%

(四)新时期余杭滚灯非遗项目制作工艺现状

余杭滚灯传承,除了传承它的习俗和技艺,它的制作工艺和制作传承人也属于传承内容,是需要保护和发展下去的。

1. 余杭滚灯的工艺制作人现状

从表 9-15 可以看出,当前余杭区竹制滚灯的制作人只有一人:莫德兴,男,66 岁,南苑街道翁梅村人,目前是杭州市第二批区级非遗传承人之一和余杭区首批民间艺术家之一,政府每年为传承人莫德兴资助奖励数万元。据走访调查,由文化馆负责人刘涛主任介绍,莫德兴出生于篾匠家庭,从小就以编制竹品为生,后来翁梅文化站站长王宝林在弘扬滚灯艺术的过程中,请求莫德兴帮助制作滚灯,从此莫德兴就与滚灯结下了深厚的缘分。随着余杭滚灯的发展,莫德兴也变得越来越忙碌,当前余杭区各街道表演的滚灯制品,大多数都来自他的制作。但是问题也逐渐浮现出来,目前会制作竹制滚灯的手艺人只有莫德兴一人,他已经年过六旬,随着年龄的增长,之后很难再继续制作。另外据了解,目前莫德兴有骨刺病痛的症状,也没有找到接班人来传承滚灯制作艺术,大多数年轻人愿意欣赏表演,但是不愿意去制作,这在一定程度上会遏制了余杭滚灯活动的开展。因此需要相关领导重视这个情况,开展制作培训,提高人们的传承意识和文化意识,共同传承滚灯的制作艺术。

表9-15 余杭滚灯工艺制作人现状

维度	主要情况
基本信息	莫德兴;男;66岁;目前职业是滚灯篾匠
级别	区级非遗代表性传承人
项目	滚灯制作
传承情况	拜师学艺;暂无接班人
奖励情况	区文化馆每年资助1万余元
荣誉情况	余杭区首批民间艺术家之一

2. 余杭滚灯的传统与现代区别现状

从表9-16可以看出,余杭滚灯制作材料有竹制、塑料、钢制,制作方式有人工制造和机器生产;在生产数量上,传统的竹制滚灯每年生产一百个,现代的塑料滚灯每年生产两千个。据了解,滚灯制作最具代表性的是居住在南苑社区翁梅村的莫德兴师傅。据莫德兴师傅介绍,滚灯制作程序复杂,其工序有选竹、锯竹、铺竹等十余道,还要将篾片编扎成一个个五角星的形状,才能够体现一个"圆"字,最后制成外球和里面的内球,内球悬空吊在外球里边,内外球不会碰撞,其制作程序较为复杂但也非常美观(见图9-3);塑料滚灯相对来说就简单了很多,在选材上就省去了很多步骤,只要先编织成一个个五角星的图案,再进行组装,装上机关,就可以旋转,最后将现代的LED灯装进去,滚灯亮度大增、滚动不灭,灯的外观更趋向工艺品(见图9-4),这样就大功告成了。总的来说,无论是竹制滚灯还是塑料滚灯,都具有相当大的审美价值,因此当前滚灯制作要两头抓,既要用节能材料来制作滚灯,也要保证原生态的滚灯制作方式一直传承下去。

表9-16 余杭滚灯传统与现代区别情况

	传统	现代
材料	竹制	塑料或者钢
方式	人工编扎	机器生产
制作流程	先选竹、锯竹、铺竹、劈篾、编扎、固定、校圆;内外制作两层(称外胆和内胆),内胆用红绸或黑绸包贴;最后灯心放上蜡烛	用磨具进行打样,先制成一个个五角星,再进行组装,最后灯心用电池代替蜡烛
数量	每年一百个	每年两千个
制作地区	翁梅村传承人家	义乌小商品市场

图 9-3　莫德兴师傅制作滚灯　　　　图 9-4　参与人实地调查拍摄

余杭滚灯的制作工艺,是一种艺术,全凭制作者多年来的操作经验,堪称民间艺术的珍宝。

3. 滚灯制作工艺传承制约因素

针对当前余杭滚灯原生态的竹制品制作人少、难以传承的情况,总结了原因,并对一批余杭滚灯传习人展开了调查,具体见表 9-17。

表 9-17　传习人认为滚灯制作工艺难以传承的影响因素(N=102)

影 响 因 素	人数	百分比
制作传承人太少,后继无人	15	14.7%
文字记录、图片、影像资料记录较少	14	13.7%
没有实用性,属于民间艺术类,不受现代人喜欢	22	21.6%
制作技术难,手工成本高,受到现代工业化生产的冲击	20	19.6%
没有经济效益导致市场接受少	29	28.4%
其他原因	2	2%

由表 9-17 得知,传习人认为余杭滚灯制作工艺难以传承的原因是多方面的,主要原因是滚灯制作"没有经济效益导致市场接受少"和"没有实用性,属于民间艺术类,不受现代人喜欢",分别占 28.4% 和 21.6%,次要原因是滚灯制作"技术难度大,手工成本高",没有人有耐心去学习这门工艺。因此本研究认为,要改变现状,就不仅仅是

重视和保护的问题,而是需要考虑怎么挖掘和传承。光靠工艺制作的传承人是不够的,懂得制作的传承人数量少,年龄大而且文化程度低,会做但不一定会讲、会记录。最好的方式是在高校开设相关课程,或者开展一些民间工艺或民间艺术的专业,然后邀请在某个领域有较深功底、有影响力的民间艺人走进高校传授课程。另外,区文化馆相关单位的负责人也要注意这个情况,加大对制作人的资金投入和政策支持,吸引更多年轻人前来学习。

(五) 新时期余杭滚灯非遗项目传承基地现状

1. 新时期余杭滚灯传承基地评定现状

非遗传承基地主要是为建设民族民间音乐,民族民间美术,民族民间舞蹈、戏剧、戏曲、曲艺、传统手工技艺和民族传统体育等传统文化项目而建设的。近年来,为了进一步完善非物质文化遗产保护机制,促进非物质文化遗产的有效传承和发展,2011年杭州市余杭区颁布了《余杭区非物质文化遗产名录项目保护与管理暂行办法》(余政办〔2011〕227号)①,决定开展第三批余杭区非物质文化遗产传承基地申报和评定工作,通过在一些有条件的乡镇和学校建立余杭滚灯传承基地和传承人申报以及建立核心人才队伍使余杭滚灯得到有效传承。经过区文化馆走访调查可知五个传承基地,如表9-18所示。

表9-18 余杭滚灯主要传承基地评定现状

序号	单位名称	基地名称	列入基地时间
1	余杭区文化馆	教学及宣传传承基地	1997年
2	南苑街道钱塘村	教学传承基地	2008年
3	南苑街道西安社区	教学传承基地	2008年
4	中泰武术学校	教学传承基地	2010年
5	武警浙江省总队后勤基地司机训练中队	教学传承基地	2013年

从表9-18中可以看出,目前余杭滚灯的主要传承基地有五个,主要为教学传承基地,余杭区文化馆最早被列为传承基地,也是最为重要的传承基地,自1997年以来举办了数十次滚灯培训班以及下基层培训辅导,积极促进滚灯进入学校,在多所学校

---

① 余杭区颁布《余杭区非物质文化遗产名录项目保护与管理暂行办法》(余政办〔2011〕227号)[R]. (2011-02-27). www.yuhang.gov.cn/xxgk/zcfg/bmwj.

开展滚灯活动,为全区各乡镇各街道输送了大批滚灯人才,使每个街道、镇都有一支不低于 10 人的滚灯队伍。南苑街道钱塘村和西安社区都属于原翁梅乡,是余杭滚灯的发源地,新中国成立后 1963 年余杭滚灯首次亮相就是在这里,目前这里有着大批的滚灯老艺人,在老艺人的指导下,其他滚灯艺人也在快速发展,并且经费投入也逐年增加,近 3 年来投入资金 50 余万元,主要用于滚灯队开展活动、滚灯制作及滚灯队伍补助。中泰武术学校是一所民办武校,创建于 1955 年,有着一大批热爱武术的学员,之前中泰武术学校的校长史云岗对余杭滚灯情有独钟,于是和区文化馆合作,编排了一套武术版本的余杭滚灯,并在 2008 年作为浙江省唯一的参赛节目参加北京奥运会开幕式表演,这说明文化馆领导和校领导的重视对余杭滚灯的迅速传播和发展产生了巨大帮助。浙江武警训练中队在 2013 年成为传承基地,余杭滚灯的锻炼套路传授给武警战士们,既能锻炼武警战士的身体素质,也能够陶冶情操、丰富生活,共同为余杭增添风采,赢得荣誉。

2. 新时期余杭滚灯传承基地经费投入现状

从表 9-19 可以看出,五个传承基地在经费上,余杭区文化馆投入的经费最多,每年大概有 100 万元;其次是南苑街道钱塘村和南苑街道西安社区,加起来每年也有十来万元;再次是中泰武术学校,每年投入 2 万元;最后是武警浙江省总队后勤基地司机训练中队,由于各种原因,没有调查到武警中队的经费支持情况。这表明当前余杭滚灯传承基地中区文化馆作为最早建立也是最为重要的传承基地,经费投入最多,这有利于滚灯活动的开展、培训及演出等,但这也导致其他传承基地开展的活动相对较少些。据了解,南苑街道西安社区滚灯代表队出去比赛由于经费不够,很多队员及管理者都自掏腰包解决部分问题,中泰武术学校也因为经费投入不多,开展培训和比赛活动的频率也不高,这就不利于余杭滚灯的持续性发展。相关领导需要重视这个问题,根据实际情况提高其他基地的经费投入。

表 9-19 余杭滚灯传承基地经费投入现状

序号	单位名称	经费支持
1	余杭区文化馆	每年 100 万元
2	南苑街道钱塘村	每年 3 万元
3	南苑街道西安社区	每年 10 余万元
4	中泰武术学校	每年 2 万元
5	武警浙江省总队后勤基地司机训练中队	不详

3. 新时期余杭滚灯传承基地骨干培养现状

从表9-20可以看出，当前余杭滚灯传承基地骨干培养中，余杭区文化馆的骨干学徒较多，有22人，熟练技艺的核心传承人最多，有8名；其次是南苑街道西安社区、钱塘村和中泰武术学校，而武警浙江省总队后勤基地司机训练中队最少，只有7名学徒和1名核心传承人。这说明目前在相关政策文件颁布后，余杭滚灯传承基地的骨干培养受到政府重视，但是也能看出一些问题，五个传承基地的学徒人数大致相同，但是核心技艺传承人数却不一样，余杭区文化馆明显要比其他传承基地多，尤其是近年来刚成立的武警总队训练中队，无论是学徒还是核心传承人都特别稀缺，这需要当地政府及文体中心对其予以关注和支持，克服困难，加大支持力度。同时，当地政府应采取有针对性的扶持措施来增加其他传承基地的骨干人才，使各个传承基地都具备同样的条件来共同推动余杭滚灯传承的开展。

表9-20 余杭滚灯传承基地骨干培养现状

序号	单位名称	骨干学徒	核心传承人
1	余杭区文化馆	22名	8名
2	南苑街道钱塘村	15名	4名
3	南苑街道西安社区	24名	4名
4	中泰武术学校	20名	2名
5	武警浙江省总队后勤基地司机训练中队	7名	1名

4. 新时期余杭滚灯传承基地传承活动现状

从表9-21可知，在当前主要的余杭滚灯传承基地活动情况中，在训练时间上，余杭区文化馆的训练时间最多，每年不低于100天；其次是中泰武术学校、南苑街道西安社区和南苑街道钱塘村，每年有90天和60天的培训时间；而武警浙江省总队后勤基地司机训练中队每年有1个月的训练时间。在活动展演上，余杭区文化馆的展演次数最多，每年有100余场，其他基地的活动展演就少了很多，南苑街道西安社区和钱塘村每年只有30余场和20余场，中泰武术学校和武警浙江省总队后勤基地司机训练中队每年只有10场。这说明当前余杭滚灯的活动开展重心主要在余杭区文化馆，其他基地的活动没有得到政府更好的支持。另外，2017年余杭区政府颁布的

《余杭区非物质文化遗产项目传承基地建设指导意见》[①]中建议:传承基地活动训练时间每年不少于100天,目前部分传承基地还没有落实到位,需要相关单位领导予以重视。

表9-21　余杭滚灯传承基地传承活动现状

序号	单位名称	训练(时间)	展演(次数)
1	余杭区文化馆	每年不低于100天	每年100余场
2	南苑街道钱塘村	每年不低于60天	每年20余场
3	南苑街道西安社区	每年90天	每年30余场
4	中泰武术学校	每年90天左右	每年10场
5	武警浙江省总队后勤基地司机训练中队	每年30天	每年10场

(六) 新时期余杭滚灯非遗项目传承方式现状

非遗项目要延续下去重点在于传承,而余杭滚灯的传承方式在过去有两种:一是以村落为基地的村落传承,二是以家族为基础的家族传承。而新世纪的非遗传承要求更先进的传承模式,所以在新时期背景下又出现了校园传承和社会传承两种新的传承方式。

1. 村落传承情况

余杭滚灯发源于南苑街道"余杭滚灯"的翁梅、钱塘村一带。旧时翁梅乡、钱塘村等村庄之间相互比试高低,就往往借助滚灯表演水平的高低,其被看成一个村落的荣誉,在这个背景下产生了村落传承这种方式,但是由于表演动作充满竞技性且难度高,不适合现代社会发展,已经越来越少见。

2. 家族传承情况

家族传承又称为亲缘传承,特征是父传子、子传孙,主要集中在手工艺等一些技艺性、专业性要求较高的行业里,指的是在有血缘关系的人们之间开展的教授和传习,一般不传授给外人。例如,南苑街道西安村的汪妙林就是其中一个代表,汪妙林家祖辈都喜欢舞滚灯,生长在这样的环境中让他从小就对滚灯产生了极大的兴趣,在祖辈的耳濡目染下,学会了滚灯的技艺,如表9-22所示。

---

① 余杭区政府办公室:《余杭区非物质文化遗产项目传承基地建设指导意见》[R].(2017-11-06). www.yuhang.gov.cn/xxgk.

表9-22 余杭滚灯家族传承谱系

代别	姓名	性别	出生年月	文化程度	传承方式	学艺时间	居住地
第一代	汪阿长	男	1892	不详	师徒传承	不详	杭州翁梅
第一代	汪阿江	男	1905	不详	家族传承	不详	杭州翁梅
第一代	汪阿龙	男	1908	不详	家族传承	12岁	杭州翁梅
第二代	汪生洪	男	1912	小学	家族传承	14岁	杭州南苑街道
第三代	汪妙林	男	1945	小学	家族传承	16岁	南苑街道西安村
第四代	汪永华	男	1974	初中	家族传承	15岁	南苑街道西安村

由表9-22可知,汪妙林作为余杭滚灯家族传承的主要代表性人物,共传承了4代,传承谱系为汪阿长(第一代代表)→汪生洪(第二代代表)→汪妙林(第三代代表)→汪永华(第四代代表);且均为男性,没有女性,这说明余杭滚灯有着传男不传女的传统观念,在一定程度上限制了余杭滚灯的传承发展;并且这些传承人都是从小十来岁就开始学习滚灯,有着精湛的滚灯技艺,都在杭州余杭区一带生活。由于近现代战争的原因,他们大部分文化程度不高;目前家族传承只传承到汪永华第四代,还是以传男为主,这样不利于家族传承的全面性和延续性,还需要他们一直坚持下去,让儿女们都能够把这项艺术瑰宝传承下去。

3. 社会传承情况

所谓社会传承,是在非遗的概念下,由政府、民间文艺团体、区文广新局和学校等相互联合,为抢救、挖掘、保护、传承非遗项目文化而自然形成的一系列社会性传承方式,包括演出、比赛、传授等形式。这种传承方式有着鲜明的时代性、地域性和创新性。

(1) 余杭滚灯社会传承的主要形式及规模现状

从表9-23可以看出,目前余杭滚灯社会传承的主要组织机构有余杭区非遗中心、余杭区文化馆、南苑街道西安社区、余杭区木兰拳协会和中泰武术学校,组织形式基本都是展览、演出、培训和比赛。在组织人数上,各个机构都有固定的队伍。据调查,余杭区政府是将余杭滚灯作为文化金名牌重点打造的,主要以区文化馆带头进行培训,多次举办余杭滚灯培训班、下基层培训指导,向其他组织机构不断输送人才,现在余杭区各个机构组织起来的队伍有30支,形成了以文化馆和传承基地滚灯队带动全区滚灯队共同发展的社会传承形式。

表9-23 余杭滚灯社会传承组织形式及规模现状

组织机构	组织形式	组织人数
杭州余杭区非遗中心	演出、展览	10名骨干队员
余杭区文化馆	演出、比赛、培训	15名专业人士
南苑街道西安社区	演出、比赛、展览	20—30人
余杭区木兰拳协会	演出、比赛	30—40人
中泰武术学校	比赛、演出	20人

(2) 余杭滚灯社会传承主要活动

从表9-24可以看出,近两三年余杭区滚灯的传承活动还是比较多的,活动人数在数十人到数百人不等。活动范围比较广泛,有广场、电视台、军营等,表演时间大多以元宵节、劳动节等传统节日为主(见图9-5、图9-6),这说明余杭区的余杭滚灯活动发展还是不错的,需要继续保持下去。

表9-24 近几年余杭区滚灯社会传承活动

时间	活动名称	人数	活动地点
2016年5月	滚灯操邀请赛	230人	临平人民广场
2016年8月	全省特色小镇文化建设展演	100人	余杭区人民广场
2017年2月	中央电视台三套贺岁档节目	12人	电视台
2017年2月	元宵节节目	10人	临平人民广场
2017年5月	滚灯操培训	200人	余杭区西部五镇
2017年6月	滚灯龙节目	30人	浙江省文化礼堂
2017年8月	文艺活动表演	60人	"美丽洲大舞台"广场
2017年11月	戒毒活动	10人	良渚戒毒所
2018年5月	五一劳动节节目	20人	驻临平某部军营
2018年8月	余杭区首届"百姓日"活动	20人	余杭区老干部活动中心
2018年8月	全国助残日	40人	杭州市钱江新城
2018年10月	万圣节之夜	20人	艺尚小镇

图 9-5 2018 年元宵节演出 　　　　图 9-6 2018 年"传承非遗"活动演出

从表 9-25 可以看出,这些年来余杭滚灯的对外交流活动有很多(见图 9-7、图 9-8),既有国内的活动也有国外的活动,这就使余杭滚灯得到了有效的保护、传承、发展,影响力不断扩大,让全国人民乃至世界人民认识和感受到余杭滚灯的魅力和深厚的文化底蕴。但是也不难发现,从 2016 年到 2018 年,余杭滚灯就没有开展对外交流活动了,今年年初有一场赴中国台湾的交流活动,但也说明近几年余杭滚灯对外交流次数逐渐减少,大部分的滚灯活动都局限在余杭区内(见表 9-24),还需要相关领导予以关注与支持,让这一优秀传统民间艺术在余杭大地上散发出更加夺目的光彩。

图 9-7 2004 年在法国演出 　　　　图 9-8 2019 年在中国台湾演出

通过社会传承的方式,余杭滚灯名声在外,各种交流活动更为频繁,多次应邀参加了省内外、全国以及国际的大型活动,广受赞誉。因此目前要大力坚持社会传承方式。

4. 校园传承情况

新时期以来,越来越多的非遗文化活动走进校园,非遗文化项目已成为杭州余杭的新景。据介绍,余杭从全区近百项非遗文化目录中筛选了42项适合学校教学的项目,通过学校自行申报认领、帮助学校开设日常非遗文化课堂、联系民间艺人传授、组建学校青少年艺术队等方式传承非遗文化。根据余杭区文化馆办公室主任刘涛介绍,当前余杭自2012年起已有近十所中小学校(见表9-25)建立了非遗文化传承基地,而余杭滚灯也成了中小学的非遗课程之一。

表9-25 近年来余杭滚灯传承对外活动现状

时间	形式	地点	交流内容
2004年	受邀	法国	余杭滚灯应邀赴法国参加尼斯狂欢节表演
2008年	受邀	北京	余杭滚灯作为北京奥运会开幕式节目演出
2009年	展演	上海	余杭滚灯参与全国传统舞蹈展演暨颁奖活动
2010年	受邀	新西兰	余杭滚灯赴新西兰参加新西兰元宵灯会
2010年	展演	上海	三次亮相上海世博会
2011年	展演	深圳	余杭滚灯参加第八届全国残疾运会开幕式演出
2012年	受邀	电视台	参加中央电视台"2012中国民族民间歌舞乐盛典"录制
2013年	展演	南京	参与中国群众文学会组织的全国民间艺术展演
2019年	受邀	中国台湾	赴中国台湾参加南投县元宵灯会闭幕式和信义乡文化交流

从表9-26可以看出,在中小学中有3所学校开展了余杭滚灯课程,课程的形式有必修课也有兴趣班,课时基本每周两次课,年级在二年级到四年级之间,这说明余杭滚灯及其他非遗项目越来越被更多的校园认可,但是也能发现余杭滚灯的课程开展主要分布在小学,初中校园目前还没有涉及,这就表明余杭滚灯课程开展不够广泛,仅限小学校园,这将限制余杭滚灯开展的普及性。在高校方面,据调查,2009年底余杭滚灯以舞蹈选修课的形式走进了浙江师范大学的第一节传统舞蹈课,由余杭文化馆派出三位文艺室的舞蹈演员来教学,一周有两个课时,"余杭滚灯"就是课程的首要内容。2010年余杭滚灯课程又进入杭州师范大学音乐学院,在杭师大音乐学院开设滚灯课程,也是每周两个课时,为选修课程。但是学生并没有配套的教材,更多的还是教师口传身授,这不利于学生更好、更全面地了解余杭滚灯。

表 9-26　杭州市主要非遗项目传承学校（区文化馆提供）

学校类型	名称	课时（每周）	课程形式	年级	教材
中小学	中泰武术学校	1	体育必修	二年级	有
	仁和中心小学	2	兴趣班	四年级	无
	中泰中心小学	2	体育必修	二年级	有
高校	杭师大音乐学院	1	选修课	大一艺术类	无
	浙江师范大学	2	选修课	大一艺术类	无

由此看来，目前国家越来越重视非物质文化遗产项目，尤其是中小学和艺术类的高校也越来越重视传统民族项目，如余杭滚灯的传承文化教育。但是要注意，余杭滚灯走进校园也就短短几年，而且仅仅是在杭州余杭的小学校园开展，并没有普及到初高中学校，日后的发展任重而道远，还需要矢志不渝地坚持下去；另外高校方面主要分布在浙江本地的学校，且是在艺术学院开展滚灯相关课程，课程性质以选修课为主，大多数学校舞蹈课程都是传统的民族舞、新兴的现代舞、拉登舞等，还没有引入余杭滚灯这一传统舞蹈，还需要相关校领导重视起来。

二、新时期余杭滚灯非遗项目传承困境及成因

余杭滚灯在新时期的传承和保护有了一定的发展，但是相较于前些年份，在2008年奥运会和2010年世博会与新西兰交流会发展到顶峰后，这几年的发展趋于平缓，并无实质性的进步，主要原因为以下几点。

（一）代表性传承人后继无人

根据对代表性传承人的调查可知，当前得到认定的代表性传承人只有汪妙林老先生一人，他今年74岁高龄了，已经年过七旬，且受传男不传女传统观念的影响。虽然他的儿子汪永华及后辈都有耍滚灯的爱好，但毕竟只是兴趣爱好，没有作为主业，也没有得到国家和政府的认定。这就说明随着时间的流逝，传承余杭滚灯会越来越困难，最终会导致这门技艺失传。因此当前代表性传承人的缺失让人感到担忧。

（二）原生态余杭滚灯制作工艺濒临失传

根据余杭滚灯制作工艺的现状调查可知，滚灯主要有竹制和塑料制作两种形式。目前在余杭只有莫德兴师傅会做，这就导致原生态竹制滚灯产量低、承受能力差。在传习人看来，滚灯的制作工艺难以传承的主要原因有：文字、视频图片记录少、新兴工业的冲击、没有带来经济效益等，使得学习制作的人越来越少，而且更多的人尤其是

年轻人只喜欢观赏和表演,对制作兴趣不大,导致目前余杭滚灯的销路很窄,余杭能制作原生态竹制滚灯的只有一人,这就说明余杭滚灯的制作工艺目前处在一个危险的边缘,没有人传习,也没有进行产业化经营,因此需要有关部门和管理者给予重视。

(三) 余杭滚灯传习群体结构单一

通过上述分析可知,余杭滚灯的传习群体特征是:男女比例不平衡,呈现女多男少的趋势;余杭滚灯传习人的年龄段主要集中在 41—50 岁,属于中老年阶段,年轻一代后备力量不足;余杭滚灯传习人文化程度有半数在初高中学历,这说明这些传承队伍都受过一定的教育,有利于余杭滚灯的传承发展和研究水平的提高,但是大学专科及本科学历的人较少,还需要大力培养;余杭滚灯传习人的工作性质以退休的群众为主,传承范围和广度较窄,这不利于余杭滚灯的快速发展;另外,有部分的传习人对余杭滚灯的起源和文化源流认知度不够,同时学习滚灯的年限也短,这样缺乏对余杭滚灯的基本了解和认识,以及对传统文化的保护意识;传习人群体参与滚灯活动的经费除了由政府和广告商提供外,还有 29.4% 的人群是自掏腰包。这些数据都说明余杭滚灯的传习队伍结构单一,政府扶助力度不够,主要原因还是目前传习的年轻人太少。现当代社会快速发展,更多的外来文化涌进,人们倾向于选择新兴文化,例如新兴的街舞、拉丁舞、爵士舞等舞蹈,而对余杭滚灯这个传统舞蹈兴趣不大,年轻人传承意识薄弱,导致没有年轻人来学习这个项目,这是目前传承余杭滚灯的困境之一,需要政府、区文广新局以及代表性传承人的共同参与,通过对传习人群体进行相关的教育培训,丰富传习人群体的文化知识,提高他们的文化层次,这样就能培养出更多专业的、合格的、具有深厚文化底蕴的余杭滚灯传习人。

(四) 教育传承方式意识薄弱

根据调查可知,目前余杭区有近十所学校开展了非遗文化课程,其中余杭滚灯作为杭州文化的金名片,有三所小学开展了余杭滚灯课程。但是开展的区域主要在小学,规模和数量少,初中和高中没有滚灯课程,主要是目前初高中都面临着升学压力,学生以学业为主,没有多余的时间开展余杭滚灯课程学习,最多就是用一两节课介绍,并没有以必修课的形式开设,这就导致余杭滚灯在校园传播的不广泛、不全面,一定程度上遏制了余杭滚灯传承的步伐;高校方面,在大多数高校体育课程系统中,舞蹈课程大多是传统的民族舞、现代舞、拉登舞等,有关余杭滚灯的舞蹈课程,据调查只在浙江师范大学和杭州师范大学开展过,这就导致余杭滚灯的传播范围不够宽泛,年轻一代人不能更好地去了解和传承,导致余杭滚灯始终处于不温不火的状态。如何让余杭滚灯真正走进校园,需要多方面的不断努力。

(五) 余杭滚灯文化交流弱化

据余杭滚灯社会传承的调查可知,自20世纪90年代余杭滚灯参与建国五十周年表演后,政府就制定了关于余杭滚灯的保护计划和措施,并在余杭区文化馆培养了一批滚灯的表演队伍,每年拨付数十万的专项资金,帮助余杭滚灯的传播与交流,进入奥运、亮相上海世博并开展国外交流。但是据调查,在2016年至2018年这3年期间,余杭滚灯没有开展一场对外活动,大多数的滚灯表演和交流都仅在余杭区本地,对外活动交流和展演大大减少,大部分滚灯的训练及其演出都是应急性的,主要原因还是政府对余杭滚灯的重视程度和政策支持力度逐渐下降,这就导致余杭滚灯在保护与交流中始终处于不温不火的发展趋势。

第三节 余杭滚灯非遗项目创新发展和推进策略

传承与发展创新余杭滚灯这一非物质文化遗产,需要政府部门和人民群众的共同努力,在传承过程中不仅要保持余杭滚灯的原真性,同时还要对余杭滚灯进行创新,从而形成有效的传承与保护体系。

一、明确政府部门职责,健全余杭滚灯创新发展机制

1. 传承人认定政策创新

当前余杭滚灯代表性传承人有国家级传承人汪妙林和区级传承人莫德兴两人。汪妙林是技艺方面的传承者,莫德兴是滚灯制作工艺方面的传承者,两人年龄较大,且文化程度不高。因此保护好他们对余杭滚灯的发展至关重要,而截至2019年2月,其他认定的传承人还没有确定下来,这就不利于余杭滚灯的有效传承。因此目前最主要的是尽快颁布政策,在性别、年龄、经验上放宽,再确定省级、市级传承人,形成国家级、省级、市级、区级的完整传承体系,让每一个热爱余杭滚灯并具有实力的人都有机会申请,同时政府部门还要加强青少年传承人的培养,让更多的年轻一代了解和学习这一传统项目,以此推动余杭滚灯的活态保护,让余杭滚灯后继有人。

2. 传习人群体结构优化

目前余杭滚灯传习最大的困境是传习人大多是中老年,需要进一步培养更多的年轻传习者。这就需要相关部门加大余杭滚灯的宣传力度,拓宽宣传方式,让更多的年轻人能通过电视、节日活动、广告等形式进一步了解和感受滚灯,再重点选拔几支有特色、能承担传承责任的队伍到各个高校进行演出或者开展讲座,吸引更多的年轻大学

生参与;影响年轻人难以传习的根本原因还是资金投入不够以及无法与年轻人爱好相投,这就需要加大余杭滚灯的资金投入,并且在表演形式上与新兴舞蹈融合,让越来越多的年轻人喜欢上这一传统项目。

另外,还必须增强传习人自身的文化素质和传承意识,从内心深处来重新审视。据调查,有四分之一传习人并不清楚余杭滚灯文化的发展源流,大部分的传习人只看重滚灯的健身效果和美观程度,知其然而不知其所以然。因此要对这些传习人进行结构优化,通过开设培训班的形式,传授关于非遗的文化和知识,让传习人认识到余杭滚灯是民俗的,是人民的,是世界的,改变之前那种功利主义的观念,即只重视滚灯的健身和艺术价值,提高他们的认知能力和文化意识,从而培养出更合格、更优秀的传习人。

3. 建立专项保护基金

作为首批国家级非遗项目,余杭滚灯的传承和发展一直是政府起主导作用,没有政府的支持及引导,余杭滚灯的发展就会受到限制而导致止步不前。因此政府要为余杭区的滚灯活动开展提供必要的物质保障,包括设施和经费,建立余杭滚灯专项保护基金以保证余杭滚灯活动有序进行。另外,对那些在余杭滚灯传承与发展方面作出巨大贡献的单位和个人,也要提供奖赏和表彰,并同样设立基金,从而提高他们传承余杭滚灯的积极性,主动地参与余杭滚灯的保护和传承工作,为余杭滚灯今后的繁荣和发展增添更多光彩。

二、丰富余杭滚灯文化形式,促进余杭滚灯技艺活态创新

1. 挖掘滚灯传统技艺

传统的余杭滚灯技艺套路是传承人不断完善加工后一代代传承下来的,共 9 套 27 个动作,但是随着年代久远,很多动作基本都失传了,现在很多传承人也只会十余个动作,因此现阶段有关单位要重视这个情况,挖掘滚灯传统技艺,比如"霸王举鼎""金球缠身""旭日东深"等动作气势磅礴,极具观赏性,但是会做的传承人实在太少,相关部门要组织人手前往当地调研,采访有关传承人;或者对上海奉贤滚灯传承人和浙江海盐滚灯传承人进行走访询问,再以录音、视频等多媒体的形式把动作要领记录下来,充分把这一传统技艺动作挖掘出来,使其更加完善。另外,建议在开展余杭滚灯比赛或者演出时,可以设立传统动作技艺套路和创新技艺套路两种表演形式,这样既可以传承原生态的优秀滚灯动作套路,也可以欣赏到创新编排的套路。

2. 创新余杭滚灯文化形式

余杭滚灯具有丰富的艺术和文化价值,随着生活节奏的加快和人们生活水平的提高以及各种娱乐形式的出现,越来越多的人审美需求逐渐提高,余杭滚灯在此情况下要进行形式创新才能满足现代人的需求。余杭滚灯的文化形式可以从以下几点入手:可以召集专家召开研讨会,对滚灯进行创编,重点突破余杭滚灯的舞蹈表现形式,向体育健身操转型,例如创编滚灯操,与当前的广播体操融合在一起;还可以与传统的民族舞、现代的爵士舞融合在一起,形成新兴的滚灯套路,从而增加趣味性;在音乐上,可以请相关的专家来进行改编,增加滚灯的音乐曲目;在动作上,可以剔除掉原来多余的和威胁人身安全的动作,做到整齐划一不凌乱,并加入武术套路的动作,使其更具有观赏性;另外,最主要的还是挖掘余杭滚灯作为非遗项目所蕴含的文化底蕴,因此在创新余杭滚灯的文化形式时,要体现它的文化价值和意义,从而使其更好地成为人民群众所喜闻乐见的文化。最后,每年至少举行一次滚灯体育大赛,让传承有新路径。通过开展培训班,让各个街道的文艺骨干参加培训,再将所学内容传授给各村(社区)的队员们,再一起举行比赛,实现"让更多的人动起来、跳起来"的全民健身初衷,这就使传承余杭滚灯有了新的路径。

3. 充分利用滚灯人才

滚灯人才不仅仅指动作技艺方面的传承人和制作技艺的传承人,还包括滚灯的组织者和研究者,当前余杭滚灯从发掘到走出国门,都是各个行业的滚灯爱好者共同推动的结果,这里有非遗中心的工作者、制作滚灯曲目的工作者、包装滚灯装饰的工作者、进行动作编排的工作者以及民间热爱滚灯艺术的工作者们,他们交流和合作,共同促进一场场滚灯活动完美顺利地展开,他们都是优质的滚灯人才。因此政府部门除了大力支持传承人和传习人,保障他们的权利和经费之外,对这些滚灯的组织者和研究者也要予以支持和鼓励,目前余杭滚灯的传承缺乏这些优质人才,必须要进一步培养和招录,以保证余杭滚灯传承与发展能够有条不紊地进行。

三、标记余杭滚灯文化符号,构建余杭滚灯产业品牌

1. 标记余杭滚灯文化符号

文化符号是代表特定文化形态及其明显特征的凝练、独特的象征形式系统,在文化形象的构建中有着特殊的意义,"是文化软实力的最直接体现"。余杭滚灯作为高雅的民俗文化,是余杭区的金名片,想要传承树立形象并扩大其影响力,打造属于余杭滚灯的文化符号是必不可少的措施,因此当地政府必须予以重视,要把余杭滚灯文化符

号上升到杭州市的文化建设工作日程,出台相关政策和举措,再落实到位;另外,除了政府支持,关于余杭滚灯文化符号的设计必须要顺应时代需求,要符合社会大众的审美观和价值观,摒弃具有低俗、暴力形象的符号,例如创造属于余杭滚灯的 LOGO,可以借鉴当前的时尚品牌,比如香奈儿、古驰的 LOGO 等,做到简单大气美观就可以。打造余杭滚灯的 LOGO 符号,使艺术与文化融合,可以更好地传承余杭滚灯这一传统优秀文化,对余杭滚灯走出国门、传播世界有着巨大的作用。

2. 打造余杭滚灯特色产业

余杭滚灯特色产业的创新。滚灯文化产业可以与其他不同的行业进行跨界融合,无论是食品、服装还是科技,都能够有滚灯的特色,例如服装行业可以将滚灯动作设计进去,食品行业可以在包装上融入滚灯的元素,让更多的人被这一优秀民俗文化项目所吸引,从而进一步弘扬余杭滚灯的艺术魅力。当前中国的影视剧行业发展火爆,余杭滚灯完全可以借助剧情或者节目在热播的电影、演唱会或者电视剧里亮相,这样电视机前的亿万观众都会在不经意之间发现这样一个古老而又充满魅力的运动文化。通过这一系列的产业融合,可以帮助余杭滚灯形成新的业态,传递中国传统文化精神与核心价值观。所以说余杭滚灯的创新发展,打造余杭滚灯特色产业是不可多得的措施,当地相关部门应该给予支持和帮助。

3. 构建余杭滚灯知名品牌

如今的时代是信息高速发展的时代,人们生活需求越来越高,因此要想构建余杭滚灯产业的品牌化发展,首先是要使余杭滚灯产业化,制造品牌的时候一定要适应时代生活需求,具有实用性,例如与服装业融合,衣服设计上体现余杭滚灯的图案,使其更加美观和直观;或者在钥匙扣中加入滚灯的工艺品,使其能融入生活、融入时尚;再或者与当代艺术形式相联系,和生活中常见的产品结合在一起。总之,市场经济看重的是利润,余杭滚灯品牌一定要与人民生活需求相联系才可以得到更好的发展。其次,构建余杭滚灯品牌要彰显其个性,余杭滚灯作为非物质文化遗产,最好能有物质载体为依托,例如先打造一个余杭滚灯非遗展览馆,然后将余杭滚灯与传统工艺美术相结合,开发富有特色的余杭滚灯纪念品,售卖给每一个前来看展览的观众,满足当前市场需求。这样才能更好地促进余杭滚灯产业的品牌化发展。

余杭滚灯的品牌化发展是不能一蹴而就的,要在当地政府和群众的共同努力下,不断地摸索,探寻最有效的措施,将发展和创新融入滚灯中,走精细加工的道路,并结合现代的生活理念,打造滚灯工艺精品,这样才能留住传统的民俗项目,留住先人们留下的灿烂文化。

四、焕发余杭滚灯生命力,推动余杭滚灯旅游小镇建设

1. 寻求政府支持和资金投入

想要让余杭滚灯获得快速的发展,最主要的是要有政府部门的重视与支持,政府作为优秀传统文化的倡导者和传播者,要加大政策保护力度和进度。首先,政府要为这些滚灯活动的开展提供必要的物质保障,包括资金和设施方面。其次,政府要督促各文化单位适时开设余杭滚灯的讲座和举行交流活动等,可以邀请奉贤滚灯、太仓滚灯等其他地区的滚灯专家来交流,相互借鉴,取长补短,共同促进滚灯艺术的发展;还可以在各大文化场所,例如杭州市博物馆、各区文化馆大厅展示滚灯工艺品,并用LED大屏幕显示,让人民群众都可以目睹余杭滚灯这一传统艺术的魅力。

除此之外,政府部门还要在资金投入方面予以支持,余杭滚灯很多活动的开展都离不开经费保障,因此要设立专项经费,对一些余杭滚灯的代表性传承人及传承群体给予更多的补贴,提高他们传承余杭滚灯的积极性;同时,发挥余杭区文化馆等其他滚灯传承基地的作用,使其在政府的支持下更好地推动余杭滚灯健康有序地传承。

2. 打造余杭滚灯旅游小镇

杭州作为历史文化名城,有着大量的非遗文化项目,并且作为准一线城市,交通也十分便捷,因此余杭滚灯的保护和传承应抓住大力开发旅游文化的契机,例如打造余杭滚灯特色小镇,在小镇里设立舞台表演、民俗文化体验、滚灯工艺品展览等一系列具有本土特色的项目以供旅客观赏,并且让游客参观和体验滚灯制作,由专人开设现场教学,让旅客亲手参与制作滚灯工艺品,从而使其获得成功制作滚灯的乐趣和新奇感,游客可充分感受余杭滚灯小镇带来的浓厚艺术氛围和文化气息。同时在滚灯旅游小镇里,把余杭滚灯工艺品作为地方特色旅游文化产品进行推广和销售,提高收入和行业竞争力,从而实现经济价值。

杭州作为著名的旅游城市,余杭滚灯要借其势,打造余杭滚灯旅游小镇,发挥很好的宣传效果,有利于余杭滚灯的传承与发展。

五、教育传承路径创新,营造余杭滚灯的文化氛围

1. 转变学校教师观念,提高其文化意识

学校的基本职能是培养专业人才。据调查,当前的中小学及高校开展的余杭滚灯课程中,大部分课程以选修课为主,并且没有课本,这说明校领导及教师、家长还是没有体会到余杭滚灯所蕴含的巨大的文化价值和艺术魅力。因此首要先从校领导、教师、家长这方面入手,让余杭区文化馆的滚灯非遗专家来学校开设讲座和进行演示,积极宣传余杭滚灯课程带来的巨大效益,让教师、家长们看到余杭滚灯真正有价值的一面,从心理上真正认同余杭滚灯。其次,将余杭滚灯纳入中小学和高校的教学大纲,课程形式由原来的选修变成必修,高校可以成立余杭滚灯社团,也可以申报课题,这样能够更好地普及余杭滚灯,让学生真正领略余杭滚灯这一非遗项目的意义和价值,从而培养出更优质的余杭滚灯专业型人才。

2. 充分利用现代教学模式,增强教学效果

传统的教学模式是口传身授的形式,简单的一支粉笔和黑板,即可讲授,而随着社会的进步、时代的发展以及互联网的发展,网络教育是当前一个非常重要的形式,原来的教学模式逐渐缺少新意,无法适应当前的教育趋势,因此目前最重要的是在余杭滚灯的课程教学中引入现代先进手段,丰富教学形式,提高教学效果。

当前许多城市的学校教室都有多媒体放映设备,可以充分利用这一媒介,制作与余杭滚灯相关的PPT课程内容,并利用图片及视频来进行讲解,也可以通过这些手段把学生学习余杭滚灯动作的过程用多媒体放映出来,可以更加直观、更加具体,这样做的好处是可以培养学生学习余杭滚灯的兴趣和提高学生的积极性,并能够引导学生积极主动地发现问题并解决问题,从而锻炼学生的身体能力和大脑判断能力,百利而无一害。

参考文献

1. 寇永俊,牛亚莉.论体育与艺术[J].兰州大学学报(社会科学版),1998(01).
2. 杜智殊,丁振斌.论体育艺术[J].通化师范学院学报,2000(02).
3. 孙惠柱.游戏与竞赛——戏剧和体育的联想[J].戏剧艺术,1997(01).
4. 汪晓云.人类学视野中的戏剧与体育[J].戏剧艺术,2016(04).
5. 胡小明.论体育与艺术的关系[J].体育科学,2008(10).
6. 吴建平,崔国文.论体育艺术[J].体育文化导刊,2009(09).
7. 刘旭东.体育项目的轻型化、绿色化及艺术化[J].体育学刊,2003(02).
8. 张玉娟,文武.体育艺术化形成表象及价值功能[J].企业家天地,2008(10).
9. 侯典云.体育艺术化释义[J].体育学刊,2011,18(02).
10. 侯典云.文化视野中的体育艺术化发展[J].体育与科学,2011,32(02).
11. 俞爱玲,周思红.奥林匹克运动与文化艺术的关系[J].绍兴文理学院学报(哲学社会科学版),2001(06).
12. 曾建川,林德明.从2008北京奥运会开幕式看中国传统武术的文化内涵[J].山西师大体育学院学报,2009,24(02).
13. 王成,田雨普.奥林匹克仪式变迁及其当代价值[J].体育文化导刊,2008(12).
14. 聂啸虎.现代奥运会艺术比赛的由来和历史沿革[J].中国体育科技,2008(06).
15. 范鹏亮,姚健.大型运动会开幕式表演场地的视觉设计发展初探[J].首都体育学院学报,2008(02).
16. 胡雪.北京奥运会开幕式团体操表演设想[J].体育文化导刊,2007(09).
17. 吴欣,黄宽柔.奥运会开幕式文体表演艺术特点与问题评述——兼论广州亚运会开幕式设计[J].体育与科学,2010,31(04).
18. 于丽霞.北京奥运会开幕式的美学审视[D].济南:山东大学,2010.
19. 侯艳清,田雨普.多哈亚运会开幕式的美学审视[J].体育文化导刊,2007(04).
20. 刘春明,徐斌.刍议全民健身运动在中国艺术化的趋势发展[C]//江西省体育科学学会.第一届"全民健身,科学运动"学术交流大会论文集,2016.
21. 侯华.体育艺术的表现形式——健美操的造型艺术[J].西北美术,1995(01).
22. 李敏.体育艺术基本理论与学科建设初探[D].北京:北京体育大学,2007.
23. 胡飞燕,田雨普.艺术·体育·艺术体育[J].成都体育学院学报,2006(06).
24. 张仲宝.论"艺术体育"的成因及共性特征——科学、艺术与人体运动方式的融合[J].体育学刊,2009,16(03).
25. 李敏,马鸿韬.体育艺术基本理论体系构建——"体育艺术"概念辨析[J].北京体育大学学报,2011,34(05).
26. 王静.体育艺术产品开发研究[D].北京:北京体育大学,2014.
27. 侯典云.对体育艺术与艺术体育及其分类的研究[J].山西师大体育学院学报,2011,26(03).
28. 王雷.我国体育艺术学学科理论框架构建[D].北京:北京体育大学,2013.
29. 马鸿韬,李敏,吴梦晗.我国体育院校艺术类专业发展的再审视[J].北京体育大学学报,2015,38(07).
30. 丁小红.对我国三所体育院校表演(体育艺术方向)专业课程设置的研究[D].北京:北京体育大学,2006.
31. 王伶俐.体育院校艺术类表演专业艺术课程设置的研究[D].武汉:武汉体育学院,2008.
32. 张雷雷.高等师范院校与体育院校开设体育艺术类专业课程设置的比较研究[D].济南:山

东师范大学,2009.
33. 邱建钢.普通高校体育艺术类课程体系构建与实施——基于四川省的实证调研[D].成都:西南交通大学,2009.
34. 徐文静.体育艺术类表演专业《芭蕾基础训练》课程内容体系构建研究[D].武汉:武汉体育学院,2009.
35. 刘彩云.武汉市中学体育艺术类课程开展现状调查与对策分析[D].武汉:华中师范大学,2011.
36. 翟廷立,李芳,罗元翔,等.体育院校艺术类专业人才培养方案的研究[J].武汉体育学院学报,2006(01).
37. 程瑾.浅谈目前我国体育院校舞蹈专业人才培养模式现状及改革[J].现代企业教育,2008(24).
38. 赵丽娜.高等体育院校体育艺术类人才培养方案研究[D].石家庄:河北师范大学,2009.
39. 李彤,钱平.体育艺术教育与大学生人文素质培养[J].沈阳教育学院学报,2009,11(04).
40. 蒋景荣.体育艺术表演专业学生"表、教、编"能力的分析与培养[D].北京:北京体育大学,2011.
41. 马鸿韬,吴梦晗,李敏.我国体育院校表演专业"一三一"人才培养模式的研究[J].北京体育大学学报,2010,33(12).
42. 许铭.体育院校体育艺术人才的培养——以广州体育学院为例[J].体育学刊,2011,18(04).
43. 袁绍辉.高校体育与艺术相结合的人才培养模式探析[J].内蒙古师范大学学报(教育科学版),2012,25(09).
44. 董焱,李琳,谢欣.高等体育院校体育艺术人才分层培养研究[C]//中国体育科学学会.第6届全国青年体育科学学术会议论文摘要集,2011.
45. 刘颖.体育高等院校应用型体育艺术人才培养模式的创新研究[J].辽宁体育科技,2011,33(05).
46. 季华.湖北省高校体育艺术类课程教学现状研究[D].武汉:华中师范大学,2007.
47. 黄丹丹.福建省高校体育艺术类项目开展现状分析与发展对策研究[D].厦门:集美大学,2011.
48. 郭茵茵.对我国体育院校体育艺术系舞蹈专业教学内容及结构特征的研究[D].北京:北京体育大学,2010.
49. 熊小满.对我院体育艺术表演专业健美操专修课教学能力培养的研究[D].西安:西安体育学院,2011.
50. 卢兵.体育文化视阈下的摆手舞刍议——对湖北省来凤县舍米湖摆手舞的再认识[J].中南民族大学学报(人文社会科学版),2010,30(03).
51. 李芳,史晓惠,谢雪峰.土家民间舞在健身舞蹈中的运用与开发研究——以巴山舞、摆手舞为例[J].武汉体育学院学报,2010,44(05).
52. 王岩,丁璐,王晓芳等.刀郎舞体育文化特征探究[J].体育文化导刊,2008(07).
53. 刘洋,张振军.民族体育元素在体育教学中的应用研究——以新疆刀郎舞为例[J].武汉体育学院学报,2010,44(01).
54. 张鹏海."嘉绒"藏区民族体育舞蹈"铠甲舞"的多元文化特征[J].前沿.2011(22).
55. 严睿.藏族锅庄舞体育价值研究[J].体育文化导刊,2009(01).
56. 杨爱华,何秀珍,李英.古代巴人体育——巴渝舞研究[J].北京体育大学学报,2004(08).
57. 秦琴,杨晓艇.南丰傩舞的体育渊源及其发展[J].南昌大学学报(人文社会科学版),2009,40(04).
58. 陈支越.中越边境民俗体育文化探析——以广西龙州金龙板烟布傣舞凤为个案[J].沈阳体育学院学报,2012,31(02).
59. 李建荣,李果,郑锋."彝族铃铛舞"引入学校体育的实证研究[J].贵州民族研究,2011.
60. 杨秀芳.试论贵州土家族傩堂舞戏的体育渊源及其开发保护[J].体育文化导刊,2006(10).
61. 胡飞燕.民族体育乐舞——土族"纳顿"舞研究[J].体育文化导刊,2007(08).
62. 刘静,余汉桥.从文化结构看民族传统体育舞龙舞狮运动的现代化发展[J].北京体育大学学报,2007(07).
63. 舒颜开,刘少英.从舞龙运动的演进历程看中华民族传统体育的现代化[J].体育文化导刊,2006(07).
64. 曾世华.民族传统体育舞龙运动的文化渊源、现状和发展趋势[J].北京体育大学学报,2005(10).
65. 涂传飞.社会再生产机制:对民俗体育历史作用的人类学阐释——来自一个村落舞龙活动的民族志报告[J].天津体育学院学报,2011,26(01).
66. 曹庆华.试论武舞、武戏、武打与武术[J].新疆师范大学学报(哲学社会科学版),1998(03).
67. 张云涯,杨中平.论武术与舞蹈的同源性、交融性、影响性[J].上海体育学院学报,2000(03).
68. 焦艳阳."巫""武"与"舞"同源试证[J].忻州师范学院学报,2010,26(04).
69. 段三真."武""舞"缘姻略论——对武术与舞蹈的类属与共质的探讨[J].新疆艺术学院学报,2007(04).
70. 李北达.武术舞蹈的本体特质与审美价值[J].北京舞蹈学院学报,2005(03).
71. 刘乃宝,范恺,杨晗.同源异构与互渗趋同:武术与舞蹈的演进逻辑[J].体育与科学,2016,37(01).
72. 张毅,龚斌.我国古代体育运动的舞蹈特性及其演变[J].湖北体育科技,2001(02).
73. 王妍.试论中国古代舞蹈与体育的不解之缘[J].体育文化导刊,2005(09).
74. 陈沛菊,乔凤杰.武术与舞蹈[J].山东体育学院学报,2005(01).
75. 刘涛.对武舞的历史解读——兼论武术套路对古典舞蹈的影响[J].沈阳体育学院学报,2007,26(02).
76. 马勇,骆红斌.辨析"武""舞"之本:论当今武术套路[J].武汉体育学院学报,2009,43(11).
77. 李翠霞,赵岷,魏彪.对武舞文化变迁的历史审视[J].博击(武术科学),2006(08).
78. 张亚东.论太极拳运动中的"武"与"舞"[J].哈尔滨体育学院学报,2005,23(01).
79. 陈新平,谭广鑫.论武术中的巫舞原始文化[J].广州体育学院学报,2015,35(04).
80. 陈青.民族体育艺术化——武术套路应考虑的美学特征[J].搏击.武术科学,2007(06).
81. 程大力.套路武术 中国舞蹈——论竞技套路来自何方去向何方[J].体育学刊,2013,20(01).
82. 李晓通,冯强,杨文杰.太极健身舞的艺术构成及其文化启示[J].体育文化导刊,2018(07).
83. 陈春娣,乔凤杰.作为艺术的武术[J].体育科学,2007,27(06).
84. 马文友,邱丕相.论武术的艺术化发展趋势[J].上海体育学院学报,2010,34(05).
85. 李春.民间传统项目创编为全民健身新优特色项目研究——全民健身创新成果《海安健身花鼓》解析[C].全民健身科学大会论文摘要集,2009.
86. 任奇红.维吾尔族乐舞在高校体育艺术课程中的应用[J].体育文化导刊,2011(02).
87. 许晓容,曹春宇.论《风中少林》的运作模式与范式价值[J].体育文化导刊,2008(04).
88. 王国志.从舞台剧《风中少林》看武术的艺术化之路及国际传播[J].成都体育学院学报,2011,37(02).
89. 杨震.竞技体育运动是否是一门艺术?——20世纪后期西方"体育美学"的基本讨论[J].体育科学,2011,31(02).
90. Wertz S K. A response to Best on art and sport [J]. The Journal of Aesthetic Education,1984,18(4).
91. Peter J. Arnold. Sport, The Aesthetic and Art: Further Thoughts [J]. British Journal of Educational Studies, 1990,38(2).
92. Wolfgang W. Sport-viewed aesthetically and even as art? [J]. Filozofski Vestnik, 1999, 20(2).
93. LAURENCE KITCHIN. Sport as drama. Quoted by LOUISARNAUD REID. Sport, the aesthetic and art [J]. British J EduStudies, 1970,18(3).
94. Louis Arnaud Reid. Sport, the aesthetic and art [J]. British Journal of Educational Studies,1970.
95. Best D . The Aesthetic in Sport [J]. British Journal of Aesthetics, 1976,14(3).

96. Best D. Sport is not art: Professor Wertz's Aunt Sally [J]. Journal of Aesthetic Education, 1986,20(2).
97. 胡经之,王岳川.文艺学美学方法论[M].北京:北京大学出版社,1994.
98. [美]爱德华·希尔斯.论传统[M].傅铿,吕乐,译.上海:上海人民出版社,2009.
99. 罗钢,王中忱.消费文化读本[M].北京:中国社会科学出版社,2003.
100. 朱伟珏."资本"的一种非经济学解读——布迪厄"文化资本"概念[J].社会科学,2005(06).
101. 皮埃尔·布迪厄.区分:判断力的社会批判[M].刘晖译.商务印书馆,2015.
102. David Throsby.经济学与文化[M].王志标,张峥嵘,译.北京:中国人民大学出版社,2011.
103. 曹林.创意·策划·操作大型综艺活动[M].南京:东南大学出版社,2012.
104. 李念之.创意产业哲学研究[D].北京:中共中央党校,2007.
105. [法]让·鲍德里亚.消费社会[M].刘成富,全志钢,译.南京:南京大学出版社,2000.
106. 赵玲.消费的人本意蕴及其价值回归[J].哲学研究,2006(09).
107. 崔乐泉.中国体育通史第一卷(史前—960年)[M].北京:人民体育出版社,2008.
108. 闻一多.闻一多全集·说舞[M].北京:生活·读书·新知三联书店,1982.
109. 胡小明.体育人类学[M].广州:广东人民出版社,1999.
110. 宋兆麟.巫与巫术[M].成都:四川民族出版社,1989.
111. (汉)刘向,(汉)刘歆编,山海经[M].沈阳:万卷出版公司,2009.
112. (清)李光坡著,陈忠义点校,泉州文库整理出版委员会.周礼述注[M].北京:商务印书馆,2019.
113. 祝秀权.诗经正义(上)[M].北京:生活·读书·新知三联书店,2020.
114. (晋)常璩.华阳国志[M].济南:齐鲁书社,2010.
115. 李昉编纂,夏剑钦、劳伯林校点.太平御览(第3卷)[M].石家庄:河北教育出版社,1994.
116. 王威威校注.荀子译注[M].上海:三联书店,2018.
117. 曾枣庄,刘琳主编.全宋文(第91册)[M].上海:上海辞书出版社;合肥:安徽教育出版社,2006.
118. 李焘原著,徐光烈译注.续资治通鉴长编选译[M].成都:巴蜀书社,1998.
119. 戚继光著,曹文明、吕颖慧校释.纪效新书[M].北京:北京中华书局,2001.
120. 黄钧,龙华,张铁燕等校,全唐诗3[M].长沙:岳麓书社,1998.
121. 陈成国点校.周礼·仪礼·礼记[M].长沙:岳麓书社,2006.
122. 刘秉果,赵明奇.汉代体育[M].济南:齐鲁书社,2009.
123. (唐)李延寿撰,陈勇等标点.北史(卷15—卷30)[M].长春:吉林人民出版社,1995.
124. (清)董浩等.全唐文附唐文拾遗唐文续拾[M].上海:上海古籍出版社,2007.
125. 周振甫主编.唐诗宋词元曲全集.全唐诗(第5册)[M].合肥:黄山书社,1999.
126. 莫砺锋,童强撰.杜甫诗选[M].北京:商务印书馆,2018.
127. 任海.中国古代体育[M].北京:中国国际广播出版社,2011.
128. 陈宏天,赵福海,陈复兴主编.昭明文选译注(第1册)[M].长春:吉林文史出版社,2020.
129. (宋)李昉等撰.太平御览[M].北京:中华书局,1960.
130. 林伯原、谷世权编著.中国体育史[M].北京:北京体育学院出版社,1989.
131. 上海辞书出版社文学鉴赏辞典编纂中心编.三曹诗文鉴赏辞典[M].上海:上海辞书出版社,2013.
132. 鲁迅著.鲁迅先生纪念委员会.鲁迅全集(第8卷)[M].广州:花城出版社,2021.
133. 济南市博物馆.试谈济南无影山出土的西汉乐舞、杂技、宴饮陶俑[J].文物,1972(05).
134. 山东省博物馆会编.山东省博物馆文物考古研究所·山东汉画像石选集[M].济南:齐鲁书社,1982.
135. 中华人民共和国体育运动委员会运动技术委员会合编.中国体育史参考资料(第2辑)[M].北京:人民体育出版社,1957.
136. (南朝宋)范晔、(晋)司马彪撰,李润英点校配图.后汉书(下)[M].长沙:岳麓书社,2009.
137. 《北京体育辞典》编委会主编.北京体育辞典[M].北京:京华出版社,2010.
138. 沈海波,徐华龙,常博睿编.中华创世神话文献摘编[M].上海:上海人民出版社,2020.

139. (晋)干宝. 搜神记[M]. 长春:吉林出版社,2021.
140. 刘毅编著. 黄帝内经[M]. 北京:北京燕山出版社,2010.
141. 叶玉麟编. 译解庄子[M]. 北京:生活·读书·新知三联书店,2021.
142. 章惠康. 后汉书:文白对照[M]. 北京:华夏出版社,2012.
143. 张燕婴译注. 论语[M]. 北京:中华书局,2006.
144. 王圻. 续文献通考[M]. 北京:现代出版社,1986.
145. 舒新城编. 中国近代教育史资料[M]. 北京:人民教育出版社,1981.
146. 王占春. 新中国中小学体育教材建设与体育教学改革[M]. 北京:人民教育出版社,1994.
147. 范益思,丁忠元. 古代奥林匹克运动会[M]. 济南:山东教育出版社,1982.
148. [古希腊]柏拉图·菲多. 柏拉图对话录之一[M]. 杨绛,译. 沈阳:辽宁人民出版社,2004.
149. [德]尼采. 权力意志[M]. 张念动,凌素心,译. 北京:中央编译出版社,2000.
150. [德]弗里德里希·尼采. 悲剧的诞生[M]. 刘岐,译. 北京:作家出版社,1986.
151. 司马容. 体育游戏:人类生存的辩证法(续)——现代哲学家对体育本体的多维反思[J]. 体育与科学,1995(01).
152. Martin Heidegger, Nietzsche. volumes three and four [M]. Harpe, San Franciso, 1991.
153. [英]安东尼·吉登斯. 现代性与自我认同:现代晚期的自我与社会[M]. 赵旭东,方文,王铭铭,译. 北京:生活·读书·新知三联书店,1998.
154. [英]阿雷恩·鲍尔德温,等. 文化研究导论(修订版)[M]. 陶东风,等译. 北京:高等教育出版社,2004.
155. [法]马塞尔·莫斯. 社会学与人类学[M]. 余碧平,译. 上海:上海译文出版社,2004.
156. 张再林,理查德·舒斯特曼. 东西美学的邂逅——中美学者对话身体美学[N]. 光明日报,2010-09-28(11).
157. 赵方社. 身体规训:中国现代化进程中的国家权力与身体[D]. 天津:南开大学,2010.
158. [法]米歇尔·福柯. 规训与惩罚[M]. 刘北成,杨远樱,译. 北京:生活·读书·新知三联书店,1999.
159. 杨红,路云亭. 礼仪教育的感性化符号——作为规训表演的广播体操[J]. 体育与科学,2011,32(05).
160. 吕艺生. 舞蹈美学[M]. 北京:中央民族大学出版社,2011.
161. 于平. 舞蹈艺术美论纲[J]. 北京舞蹈学院学报,1993(01).
162. 吴晓邦. 新舞蹈艺术概论[M]. 北京:读书·生活·新知三联书店,1952.
163. [美]苏珊·朗格. 情感与形式[M]. 刘大基,等译. 北京:中国社会科学出版社,1986.
164. [美]苏珊·朗格. 艺术问题[M]. 滕守尧,朱疆源,译. 北京:中国社会科学出版社,1983.
165. [法]卡琳娜·伐纳. 舞蹈创编法[M]. 郑慧慧,译. 上海:上海音乐出版社,2001.
166. [法]葛塞尔. 罗丹艺术论[M]. 傅雷,译. 北京:中国社会科学出版社,1999.
167. 顾明远. 对教育定义的思考[J]. 北京大学教育评论,2003(01).
168. [德]黑格尔. 美学(第一卷)[M]. 朱光潜,译. 上海:商务印书馆,1991.
169. 谭广鑫. 信息论视域下艺术对体育的映照——兼论奥林匹克的艺术元素[J]. 北京体育大学学报,2015,38(12).
170. 王静. 论"完整的人"的培养——基于竞技性缺失的体育课堂反思[J]. 北京体育大学学报,2013,36(04).
171. [美]阿伦·古特曼. 从仪式到纪录:现代体育的本质[M]. 花勇民,钟小鑫,蔡芳乐,译. 北京:北京体育大学出版社,2012.
172. 马克思. 1844年经济学哲学手稿[M]. 北京:人民出版社,1985.
173. 孙美堂. 文化价值论[M]. 昆明:云南人民出版社,2005.
174. 陆扬,王毅. 文化研究导论[M]. 上海:复旦大学出版社,2006.
175. [美]威廉·A·哈维兰. 文化人类学(第十版)[M]. 瞿铁鹏,等译. 上海:上海社会科学院出版社,2007.
176. 罗晓中译. 联合国教科文组织"体育运动国际宪章"[J]. 国际社会科学杂志(中文版),1984.

177. Adorno, cultural industry [M]. London: Routledge, 1991.
178. 马尔库塞. 单向度的人[M]. 刘继, 译. 重庆: 重庆人民出版社, 1993.
179. [德]马克斯·霍尔海默, 阿多诺. 启蒙辩证法[M]. 洪佩郁, 译. 重庆: 重庆出版社, 1990.
180. 阿多诺. 大众文化: 美国的流行艺术[M]. 电视与大众文化模式见罗森堡等编. 纽约: 新闻自由, 1957.
181. [德]西奥多·阿多诺. 美学理论[M]. 王柯平, 译. 成都: 四川人民出版社, 1998.
182. Benjamin, The work of Art in the age of Mechanical Reproduction [M]. London: Fontana, 1973.
183. 中共中央马克思恩格斯列宁斯大林著作编译局. 马克思恩格斯选集(第一卷)[M]. 北京: 人民出版社, 2004.
184. 中共中央马克思恩格斯列宁斯大林著作编译局. 马克思恩格斯全集(42卷)[M]. 北京: 人民出版社, 1979.
185. 曾宪刚. 体育美学思考——关于马克思"人的本质力量对象化"哲学思辨[M]. 教学研究, 2002.
186. 梁利民. 需要与创造: 体育生活化研究的逻辑起点[J]. 成都体育学院学报, 2000(04).
187. 恩格斯. 自然辩证法[M]//中共中央马克思恩格斯列宁斯大林著作编译局. 马克思恩格斯选集(第四卷)(第2版). 北京: 人民出版社, 1995.
188. 马克思. 资本论[M]//中共中央马克思恩格斯列宁斯大林著作编译局. 马克思恩格斯全集(23卷). 北京: 人民出版社, 1995.
189. 孟景春, 王新华. 黄帝内经素问译释(第3版)[M]. 上海: 上海科学技术出版社, 1991.
190. 胡娟. 龙舟竞渡流变历程中的现代发展[D]. 北京: 北京体育大学, 2007.
191. 易中天. 中国艺术精神的美学构成[J]. 厦门大学学报(哲学社会科学版), 1998(01).
192. [古希腊]亚里士多德. 诗学[M]. 罗念生, 译. 北京: 人民出版社, 1988.
193. [美]卡尔文·S·霍尔, [美]沃农·J·诺德拜. 荣格心理学纲要[M]. 张月, 译. 郑州: 黄河文艺出版社, 1987.
194. [俄]卡冈. 艺术形态学[M]. 凌继尧, 金亚娜, 译. 上海: 学林出版社, 2008.
195. 尹保云. 什么是现代化: 概念与范式的探讨[M]. 北京: 人民出版社, 2001.
196. 段宝林, 祁连休. 民间文学词典[Z]. 石家庄: 河北教育出版社, 1988.
197. [美]罗伯特·K·默顿. 社会理论和社会结构[M]. 唐少杰, 齐心, 译. 南京: 译林出版社, 2015.
198. [法]皮埃尔·布迪厄, [美]华康德. 实践与反思——反思社会学导引[M]. 李猛, 李康, 译. 北京: 中央编译出版社, 1998.
199. 尤培建. 中国健康体适能产业发展战略研究[D]. 南京: 南京中医药大学, 2009.
200. [荷]J·W·德鲁克, 滕晓铂. 伦理VS.审美: 基于功能主义和后现代主义视角的设计批评(2)[J]. 装饰, 2012(02).
201. 肖燕. 时间的概念化及其语言表征[D]. 重庆: 西南大学, 2012.
202. 刘建武. 熊彼特创新理论对建立我国企业技术创新体系的启示[J]. 西安邮电学院学报, 2001(04).
203. 褚劲风. 上海创意产业集聚空间组织研究[D]. 上海: 华东师范大学, 2008.
204. 尹博, 冯霞. 北京体育文化创意产业研究[J]. 体育学刊, 2010, 17(06).
205. [美]理查德·弗罗里达. 创意阶层的崛起[M]. 司徒爱勤, 译. 北京: 中信出版社, 2010.
206. 吴廷玉. 文化创意策划学[M]. 大连: 大连理工大学出版社, 2010.
207. 季水河. 美学理论纲要[M]. 长沙: 湖南人民出版社. 2010.
208. [美]林赛·沃斯特. 美学权威主义批判[M]. 昂智慧, 译. 北京: 北京大学出版社, 2000.
209. [古希腊]柏拉图. 文艺对话集[M]. 朱光潜, 译. 北京: 人民文学出版社, 1988.
210. 叶朗. 现代美学体系[M]. 北京: 北京大学出版社, 1999.
211. 平心. 舞蹈心理学[M]. 北京: 高等教育出版社, 2004.
212. 资华筠, 刘青弋. 舞蹈美育原理与教程[M]. 上海: 上海音乐出版社, 2008.
213. [德]H·R·姚斯, [美]R·C·霍拉勃. 接受美学与接受理论[M]. 周宁, 金元浦, 译. 沈阳:

辽宁人民出版社,1987.
214. 滕守尧. 审美心理描述[M]. 成都:四川人民出版社,1998.
215. [德]鲍姆加滕. 美学[M]. 简明,王旭晓,译. 北京:文化艺术出版社,1987.
216. 王次炤. 音乐美学基本问题[M]. 北京:中央音乐学院出版社,2011.
217. [明]田汝成. 帝王都会. 西湖游览志余. 卷二[M]. 上海:上海古籍出版社,2017.
218. 张春华. 沪城岁时衢歌[M]. 上海:上海古籍出版社,1989.
219. 国务院关于公布第一批国家级非物质文化遗产名录的通知[EB/OL]. (2006 - 05 - 20). http://www.gov.cn/zwgk/2006-06/02/content_297946.htm.
220. 全国人民代表大会常务委员会颁布《中华人民共和国非物质文化遗产法》[EB/OL]. (2011 - 02 - 25)http://www.law-lib.com/law/law_view.asp? id＝343073.
221. 浙江省文化厅颁布《关于实施国家级非物质文化遗产项目"八个一"保护措施的通知》(浙文非遗〔2011〕33 号)[R]. (2011 - 06 - 12)http://www.zjwh.gov.cn/zcfg/212675.htm.
222. 余文广新《余杭区"十二五"时期文化体育事业发展规划》[R]. (2016 - 09 - 12)www.yuhang.gov.cn/xxgk/ghjh/.
223. 余杭区政府颁布《关于下拨 2016 年度余杭区非物质文化遗产保护补助经费的通知》[R]. (2016 - 09 - 20)www.yuhang.gov.cn/xxgk/zcfg/.
224. 浙江省文化厅颁布《浙江省省级非物质文化遗产代表性项目管理办法(试行)》[EB/OL]. (2018 - 07 - 23)www.lishui.gov.cn/sjbmzl/swgcbj/zcfg/.
225. 余杭区颁布《余杭区非物质文化遗产名录项目保护与管理暂行办法》(余政办〔2011〕227 号)[R]. (2011 - 02 - 27). www.yuhang.gov.cn/xxgk/zcfg/bmwj.
226. 余杭区政府办公室:《余杭区非物质文化遗产项目传承基地建设指导意见》[R]. (2017 - 11 - 06). www.yuhang.gov.cn/xxgk.

后 记

本研究作为浙江省社科规划课题"传统体育艺术的文化演变与发展研究(17NDJC078YB)"成果进行公开发表。

本成果的形成基于多年的积累,在多方面的关怀、帮助、指导下完成。2005－2008年攻读硕士学位时,正值全国"体育艺术"专业大发展,我的导师马鸿韬教授着手创办北京体育大学体育艺术系,从体育艺术表演专业设置到体育艺术学科建设,凝聚了马鸿韬教授的心血。在这个过程中,我有幸接触到体育艺术相关的前沿,也萌发了对体育艺术的思考。2011－2014 年,再次拜入马老师门下攻读博士学位,基于前期的想法,在导师的鼓励下开始着手研究体育艺术,这个过程中我开始研读美学、艺术学、哲学、体育史、文化学相关书籍,为本研究形成奠定了坚实的基础。在此,衷心感谢我的硕博士导师马鸿韬教授!

博士毕业之后,在前期研究基础上,我开始拓展我的研究领域,从现代体育艺术转而研究传统体育艺术,前后主持了杭州市哲学社会科学项目"传统体育艺术的文化流变与当代价值(M16JC008)"、浙江省哲学社会科学项目"传统体育艺术的文化演变与发展研究(17NDJC078YB)",先后发表了与体育艺术直接相关的论文《论科学、体育与艺术之关系——以 2012 伦敦奥运会开幕式为例》《中国古代体育艺术文化的发端与演变》《我国古代体育艺术的现代价值探析》等,此后,指导研究生罗鹏完成《新时期余杭滚灯非遗项目传承与创新发展研究》硕士论文,进一步深化了传统体育艺术这一方向的研究。前期的研究成果为本成果积累了一定的基础。

本成果站在优秀传统文化传承创新与发展的新时代背景下,以"传统体育艺术"为研究主题,围绕"传统体育艺术"起源、演变、发展、创新的逻辑主线,运用文化创意理论、文化价值理论、文化消费理论等相关理论,详细阐释"传统体育艺术如何现代化创新发展"的当代问题。本成果从理论和实践两个维度诠释论述传统体育艺术的文化溯源、文化演变、文化价值、文化本质以及新形势下如何进行传统体育艺术的资源开发、作品创意、媒介转换、体验创新。本成果基于从历史到现实、从传统到现代、从现象到本质、从共性到个案等不同维度透视传统体育艺术现代化创新发展研究的相关问题。作为课题研究成果,总结了有关"传统体育艺术"的思考和拙见,然而,传承优秀传统文化,树立中国文化自信,助力中华民族文化复兴还有很多值得探讨的话题,本书"抛砖引玉",希望能有更多的学者关注此领域,用不同的方式挖掘、保护、传承传统文化,为传统文化创新提供更多思路。

《新时代传统体育艺术创新发展研究》成果是在编者前期博士研究成果的基础上深化而来的。在撰写过程中,有几位研究生参与撰写和校对工作,具体分工:第二章第三节何之翼参与撰写;第九章罗鹏独立撰写;全文参考文献郑桂楠、陈家树参与校对,在此一并感谢!

同时,也衷心感谢我的父母,感谢我的爱人孙德芳教授和儿子崇源和崇正,积极乐观而又温暖的家庭给予我前进和做榜样的力量,感谢我的家人们!

这里,还要特别感谢责任编辑为本书的出版所贡献的智慧和付出的辛勤劳动!